खुले गगन के लाल सितारे

[उपन्यास]

खुले गगन के लाल सितारे

मधु काँकरिया

राजकमल प्रकाशन

ISBN : 978-81-267-0021-9

मूल्य : ₹395

पहला संस्करण : 2000
तीसरा संस्करण : 2017

प्रकाशक : राजकमल प्रकाशन प्रा. लि.
1-बी, नेताजी सुभाष मार्ग, दरियागंज
नई दिल्ली-110 002

शाखाएँ : अशोक राजपथ, साइंस कॉलेज के सामने, पटना-800 006
पहली मंजिल, दरबारी बिल्डिंग, महात्मा गांधी मार्ग, इलाहाबाद-211 001
36 ए, शेक्सपियर सरणी, कोलकाता-700 017

वेबसाइट : www.rajkamalprakashan.com
ई-मेल : info@rajkamalprakashan.com

मुद्रक : बी.के. ऑफसेट
नवीन शाहदरा, दिल्ली-110 032

KHULE GAGAN KE LAL SITARE
Novel by Madhu Kankaria

जीवन के नाम पर जीने से पहले ही कुचल दिया गया जिन्हें, क्योंकि आम आदमी के लिए एक बेहतर स्वप्न उनकी आँखों में था—समर्पित उन सभी को

उपशीर्षक

उत्तरार्द्ध

काल को समर्पित एक मुलाकात

सड़क के एक ओर कुछ-कुछ दूरी पर बेतरतीब से लगे पेड़ों की पत्तियों का धीरे-धीरे हिलना देखते जा रहे हैं बाबुल दा। अपने में खोए हुए, आहिस्ता-आहिस्ता। साथ-साथ मैं।

बात उन लाल-लाल गरम दिनों की।

कहानी पश्चिम बंगाल की।

काल को समर्पित वे कुछ मुलाकातें।

बेचैन, विकल किन्तु ईमानदार आत्मस्वीकृतियों वाली फुरसती मुलाकातें।

एक वह पहली मुलाकात गोविन्द दा से''करवाने ले जा रहे हैं बाबुल दा।

''पाड़े (मुहल्ले) में सभी पहचानते हैं गोविन्द दा को। जिन दिनों वेग पर था'' नक्सलवादी आन्दोलन—कई बार घेरा था पुलिस ने गोविन्द दा के मकान को''गोविन्द दा का ही क्या''कँटीले तारों से इस गली के कई मकानों को एक साथ घेर लेती थी पुलिस और फिर उन तारों में विद्युत-धारा प्रवाहित कर दी जाती जिससे कोई भागना भी चाहे तो कँटीले तारों के विद्युत झटके से वहीं ढेर हो जाए''विद्युत समाधि।''

अँगुली से रेखांकित करते हुए बंगाली मिश्रित हिन्दी में बतियाते जा रहे थे बाबुल दा'''जानिस एई, सबैइ मकानों के घेरा होए छीलो''आमरा सबै तक्खून खूब छोटो लेकिन आज के ओ मने आछे जस-का-तस।'' (जानती है, इन सब मकानों को घेर लिया गया था, हम सब तब बहुत छोटे थे लेकिन आज भी याद है ज्यों-का-त्यों।)

तीन ग्रहों की अँगूठियों से जड़े दाएँ हाथ की तर्जनी से इशारा करते स्मृतियों में तिरने लगते हैं बाबुल दा।

मध्य कलकत्ता के हाथीबगान इलाके के पास से ही निकलती एक छोटी-सी ऐतिहासिक गली''सिकदर बगान स्ट्रीट, जिससे गुजर रहे थे हम''और जिसका इतिहास सिर्फ उस गली के बाशिन्दों की स्मृति में ही जीवित था। 1970-72 के उन गरम दिनों में नक्सलवादियों ने इस गली को नाम ही दे रखा था—'लाल गली' क्योंकि शहर के सभी प्रमुख-प्रमुख इलाकों के नक्सलवादी, पुलिस से बचने के लिए पनाह लेते थे इसी गली में आकर।

गली के एक ओर कतार में लगे सटे-सटे छोटे-छोटे से मकान''उन्हीं मकानों के दूसरी ओर एक छोटी सी स्मारिका, धूल में लिपटी''बीटों से लदी, क्रान्तिकारी यतीन दास की। कुछ कदम आगे ही''गोविन्द दा का मकान, बित्ते भर का''एकदम टूटा-भाँगा।

मैं दरवाजे के ऊपर आदतन कॉलबेल ढूँढ़ती हूँ।

"ए खाने कॉलबेल नाहीं..." (यहाँ कॉलबेल नहीं है...) हँस देते हैं बाबुल दा।

हल्के धक्के से ही खुल जाता है दरवाजा।

सुरंग-से अँधेरे छोटे से गलियारे को पार करते ही दिख जाते हैं गोविन्द दा...सामने बिना पीठ की बदरूप सी टेबिल पर विराजमान। हाथों में अखबार। फुरसती मूड। पास में ही रखा है एक हैंडिल टूटा कप...अपनी अवशिष्ट चाय के साथ।

जिस कमरे में वे बैठे थे, वह उनका छोटा सा निजी प्रिंटिंग प्रेस भी। एक तख्तेनुमा टेबिल पर लकड़ी के कई-कई खानों में बिखरी हुई लोहे-स्टील की कुछ पत्तियाँ।

सामने चूना झड़ती दीवार पर झूलता हुआ सा...माँ काली की तस्वीर का एक कैलेंडर। बीच में बँधी एक मूँज की रस्सी, उस पर टँगे कुछ कपड़े। टटका सा एक बल्ब मैली रोशनी के साथ।

लगभग पचास-बावन के आसपास की उम्र लेकिन शरीर एकदम ढला हुआ—आँखों के इर्द-गिर्द झुर्रियों का एक गुंजल जिसे देखकर लगा कुछ यातनाओं का इतिहास शब्दों में नहीं, आँखों के पास इकट्ठी झुर्रियों में होता है।

"आसून...आसून...!" (आइए...आइए...!) शब्दों में झलकती जिन्दादिली और पास ही रखी वैसी ही बुढ़ाई टेबिल पर इशारे से बैठने के लिए कहते हैं वे...

"बाबुल ने आपके बारे में काफी कुछ बताया है..."

कुछ पल मौन...।

बाबुल दा उनसे कुछ ट्रेडमार्का "केमन आछेन...कि आछेन... ?" (कैसे हैं...क्या है...?) बातचीत कर मुझे उनके हवाले कर चलते बनते हैं।

कुछ स्वाभाविक होने की चेष्टा में मैं अपने बैग से कलम और दस्ते के कागज निकालने लगती हूँ।

"आप क्या जानना चाहती हैं...?" बिना किसी भूमिका के सीधा-सपाट प्रश्न !

उनकी निगाहें भीतर तक टटोल जाती हैं मुझे।

एकदम कुछ बोल नहीं पाती हूँ...सामने की खिड़की से खुले आकाश की ओर ताकने लगती हूँ...जैसे वहीं से खुलेगा कोई सत्य।

कुछ खामोश पल...

शून्य में उभर आता है बाबुल दा का चेहरा...उन्होंने ही बताया था मुझे गोविन्द दा के बारे में, भूमिगत आन्दोलन से उनका जुड़ाव...जेल-जीवन...पुलिस यातना...। अचानक मुँह से निकल जाता है...

"खतरों से भरी एक मुश्किल जिन्दगी जी है आपने...।"

बात को बीच में ही काट देते हैं वे—

"हर किसी को अपनी मुसीबतें, अपने कष्ट सबसे बड़े मालूम होते हैं।...सम्भव है आपने मुझसे भी कहीं ज्यादा भीषण जिन्दगी जी हो।"

मैं चुप ! सहमति में उठती...भीतर से एक आवाज।

मुझे अपने पेपर पर तारीख और अपने नाम को लिखते देख, फिर अटकाव डाल देते हैं वे—

"पहले आप कौल करें कि कुछ नामों को आप हर्गिज नहीं छापेंगी…।"

ध्यान से देखने लगती हूँ मैं उनको। खुरदरा चेहरा…उनकी बातचीत के खुरदरेपन से मेल खाता वह चेहरा तो जिन्दगी के निष्फल किन्तु प्राणघातक एवं मार्मिक वर्षों की सूचना दे रहा था। कभी पुलिस की हिटलिस्ट में था वह…प्राइज कैच !

विश्वास जीतना था मुझे उनका…हर सूरत में। लग भी रहा था…यदि जीत पाई मैं उनका विश्वास तो उनको स्वयं को उघाड़ने की मनःस्थिति में लाने में समय नहीं लगेगा। एक बार बस मैं उन्हें स्मृतियों की उस अँधेरी सुरंग में धकेल भर दूँ…

"मैं कौल करती हूँ…आप चाहें तो अपने साथियों के नाम भी खुद ही बदल दें…मुझे सिवाय इन्द्र के किसी और नाम की जरूरत है भी नहीं। हाँ…जो नाम मुझे इन्द्र तक पहुँचाए उसे नहीं बदलिएगा।"

छोटी सी उदास हँसी हँस देते हैं वे। चेहरे का कसाव ढीला पड़ता है…नीचे से झाँकने लगता है मृदुलता-वत्सलता जैसा कुछ।

शर्ट की पॉकेट से छत्रपति शिवाजी मार्का बीड़ी निकाल उसे सुलगाते हैं वे। तल्लीनता से एक सुट्टा लेते हुए माथे पर हाथ रख सोचने लगते हैं कुछ…शायद वर्तमान के झरोखे से अतीत की सीढ़ियाँ उतरना सदैव ही उतना सुखकर नहीं होता, विशेषकर जीवन का वह संवेदनशील समय…जब जीवन खुलना शुरू भर हुआ हो आपके सामने और किसी बँधे-बँधाए साँचे में ढलने से इनकार करता आपका मन…अपने सम्पूर्ण जीवन को ही प्रयोग पर लगा देता हो और प्रयोग के अन्त में देखा गया हो कि इस बीच जीवन आपसे बहुत आगे निकल गया…और आप एक रुके हुए आदमी-से खड़े हैं, वहीं-के-वहीं…उसी बिन्दु पर, जहाँ से कभी शुरुआत की थी आपने। शायद ऐसे ही कुछ भाव थे उनके चेहरे पर…कुछ बहुत ही कड़ुआ निगल लेने के-से भाव।

"हाँ तो आप क्या जानना चाहती हैं ?"

फिर वही बात।

क्या कहूँ…सोच रही हूँ। मन किया कह दूँ…वे कई हजार जो मार डाले गए…जो ज्वाला बनकर दह चुके, उनके दर्द को समेटने की कोशिश—इन पांडुलिपियों में…या इन्द्र की तलाश ? या सत्य को खोजने की ललक ? कह दूँ कुछ भी, क्या फर्क पड़ता है…ये तो वही बताएँगे जो बीत चुका है या जो बीतकर भी आज तक नहीं बीता है…जो आज सत्ताईस वर्षों बाद भी झाँक रहा है, उनकी लड़खड़ाती चाल में…माथे के ऊपर लगे जले हुए निशान में…

इस बीच मेरे हाथों में सहेज कर रखा हुआ रुमाल गिर जाता है…उसे थमाते हुए एकाएक पूछ बैठते हैं—

"इन्द्र से तुम्हारी आखिरी मुलाकात कब हुई थी ?"

"1971; आठ अक्टूबर की शाम को…"

स्थिर दृष्टि उनकी···आँखों में उठते-गिरते तूफान। माथे पर ठोका लगाते हुए वे फिर सोचने लगते हैं, शायद यही कि शुरुआत कहाँ से की जाए।

आखिरकार···मैं ही उबारती हूँ उन्हें, इस उधेड़बुन से।

"गोविन्द दा, मैं आप लोगों पर लिखना चाहती हूँ···बल्कि सच्चाई तो यह है कि मैं लिखना नहीं, जीना चाहती थी···जीवन की गरमाहट से भरा एक जीवन। बस समझ लीजिए कि जीवन तो मिला नहीं और जो मिला वह नस-नस को तड़का देनेवाली, पागल कर देनेवाली एक यन्त्रणा थी जिसने ही बना दिया है मुझे लेखिका। इस कारण मेरा सरोकार सिर्फ इन्द्र से ही नहीं, वरन उस पूरे दर्शन···विचारधारा एवं जीवन से है जिसमें आप···इन्द्र और इन्द्र जैसे हजारों जाँबाजों ने खुद को मिटा डाला था। किसी बेहतरीन स्वप्न···"

"बुझे गिएछि···"(समझ गया···)

हँस देते हैं वे···एक समझदार किफायती हँसी।

लगता है, शुरुआती वेवलेंथ मिल रही है हम दोनों की।

बात शुरू करते हैं वे।

धीरे-धीरे उजास : टेकऑफ लेता अनुभवों का एक संसार

समुद्री लहरों की तरह हरहरा कर उठती स्मृतियाँ···

शब्दों में जिन्हें आकार देने की गोविन्द दा की कोशिश।

"जिन्दगी की ताजगी, हौसला, उत्साह और गरमाहट से भरपूर वे दिन थे। हौसला कुछ कर गुजरने का। मैं खुदीराम बोस कॉलेज का तृतीय वर्ष का छात्र। जी, तब 1967 चल रहा था। आज की तरह तब युवा वर्ग सिर्फ टेलर (दर्जी), बार्बर (नाई) और ब्यूटी पार्लर का प्रोडक्ट नहीं था। हम छात्र तक व्यक्तिगत कैरियर के साथ राष्ट्रीय समस्याओं पर भी बहस, चिन्तन किया करते थे। आजादी मिले तब 20 वर्ष हो चुके थे और कुछ प्रखर बौद्धिक वर्ग एवं छात्र वर्ग विकल्प की खोज में थे। आजादी से मोहभंग हो चुका था···। नेतागण बड़े-बड़े स्टील प्लान्टों और दैत्याकार बहुराष्ट्रीय कम्पनियों में देश की मुक्ति खोज रहे थे और चावल चार रुपए किलो (उस समय का चार रुपया !) बिक रहा था। कस्बों, गाँवों में लोग अभी भी सिर पर मैला (विसर्जित मल-मूत्र) ढो रहे थे। बाटा गाँव-गाँव, शहर-शहर, ठौर-ठौर पाँव पसार चुकी थी और गाँव का मोची बेकार था। भारत में गाँवों में बिजली नहीं पहुँची थी, लेकिन कोकाकोला पहुँच चुका था···।

"जी, तब आशाएँ मरी नहीं थीं। आज की तरह लोगों में, विशेषकर युवा वर्ग में उत्साह था–होश था, पूरी दुनिया पर दृष्टि थी···और उनके उत्साह को उछाल मिलता था···उन्हीं दिनों चीन में हुई सामाजिक-आर्थिक-राजनैतिक क्रान्ति जिसके रास्ते होकर कभी का अफीमची चीन अपनी रोजी-रोटी और लँगोटी की लड़ाई जीत चुका था···"

सामने दीवाल पर लगे बड़े से धब्बे की ओर दृष्टि केन्द्रित हो जाती है गोविन्द दा की···भीतर बेतरतीब सी ही सही पूरी रील घूमती लगती है··· "हमारे कॉफी हाउस, कॉमन रूम में अक्सर गरमा-गरम बहस छिड़ी रहती···माओ-लेनिन की आत्मा जैसे हम लोगों में पूरी तरह उतर चुकी थी···मेरा दोस्त–प्रसून बड़े जोश के साथ कहता··· 'ताजमहल, राजमहल, अन्तःपुर की प्रेमकथाओं, राजा-महाराजाओं की कीर्ति-कथाओं से अँटे पड़े इतिहास के पन्नों में क्या एक भी पृष्ठ ऐसा है–जो किसी श्रमवीर के माथे के पसीने, पैरों के छाले, हथेलियों के ठाढ़ के गीत गाता हो···सभ्यता के सम्पूर्ण इतिहास में संघर्ष किसी और का···और वर्चस्व किसी और का रहा है।' सोचने का यह निहायत मौलिक अन्दाज, हमारे बौद्धिक मानस के लिए टॉनिक का काम करता। हम छटपटाते। फड़फड़ाते···हम क्या करें ? हमें देश चाहिए था। तोड़-फोड़ चाहिए थी। क्रान्ति चाहिए थी।

"तो मैडमजी, विचारों के इन घटाटोपों के बीच प्रकाश की पहली पगडंडी दिखाई दी 1967 के वसन्त में पश्चिम बंगाल के जलपाईगुड़ी जिले में नक्सलवादी ग्राम में। 'भूमि उसकी हल जिसका, जोते जो उसे' की तर्ज पर हुए भूमि दखल के पहले सशस्त्र आन्दोलन में, जिसमें भूमिहीन किसानों ने जमींदारों की भूमि दखल कर ली थी और एक सशस्त्र आन्दोलन छिड़ गया था, शोषक-शोषितों के बीच।

"तो इस देश में भी कुछ हो सकता है ? विस्मय और आश्चर्य गुब्बारे में भरती गैस की तरह हमारे मस्तिष्क में भरने लगा था और हम एक नए विश्वास के आकाश में उड़ने लगे थे···अपने नए-नए अर्जित ज्ञान और यौवन के अभिमान और दायित्व के साथ। और जब हम गुब्बारे की तरह नई उड़ान की ओर दृष्टि जमाए थे कि हमारे फूलते गुब्बारों पर पहली आलपिन चुभाई गई अपनी ही विचारधारा की सत्ता द्वारा।"

कड़वा कुछ निगलने के-से भाव छा जाते हैं उनके मुख पर···"चटेरहाट (जलपाईगुड़ी का ही एक गाँव) में नव-आन्दोलनकारियों पर गोली चलाई गई और जब कृषि-महिला एवं बच्चे भी पुलिस की गोली से बच नहीं पाए तो एक बंगाली कहावत–'जे जाबे लंका से होवे रावण' पर मेरा विश्वास पुख्ता हो गया···शायद यही है सत्ता का दस्तूर। सुख भोगना सत्ता का और जाप करना सत्तूवालों का। मेरा दोस्त निलय बड़े अन्दाज में बोलता था, 'अरे कुछ नहीं होनेवाला इन छूँछे पायजामा कम्युनिस्टों से। सत्ता का जीन्स पहनते ही इनके जिन्स ही बदल जाते हैं। लाल बत्ती लगी नहीं इनकी गाड़ी में कि इनकी आत्मा की बत्ती गुल !'

"क्योंकि आन्दोलनकारियों पर पुलिस हमले का विरोध करना तो दूर, उल्टे एक राजनेता ने अश्लील समर्थन देते हुए धृष्टता से कहा–" बोलते-बोलते रुक जाते हैं गोविन्द दा। मेरी तरफ देखने लगते हैं। मैं समझ नहीं पाती। हिचकिचाते हुए वे पूछते हैं, "यदि आप आज्ञा दें तो उस नेता की अश्लील भाषा का प्रयोग करूँ।" मैं मूक। मेरी चुप्पी को समर्थन मान वे वाक्य पूरा करते हैं···"पुलिस की गोली में क्या कंडोम लगा था जो आन्दोलनकारियों पर नहीं चलती।"

कुछ पल स्तब्धता... ।

गोविन्द दा शायद अपनी उस अश्लील भाषा को पचाने में लगे थे। मेरे कान की लवें एकाएक जलने लगी थीं।

कुछ पलों की बेचैन खामोशी के बाद वे फिर बहने लगते हैं—अपने ही भीतर।

"मेरी ही तरह हजारों-हजार युवकों का जमावड़ा दिन-पर-दिन बढ़ता जा रहा था, जिन्हें भारत के गाँवों के किसानों की सोचनीय दशा, उनके गिरवी रखे खेत, कर्जा, लगान, हत्या, आत्महत्या, अस्पृश्यता...भयानक गरीबी में घास के दानों का पिसा भात खाना...झिंझोड़ता था...जैसे चारों तरफ से एक आवाज आ रही थी...हमें मुक्त करो...हमें जीवन दो।

"तो मैडमजी, नक्सलबाड़ी में हुए जमींदारों के विरुद्ध भूमि-दखल के आन्दोलन ने जैसे हमें विश्वास का नया आकाश दिया और हम सभी कुछ कर गुजरने का हौसला सँजोनेवाले नवयुवकों पर नक्सल भाव छा गया...मक्का-मदीना बन गई...नक्सलबाड़ी हमारे लिए...आमार बाड़ी नक्सलबाड़ी, तोमार बाड़ी नक्सलबाड़ी, सकलेर बाड़ी नक्सलबाड़ी। क्योंकि नक्सलबाड़ी ग्राम में ही पहली बार विद्रोह के स्वर फूटे थे और जमीन दखल की लड़ाई शुरू हुई थी।

"और ज्यों-ज्यों नक्सल भाव हम पर छाता गया, हम वामपन्थियों में भी वामपन्थी यानी नक्सलवादी कहलाने लगे...और हमारी नजरें अपनी भूमि से दूर उन नायकों की ओर केन्द्रित होने लगी थीं, जो सही माने में जननेता थे, जनता के लिए, जनता द्वारा, जनता के थे। यहाँ के वामपन्थियों से हमें वितृष्णा होने लगी थी...हमें चेयरमैन माओ प्रेयसी-सा लुभाता था जिसने कोई भी विदेश यात्रा न की थी और जिसका सगा बेटा क्रान्ति के दौरान गुरिल्ला युद्ध में मार डाला गया था। हमें चाऊ-एन-लाई रिझाता था जो साइकिल पर अपने दफ्तर जाता था। हमें लेनिन भाता था जो कितने वर्षों तक सिर्फ एक कोट को ही लादे फिरता था।

"तो मैडमजी, अब हम वामपन्थी या कम्युनिस्ट नहीं, नक्सलवादी कहलाने लगे थे क्योंकि हम अब और इन्तजार नहीं कर सकते थे, गाँवों के अर्धनग्न किसान जिनके अधखाए पेट और पीठ एक हो चुके थे, कमर झुककर धनुषाकार हो गई थी, कृषि-युवतियाँ जो मात्र ठठरी बन गई थीं...बच्चे जिन्होंने कभी दूध और सब्जी नहीं चखी थी, हमें जैसे बुला रहे थे...कुछ करो...कुछ करो। हमारे विचारों का ताप कॉलेजों, यूनिवर्सिटियों और स्कूलों तक के बच्चों को आलोड़ित करने लगा था... । मैडमजी, वह समय ही कुछ ऐसा हो गया था...हुगली में मानो बाढ़ आ गई थी, कि हम शान्त बैठ ही नहीं सकते थे। हम क्रान्तिकारी हो गए थे क्योंकि हम कुछ और हो ही नहीं सकते थे। हमारे संगठन के नेता ध्रुपद मजूमदार ने भी उसी समय हमें आह्वान करते हुए कहा था—'ग्राम दिए शहर घेरो, चारों तरफ भुखमरी, गरीबी और बेरोजगारी की बारूद बिछी है। बस चिनगारी लगाने की देर है...क्रान्ति की मशाल धधक उठेगी...अभी तुरन्त काम शुरू कर दिया जाए...जमीन दखल का, वर्गशत्रु के खात्मे का...और यही होगा हमारा

गुरिल्ला वार···और यही होगा हमारा सैनिक संग्राम···'

"तो समझ गईं ना मैडमजी, हमारा लक्ष्य था—गाँवों को वर्गशत्रुओं से मुक्त कर उन पर अपना अधिकार जमाना और फिर एक से दूसरे गाँव, दूसरे से तीसरे होते हुए बहुत शीघ्र ही एक मुक्तांचल की स्थापना और फिर क्रान्ति की धारा को शहर की ओर मोड़ना।"

अपनी ही रौ में पूरी तरह बहे जा रहे थे गोविन्द दा। मैं भी उस रौ में डूबने-डूबने को थी कि तभी बात की लय-तान सभी झन्न से टूट गई थी। पड़ोस का कोई नौ-दस वर्षीय लड़का जमाने के लिए दही माँगने आ गया था। उसे ऊपर किचन में बऊदी के पास ले जाते हैं गोविन्द दा।···और मौके का फायदा उठा वहीं से बऊदी पठा देती हैं उन्हें बाजार···कुछ खुदरा-लुदरा खरीदारी के लिए। मटमैला सा जूट का थैला लिये बाहर जाते देखती हूँ मैं उन्हें।

करीब बीस मिनट बाद ही वापसी।

इस बीच खाँटी बनिये की तरह सोचने लगती हूँ मैं, अभी तक पचपन मिनट की हमारी बातचीत···सिर्फ भूमिका तक ही पहुँच पाई थी। पिता का एक वाक्यांश कानों में गूँजने लगता है, "किसी बंगाली बाबू से उसके पोते के बारे में पूछो तो वह बात को अपने परदादा से शुरू करेगा···।" परदादा से सीधे पोते पर उन्हें ले आने की मेरी चेष्टा···

"आप गोपीबल्लभपुर कब गए थे गोविन्द दा ?"

आयातित टॉर्च की तरह आँखें दिपदिपाने लगती हैं उनकी।

"तो पता है आपको मैं गोपीबल्लभपुर के जंगलों में रहा था···डेढ़ साल।"

"हाँ, मुझे बाबुल दा ने बता दिया था···"

"मैडमजी, हमारे नेता कहते थे कि हम सबसे पहले उस तबके के लिए अपनी लड़ाई लड़ें, जहाँ जीवन की आशाएँ पूरी तरह बाँझ हो चुकी हैं और वहीं पर उस अंचल को शोषितों से मुक्त करें, वर्गशत्रु का सफाया करें और धीरे-धीरे एक-एक करके एक सम्पूर्ण स्वतन्त्र मुक्तांचल की स्थापना करते-करते अपनी लड़ाई को शहरी मजदूरों तक ले आएँ···देखना सत्तर का दशक मुक्ति का दशक होगा और हमारी लाल वाहिनी शोषकों—सूदखोरों, मुनाफाखोरों जैसे जोंकों और खटमलों से मुक्त एक एन्टीसेप्टिक समाज की नींव डाल चुकी होगी। तो मैडमजी, अपने इन्हीं महान विचारों को कर्म की खाँटी टकसाल में ढालने के लिए 2 सितम्बर '69 को हमारा छह जाँबाज लोगों का पहला दस्ता, पश्चिम बंगाल के मेदिनीपुर जिले के गोपीबल्लभपुर गाँव की ओर चला—सशस्त्र क्रान्ति का बिगुल बजाने। जानती हैं मैडमजी, उन छह लोगों में चार ऐसे थे जो चाहते तो जिन्दगी भर ऐशो-आराम के समुद्र में गोता लगाते रह सकते थे। उनमें एक था शिवनाथ, जो कलकत्ता के नम्बर वन कॉलेज, प्रेसीडेंसी कॉलेज का रिकॉर्ड होल्डर विद्यार्थी था, एक था दुलाल घोष जिसके पिता स्टील अथॉरिटी ऑफ इंडिया के हेड थे, एक था अमलेन्दु चक्रवर्ती जो उच्च माध्यमिक परीक्षा में मेरिट लिस्ट में नम्बर दो पर

था और एक था—निखिल सेन जिसके श्वसुर उच्च न्यायालय में जज थे और जो स्वयं एक प्रतिभाशाली विद्यार्थी रह चुका था।"

बतियाते-बतियाते जैसे गोविन्द दा किसी दूसरे सौरमंडल में ही सरक गए थे, लेकिन मैं अपनी उफनती जिज्ञासाओं का क्या करती? न चाहते हुए भी जिज्ञासा के कुछ कंकड़ फेंक ही देती हूँ—

"आप लोगों को हथियार कहाँ से उपलब्ध होते थे ?"

"बहुत अधिक हथियारों की तो यूँ भी हमें जरूरत नहीं थी, क्योंकि हमारा विश्वास था पारम्परिक हथियारों पर। गाँव के छोटे किसानों के पास जो भी परम्परागत हथियार उपलब्ध थे, मसलन भाला, कुदाल, बर्छी, भुजाली···उसी से हम वर्गशत्रु का सफाया करते थे। हाँ, कई बार हमने पुलिस एवं जोतदारों से स्नैच करके भी कुछ हथियार पाए···कुछ हमें मिलिट्री से भी गुपचुप रूप से मिल जाते थे।"

"मिलिट्री से···?" मैं चौंक जाती हूँ।

"हाँ, हाँ, 303 मार्का बुलेट हमारे पास मिलिट्री से ही आती थी। हमारे कॉमरेड की घुसपैठ सब जगह थी।"

"क्या आपको चीन से भी हथियार वगैरह कुछ मिलते थे··· ?"

"जहाँ तक मैं जानता हूँ, हमें चीन से ऐसी कोई सहायता नहीं मिली थी।"

"आपके रहने की व्यवस्था···" मैं बात पूरी भी नहीं कर पाती हूँ कि इसी बीच चाय की प्यालियों के साथ बऊदी आ जाती हैं।

मुझे चाय की जबर्दस्त तलब महसूस होने लगी थी। इस कारण मैं सीधे चाय पर टूट पड़ती हूँ, बऊदी टोक देती हैं—"ना, आगे किछू खेए नॉओ, खाली पेटे चाय खेते नहीं···" (पहले कुछ खा लो, खाली पेट में चाय नुकसान करती है।)

बऊदी की वत्सलता का सम्मान करते हुए मैं प्लेट से एक त्रिकोण निमकी उठा लेती हूँ।

सों-सों की आवाज पर परम तल्लीनता से चाय के घूँट लेते उन्हें देख एकाएक दिमाग में कौंधता है, जेल में चाय का जुगाड़ किस प्रकार करते होंगे गोविन्द दा···दिमाग की मेमोरी में यह प्रश्न दर्ज कर लेती हूँ···मौका मिलते ही पूछूँगी।

गोविन्द दा बताने लगते हैं—

"हमारे रहने की व्यवस्था अलग-अलग जगह अलग-अलग थी। कहीं गाँव के ही किसी परिवार के साथ तो कहीं शेल्टर हाऊस में···"

"शेल्टर हाऊस !"

"हाँ, हाँ, जगह-जगह शहर से आए कॉमरेडों के लिए कई गुप्त शेल्टर हाऊस चल रहे थे हमारे। मैं भी ऐसे ही शेल्टर हाऊस में था, जहाँ प्रेसीडेंसी कॉलेज के ही एक भूतपूर्व छात्र और उसकी पत्नी कमरा भाड़ा करके रह रहे थे। मेरे अलावा भी एक और कॉमरेड था, नहीं हम दो से अधिक कभी एक साथ नहीं रहते थे, पुलिस को कभी भी शक-शुबहा हो सकता था। हमारे खाने-पीने, सोने-रहने एवं फर्स्ट एड···सभी की व्यवस्था

करती थी बऊदी।"

"मैंने भी चलाया था कई दिनों तक—एक शेल्टर हाऊस…" बीच में ही प्रधानमन्त्री अटल बिहारी वाजपेयी की तरह झूमते हुए बोल पड़ती हैं बऊदी—

"आपने ?"

थोड़े-थोड़े अविश्वास से मैं गोविन्द दा की ओर ताकने लगती हूँ ताकि वे अपनी मोहर लगा दें तो मैं पूरा विश्वास कर लूँ।

"हाँ, हाँ, घाटशिला में पूरा साल भर चलाया था इन्होंने अपना शेल्टर हाऊस…।"

गोविन्द दा से उत्साहित होकर बातचीत की कमान कुछ देर के लिए बऊदी अपने हाथों में ले लेती हैं—"बाकी शेल्टर हाउसों में रेड पड़ी लेकिन मेरे शेल्टर हाऊस में कभी भी नहीं पड़ी। मैं वहाँ पर हाऊस वाइफ की तरह सजकर रहती थी। रात-बिरात कभी भी कोई नक्सली आ धमकता। कोई जख्म लिये…तो कोई पैम्फ्लेट लिये…अधिकांश सोलह से इक्कीस-बाईस के बीच…एकदम छोटे भाइयों की तरह। सबके खाने-पीने-सोने और फर्स्ट एड की व्यवस्था मुझे करनी पड़ती, और उनके पैम्फ्लेटों को इधर से उधर ले जाने में तो कितनी बार कूरियर बनी…।"

हुलसित हो-होकर बताती हैं बऊदी, "मैं अपनी ग्यारह महीने की बच्ची को कॉमरेड की गोद में दे देती और स्वयं अटैची में बच्चे के कपड़े और अटर-पटर के बीच पैम्फ्लेट को छिपा देती…एक बार तो पिस्तौल तक इसी प्रकार छिपाकर ले गई थी।"

बतियाते-बतियाते सामने दीवार पर टँगे काली माई के कैलेंडर पर दृष्टि केन्द्रित कर लेती हैं बऊदी…मन हुआ पूछूँ क्या गोविन्द दा की तरह वे भी धर्म को अफीम की गोली मानती हैं। लेकिन मैं जानती थी…बऊदी उन लोगों में थीं जो हर विचारधारा को फिल्टर कर उसकी अच्छाइयों को आत्मसात कर लेती हैं और कूड़ा-करकट फेंक देती हैं—उनकी सम्पूर्ण भारतीय साज-सज्जा, सुहाग बिन्दी उनकी परम्परा में आस्था की द्योतक थी, उसी प्रकार यह कैलेंडर भी होगा…आदत के मुताबिक मैं फिर सोचने लगी थी।

एकाएक बऊदी के चेहरे में मुझे अपने साथ पढ़ी हुई कॉलेज की एक सहेली के अक्स दिखने लगते हैं जिन्होंने अपनी कच्ची समझ की उम्र में ही ब्रह्मांड के सपनों को अपनी आँखों में सँजोए स्वयं को इस क्रान्ति की ज्वाला में झोंक दिया था।

मैं पूछ बैठती हूँ—

"बऊदी, क्या आप भी कभी ऐक्शन स्क्वायड में गई थीं ?"

"ना बाबा, मेरे को तो इन्हीं सबसे फुर्सत नहीं मिलती थी, फिर मंगला (बेटी) भी छोटी थी। हाँ कई महिला कॉमरेड जाती थीं, कभी पुलिस बैरक पर अटैक करने तो कभी एनहिलेशन स्क्वैड (व्यक्तिगत हिंसा) पर…तुम्हारे गोविन्द दा तो खुद कई बार गए हैं…पूछ इनसे…" कहते हुए एक याराना नजर फेंक देती हैं बऊदी गोविन्द दा पर।

जाने क्या अन्दर घुमड़ता है कि बिना सोचे-समझे 'कालिदास सच-सच बतलाना' की तर्ज पर मेरे मुँह से निकल पड़ता है—

"सच बताइए गोविन्द दा, आपने कितनों को मारा… ?"

मेरी इस नंगी भाषा पर आहत से हो जाते हैं गोविन्द दा। कहीं-न-कहीं उन्हें लगता है, जिस महान उद्‌देश्य के लिए उन्होंने स्वयं को पूर्णतः दे डाला था और अपनी समझ के अनुसार उस उद्‌देश्य की पूर्ति के लिए उन्हें जिस अनिवार्य हिंसा का मार्ग अपनाना पड़ा था, उसे 'कितनों को मारा' जैसे चलताऊ ढंग से पूछकर मैं न केवल उन्हें बल्कि उस पूरे मिशन को ही कहीं छोटा कर रही हूँ।

बुझे हुए से कहने लगे हैं वे–

"मैडमजी, हम उसे हिंसा नहीं, वर्गशत्रु का सफाया कहते थे। जिस प्रकार घर को सजाकर रखने के लिए दीमक, जोंक, मक्खी-मच्छरों को मार डालना पड़ता है वैसे ही हमारे सफाई अभियान का वह एक अनिवार्य अध्याय था…एक एंटीसेप्टिक…समाज के निर्माण की प्रक्रिया का…"

मुझे याद पड़ता है एक पत्रकार ने अपने संस्मरण में लिखा था कि जब वह चेकोस्लाविया से भारत की भूमि पर आ बसे एक ईसाई पादरी से बातचीत कर रहा था तो उसने देखा था कि बातचीत में जितनी बार यहाँ की नदियों या मन्दिरों के नाम आए उस पादरी ने हमेशा 'गंगाजी', 'गंगा माता' जैसे शब्दों का प्रयोग किया…तो किसी भी सभ्यता, संस्कृति या देश को जानने के लिए वहाँ के लोगों की संवेदनाओं एवं भावनाओं से स्वयं को एकात्म कर लेना होता है।…मैं इस बात को गाँठ बाँध लेती हूँ और इसके साथ ही मेरी भाषा में ज़ंगली जानवर-सा चौकन्नापन आ जाता है। कुछ-कुछ सकुचाते हुए गोविन्द दा की भाषा में मैं पूछ बैठती हूँ–

"जिस दिन आपने पहले वर्गशत्रु को मार डाला…कैसा लगा था उस दिन ?"

"मत पूछिए मैडम, जो खुशी, जो उत्तेजना, जो थ्रिल हुई कि…क्रान्ति जिन्दाबाद, ध्रुपद मजूमदार जिन्दाबाद, चेयरमैन माओ जिन्दाबाद के गरमा-गरम नारों से पूरा आकाश ही गुँजा दिया था हमने, यूँ लग रहा था जैसे क्रान्ति सचमुच ही आ गई थी…लेकिन मैडम, आप जैसा समझ रही हैं, वैसा नहीं था कि गाँव के जिस किसी भी जमींदार या जोतदार को पकड़ा और मार डाला…नहीं मैडमजी, हम बाकायदा जन-अदालत बैठाते थे, वहाँ उसके सम्पूर्ण कार्यों का लेखा-जोखा किया जाता और वहीं पर जनता का जो निर्णय होता…"

गोविन्द दा बात पूरी भी नहीं कर पाए थे कि ऊपर से बऊदी का अधीर कंठ-स्वर गूँजने लगा था। वे खाने के लिये बुला रही थीं…गोविन्द दा मुझे भी आग्रह करते हैं…पर मैं उन्हें आश्वस्त कर देती हूँ…।

उनके जाने के बाद मैं अपने साथ लाए बिस्कुट को ठूँगने की सोचती हूँ कि सामने गोविन्द दा का छोटा सा भतीजा बाबू सोनू दीख पड़ता है जिसके हाथों बऊदी मेरे लिए दो-तीन घर के बने गुड़ के संदेश भिजवा देती हैं। खुशी-खुशी उनका स्वाद लिये मैं अपने लिखे हुए अंशों को सुधारने लगती हूँ। जेहन में कौंधता है…इन्द्र का जिक्र अभी तक कहीं नहीं आया था।

वापसी गोविन्द दा की··करीब आधा घंटे बाद।

बिखरे सूत्रों को समेटते हुए बताने लगते हैं गोविन्द दा–

''मैडमजी, आप समझने की चेष्टा कीजिए कि हमारे सारे क्रान्ति-दर्शन के पीछे उस समय एक ही चेतना थी··और वह अपने मन-मस्तिष्क के भीतर बैठ चुकी थी। और वह थी··· 'क्रान्ति बन्दूक की नली से आती है।' तो मैडमजी जहाँ हम खुद मरने को तैयार थे, वहीं क्रान्ति के रास्ते जो भी आता, हम उसका सफाया करने में भी नहीं हिचकते थे··हम स्वयं को क्रान्ति के हाथों पूरी तरह सौंप चुके थे··हाँ तो, मैं आपको बोलपुर की घटना बता रहा था जहाँ गाँव के लोगों के साथ मिल-जुलकर, परामर्श करके बाकायदा हमने एक जमींदार को आम्रवृक्ष के नीचे खड़ा किया–कुछ मिनट के भाषण में हमारे एक कॉमरेड ने उसके दुष्कृत्यों को गिनाया कि किस प्रकार उसने दलित और भूमिहीन किसानों का सुख-चैन छीन लिया था।

''उसे क्या दंड दिया जाए ? क्या तुम चाहते हो कि उसे जिन्दा रहने दिया जाए और समाज को दूषित बनाए रखा जाए ?

''उसके कई परिवार जन रोते-रोते बेहोश हो गए थे। कई हमारे नेता के कदमों पर गिर पड़े और उसके प्राणों की भीख माँगने लगे। लेकिन स्थानीय लोग इतने डरे-सहमे थे कि उन्होंने कुछ भी नहीं कहा, उनमें वे किसान भी थे जिनके खेत बरसों से उस जमींदार के पास गिरवी रखे थे। लेकिन बहुत बड़ी संख्या में संथाली आदिवासी एक स्वर में 'मौत-मौत' के क्रान्तिगीत गाने लगे थे। उन्हीं में से एक को उसे खत्म करने के लिए कहा गया। उसने फायर किया लेकिन वह चूक गया। उसके हाथ काँपने लगे थे। बाद में दूसरे संथाली को दिया गया, गोली उस जमींदार के सीने में लगी थी, वह घटना-स्थल पर ही लुढ़क गया था।

''ऐसे ही एक बार उकीलपढ़ी के महाजन सुरेश कुमार को हमने नोटिस भेजी थी कि किसानों पर लगे कर्ज और मूलधन दोनों से ही अपना दावा यदि वापस नहीं लेते हो तो तुम्हें मारकर तुम्हारा शव कुत्तों के आगे फेंक दिया जाएगा··मैडमजी, आप विश्वास नहीं करेंगी, पहली बार तो उसने नोटिस पर ध्यान नहीं दिया लेकिन जब दूसरी बार ऐसी ही नोटिस भेजी गई तो आनन-फानन में उसने अपनी दुकान के बाहर बोर्ड टाँग दिया था–'मेरे सभी ग्राहकों से अनुरोध है कि अपने सारे जमा 72 घंटों के भीतर ले जाएँ···

''तो मैडमजी, ये कुछ काम तो हमने जरूर अच्छे किए कि समाज की अन्तिम पंक्ति में खड़े मनुष्य को पहली बार मनुष्य की गरिमा दी, उसके लिए, उसे साथ लेकर, उसकी तरफ से लड़ाई लड़ी··पर हमारे चिन्तन में कहीं कोई जबर्दस्त भूल रह गई थी कि यह जन-अदालत का सिलसिला काफी दिनों तक नहीं चल पाया··दरअसल हमने वास्तविकता को बहुत छोटा करके देखा था।'' किसी सी.आई.डी. अफसर की तरह अपने क्रान्ति-जीवन की गुप्त फाइलों को मुझे सरकाते हुए-से बोलते जाते हैं गोविन्द दा, ''दरअसल हम लोग तो मार-मुराकर जंगलों में छिप जाते, पीछे भुगतना पड़ता

गाँववालों को ही। पुलिस दरिन्दगी से टूट पड़ती उन पर। कई जगह जिन गाँववालों एवं आदिवासियों ने हमें शरण दी उन्हीं को जेल में ठूँसकर कहर ढाया गया। उनकी टॉपलेस आदिवासी कन्याओं के साथ बलात्कार किया गया··इन सबके चलते हमारे और उनके सद्भावना के सारे समीकरण बदल गए। उन्हें लगता कि हम बजाय उनकी सहायता के उनके लिए समस्या कहीं ज्यादा पैदा कर रहे हैं।

"जानती हैं मैडमजी, एक समय हमारा हौसला इतना बुलन्द हुआ था, हमारी पार्टी की प्रतिष्ठा इतनी बढ़ी थी··सदस्य संख्या चढ़ती नदी की बाढ़ की तरह इस कदर उफान पर थी··कि हमें लग रहा था क्रान्ति बस आसपास ही है। बंगाल के छोटे से गाँव से निकला इस नई विचारधारा का वह उगता सूरज धीरे-धीरे बिहार, उड़ीसा, असम, केरल एवं आन्ध्र प्रदेश की सर्वश्रेष्ठ युवा शक्ति एवं बुद्धिजीवियों के बीच मध्याह्न का सूर्य बन चुका था। और जब हमें लग रहा था कि हमारे सपनों के गर्भाशय में जान पड़ चुकी है··जीव हिलने-डुलने लगा है, अपना स्वाभाविक आकार ग्रहण करने लगा है कि तभी हमें जगह-जगह से विपरीत प्रतिक्रिया मिलनी शुरू होने लगी···

"इधर हमारी पार्टी कांग्रेस की स्थापना हुई और उधर खबर मिली कि मेदिनीपुर के केसपुर गाँव में ग्रामीणों ने ही हमारे तीन कॉमरेडों को मार दिया। मैडम, यही हमारी निराशा का शुरुआती बिन्दु था।" बोलते-बोलते गहरी पीड़ा के भाव छा जाते हैं उनके चेहरे पर। जैसे निराशा एवं टूटते सपनों की पहली कैप्सूल गुटकी हो उन्होंने—अभी तुरन्त।

"हमारी गणना में यह कहीं नहीं था कि जिनके लिए हम यह सब कर रहे थे वे ही हमें हत्यारा समझेंगे। हमारे अनुभवों की पृष्ठभूमि में तेभागा आन्दोलन था।"

"तेभागा आन्दोलन ?" इन्द्र ने मुझे एक बार समझाया था इस आन्दोलन के बारे में··लेकिन फिर भी मैं गोविन्द दा के मुँह से सुनना चाहती थी।

"किसानों और जमींदारों के बीच 1946-47 में हुआ था वह आन्दोलन। फसल का तीन भाग किसान का और एक भाग भूपति का—यही दर्शन था उस आन्दोलन का। जानती हैं मैडमजी, उस आन्दोलन के समय पूरा गाँव, यहाँ तक कि स्त्रियाँ भी आन्दोलनकारियों के साथ थीं··रात को गाँव में पुलिस के अकस्मात घुस आने पर वे शंख बजाकर संकेत दे देती थीं आन्दोलनकारियों को···।"

पहली बार हिम्मत करके मैं अपना मुँह खोलती हूँ···

"गोविन्द दा, कहीं इसकी वजह यह तो नहीं कि तेभागा और तेलंगाना जैसे आन्दोलन आपकी अपनी सोच की भूमि से फूटे थे, जबकि नक्सलवादी आन्दोलन चीन के मॉडल पर बाहर से आयात किया एक क्रान्ति-दर्शन था। अब मरुभूमि के किनारे का पौधा मानसरोवर के निकट तो पनप नहीं सकता··क्या कहीं यह नहीं लगता कि जिन्दगी का कोई भी रास्ता—बना-बनाया रास्ता नहीं हो सकता कि हमें अपनी संस्कृति, अपने इतिहास और अपने समाज के आलोक में अपना माओ, अपना लेनिन, अपना मार्क्स और अपना चे-ग्वारा स्वयं गढ़ना था। क्योंकि कोई भी क्रान्ति जब परम्परा एवं

संस्कृति के अनुरूप ढलने की बजाय परम्परा एवं संस्कृति को ही अपने अनुरूप ढालने लगे तो वह—लोगों के बीच जड़ नहीं जमा पाती।''

मुझे आश्चर्य हुआ था, टेरीकॉट के कपड़े की तरह उनके मुँह पर मेरी कठोर समीक्षा की कोई शिकन तक नहीं थी बल्कि कुछ-कुछ सहमत से ही बोलने लगे थे वे—

''आप सही कहती हैं मैडमजी। व्यक्तिगत हिंसा हमारी क्रान्ति का अन्तिम अध्याय होना था, जबकि हमने शुरुआत यहीं से की। पहले हमें यहाँ के लोगों को संगठित करना था, उन्हें शिक्षित कर उनकी शक्ति बढ़ानी थी। तभी शायद वे पुलिस, महाजन और जोतदारों से भयमुक्त हो सकते थे। चे-ग्वारा कहता था, क्रान्तिकारियों को लोगों के बीच 'फिश इन दि वाटर' यानी पानी के बीच जैसे मछली रहती है वैसे रहना चाहिए', जबकि हम फिश आऊट ऑफ वाटर हो गए थे।''

तभी बगल के कमरे में कुछ बर्तनों के गिरने की आवाज। दो मिनट का समय लेकर चले जाते हैं गोविन्द दा।

उनके आने पर मैं अपनी बात रखती हूँ—

''आप लोगों की व्यक्तिगत हिंसा, मूर्ति-भंजन, शिक्षण संस्थाओं पर आक्रमण¨क्या कहीं ऐसा नहीं लगता कि इन सबमें एक प्रकार का उतावलापन था¨जल्दबाजी में बजा दिया गया क्रान्ति का बिगुल¨''

कुछ पल स्तब्धता के¨अनन्त हाहाकार की परछाइयाँ¨आँखों में डोलती सी उनकी¨एकटक जमीन की ओर देखते हुए¨खूब धीरे-धीरे रुक-रुक कर बोलते हैं वे—

''गल्तियाँ तो हमसे नो डाऊट हुई ही हैं, पर क्या यह भी सच नहीं है कि धार्मिक संवेदनाओं एवं भाग्य की क्लोरोफार्म सूँघकर बेसुध पड़े इस देश में सौ-सौ माओ और हजार-हजार लेनिन भी तब तक क्रान्ति नहीं ला सकते जब तक यहाँ धर्म की परिभाषाएँ नहीं बदल दी जाएँ। लोग मर रहे हैं, ऊब रहे हैं, घुट रहे हैं, लेकिन विद्रोह नहीं करते क्योंकि वे जीवन से प्यार नहीं करते। धार्मिक ग्रन्थों ने जाने कैसी वैराग्य की घुट्टी पिला दी है उन्हें कि वे जीए जाएँगे, बस जीए जाएँगे¨चाहे आप उनका सब कुछ छीन लें¨फिर भी वे जीते जाएँगे और गाते जाएँगे¨जे विधि राखे राम, से विधि रहिए।''

टूटे सपनों की किरचें रह-रहकर चौंधिया रही थीं उनकी आँखों में। एकाएक कोई अन्तर्प्रेरणा बलवती सी होती है भीतर और मैं पूछ बैठती हूँ, ''गोविन्द दा, आप क्या ईश्वर को बिल्कुल नहीं मानते ?''

''बात ईश्वर के मानने या नहीं मानने की नहीं है मैडमजी, बात यह है कि कोई भी मान्यता, कोई भी मनुष्येतर सत्ता आपकी जीने की ख्वाहिश को प्रदीप्त कर रही है या बुझा रही है, उच्च और सम्मानित जीवन की तरफ आपको ले जा रही है या आपको बैठे-ठाले, प्रतिरोधहीन माटी का लोंदा भर बना रही है।''

बोलते-बोलते एकाएक उनके चेहरे के भाव कठोर हो जाते हैं, आँखों में लपट सी उठने लगती है। जाने क्या याद आ जाता है उन्हें¨

''जानती हैं, मेरे जाँबाज कॉमरेड दिलीप विश्वास और उसकी टीम को किसने

पकड़वाया···उन्हीं लोगों ने जिनके लिए उसने अपना सब कुछ दाँव पर लगा दिया था··· हमारा यह समाज पूरी तरह से डिहाइड्रेटेड हो चुका है···यहाँ धर्म और ईश्वर को जीवन में रोशनी भरने के लिए नहीं वरन लोगों के असन्तोष और विद्रोह की भावना को ब्लाटिंग पेपर-सा सोख लेने के लिए उपयोग में लाया जा रहा है···''

तर्कों में मुझे अधिक आस्था नहीं थी बल्कि गोविन्द दा से तो तर्कबाजी में मैं बिल्कुल भी उलझना नहीं चाहती थी क्योंकि गोविन्द दा उन चन्द लोगों में थे जिन्होंने अपने अनुभव से तपे हुए सत्य के आलोक में अपना जीवन जीया था। वे किसी जानी-पहचानी सुरक्षित रोशनी के घेरे में नहीं चले थे। इस कारण मैं सीधा दिलीप विश्वास पर आ जाती हूँ।

''क्या हुआ था दिलीप विश्वास के साथ··· ?''

''घटना मेदिनीपुर के देवड़ा ग्राम की है। वहाँ के स्थानीय बाशिन्दों से परामर्श करके दिलीप विश्वास एवं उसके साथियों ने उस गाँव के सूदखोर–सत्यनारायण महतो को मार डाला था और पुलिस से बचने के लिए पास के ही गाँव के एक घर में छुपे हुए थे···एकाएक रात के दो बजे पुलिस की घंटी सुनाई दी। दो कॉमरेड भागते हुए रास्ते में ही मार डाले गए। दिलीप छत पर भाग गया–और छत पर रखे पानी के टैंक में कूद गया। पुलिस ने पूरे मकान को घेर रखा था, लेकिन पानी के टैंक को उसने नहीं खोला···पूरे चौबीस घंटे जंगली जानवर-सा चौकन्ना नाक तक के पानी के बीच रहा वह। दूसरे दिन शाम के धुँधलके में किसी प्रकार टैंक से निकलकर छत से ही कूद जंगलों की ओर निकल गया।''

''अभी कहाँ है वह ?''

''अभी !'' आँखों में अकस्मात उभर आई आर्द्रता को आँखों की कोटरों के भीतर ही सोख लेने का प्रयत्न करते हैं वे, ''दिलीप विश्वास।'' एक नाम जो आज इतने वर्षों बाद भी धड़कन की तरह जिन्दा था उनके अन्दर। एक दीर्घ उच्छ्वास ले कहने लगे थे वे, ''बहुत दरिन्दगी हुई उसके साथ, लेकिन था वह भी एक जाँबाज मर्द–कलन्दर। बाहर से पराजित हुआ···आँखें निकाल ली गईं···लेकिन अन्त तक अपराजित रहा भीतर से···।''

''आँखें निकाल ली गईं !''

''मैं नहीं कह रहा मैडमजी, यह तो वह सत्य है जो इतने सालों तक दबा रहा लेकिन–वह है न कि दरिन्दों के बीच भी कुछ इन्सानियत बची रह जाती है···तो मैडमजी, आज उन्हीं पुलिस अफसरों में से एक ने, जिन्होंने उसको यातना दे-देकर मार डाला था, अपनी सेवा-निवृत्ति के बाद अब जाकर–जाँच आयोग के सामने कन्फेस किया है। लेकिन तब दूसरी ही कहानी कही गई थी।

''तब पुलिस और मीडिया ने मिलीभगत करके जो कहानी परोसी वह इस प्रकार की थी–उसने अपने छिपे हुए ठिकाने से पुलिस पर गोलीबारी की और जवाबी कार्यवाही के फलस्वरूप पुलिस को भी गोली चलानी पड़ी और इसी के चलते वह मारा गया।

जबकि सच्चाई यह थी कि वह अपने झोंपड़ीनुमा हाइडिंग प्लेस में सो रहा था। पुलिस ने छत की टाईल्स हटाकर उसे सोते हुए पकड़ा था। बाद में वहीं मेदिनीपुर में उससे काफी कुछ उगलवाने की प्रक्रिया शुरू हुई···उसमें नाकाम पुलिस ने उसे अमानवीय यातनाएँ दीं और अन्त में उसकी आँखें निकाल लीं जिससे कि किसी भी कारण बचा रह जाए तो किसी को पहचान न पाए···और बाद में उसी मरणासन्न अवस्था में उसे किसी लैम्पपोस्ट से बाँधकर उस पर गोली चला दी गई।''

''आप लोगों को कैसे पता चला ?''

''वहाँ के स्थानीय लोगों ने ही बताया था—काफी प्रभाव था उसका लोगों के बीच। लेकिन लोग-बाग इतने आतंकित थे पुलिस-से कि किसी ने भी आगे आकर सार्वजनिक बयान नहीं दिया···यह तो आज सत्ताईस सालों बाद उन तीनों में से एक पुलिस सब-इंस्पेक्टर ने अपनी सेवानिवृत्ति के बाद कहा है कि मैंने उसे यातना देने एवं शूट करने का विरोध किया था क्योंकि भागते हुए को मारना कानून की मजबूरी हो सकती थी, लेकिन वह तो पकड़ा जा चुका था। लेकिन मेरे वरिष्ठ अधिकारियों ने मेरी बात नहीं सुनी, बल्कि मुझे ही धमकाया गया कि यदि मैं ऐसा नहीं करूँ तो मुझे भी मार डाला जाएगा। और मेरी पत्नी को मेरे शहीद होने का मेडल दिलवा दिया जाएगा···। हाँ, उसने यह भी बताया कि अन्तिम साँस में दिलीप ने भी यही नारा लगाया था—नक्सलबाड़ी लाल सलाम।''

वातावरण गमगीन हो गया था। गोविन्द दा अपने भीतर के मौन में चले गए थे। जमी बर्फ की तरह गहरी उदासी थी उन आँखों में जो मुझे लिखते हुए देख रही थीं। कुछ पल यूँ ही सरक गए थे।

मुझे अपने कागज-पत्तर समेटते देख वे खड़े हो गए थे—''एशो अरनो कोनो दिन।'' (किसी और दिन आ जाना।)

सामने टँगे पशु-बन का संहार करती कालीजी के कैलेंडर पर दृष्टि जमाए मैं देखती हूँ कि तीन दिन बाद ही सरस्वती पूजा थी। वे चुप। गर्दन हिलाकर सहमति भर देते हैं। आँखें शून्य में अटकी हुईं। दो अटके अश्रुकण···चेहरे की कँपकँपाती खाल···एक समूची धरती हिल रही थी वहाँ। मुड़ने को होती हूँ कि अनायास मेरे कन्धों पर उनके हाथों का स्पर्श···। मेरी आँखों में उठती खामोश घुटन को भाँप, गीले-गीले धुआँ उठते शब्दों को जोर लगाकर जैसे गले से बाहर खींचते हुए कहते हैं वे—

''दिलीप विश्वासेर कथा तूमि निश्चय ही लिखबे···।''

''हाँ निश्चय ही।'' उनसे वादा करती मैं चल देती हूँ।

दूर किनारे सूरज डूबता हुआ···अबीरी उजास चहुँओर···उदास मन सात्विकता के रंग में रँगने लगता है···भीतर उथल-पुथल, इतनी बात आज हुई···पर इन्द्र का जिक्र तक नहीं आया···और यदि सचमुच इन्द्र के साथ भी ऐसा ही हुआ जैसा दिलीप विश्वास के साथ तो मैं किसकी कहानी पहले लिखूँगी ?

इन्द्र को लेकर जबर्दस्त संयम बरता था मैंने उस दिन। रग-रग में उठती बलवती उत्कंठा पर जबरन सिला धर दी थी, यही सोचकर कि इतने हजार जो जीवन से भर कर आए थे जीवन की लड़ाई लड़ने और जिन्हें मौत के सन्नाटे में भयावह ढंग से सुला दिया गया था, उन सबके बीच इन्द्र को अलग से रेखांकित करना¨ ? मैं शायद कर भी देती पर कुछ दिनों पूर्व ही किसी साहित्यिक गोष्ठी में एक घटना सुनी थी, जिसका प्रभाव अभी तक था मुझ पर।

एक भिक्षुक ने गौतम बुद्ध की जीवनी लिखी। पाँच खंडों में। प्रकाशक ने कहा, "ये पाँच हजार पृष्ठ हम नहीं छापेंगे।" कुछ सज्जनों ने सुना तो चन्दा किया और एकत्र राशि भिक्षु के हवाले कर दी—इस राशि से पुस्तक प्रकाशित करा लो। चन्दे की रकम हाथ आते ही भिक्षुक उड़न-छू। तीन वर्ष बाद वह दक्षिण में नमूदार हुआ, लोगों ने पहचाना, कहा, आपने बहुत ज्यादती की। लोगों ने फिर चन्दा किया, उसे दिया और कहा, इस बार पुस्तक जरूर छप जानी चाहिए। रकम हाथ आते ही वह फिर गायब हो गया¨। दो वर्ष बाद वह फिर उत्तर भारत में दिखाई दिया तो अबकी प्रकाशक ने सोचा, चलो छाप ही देते हैं। पर जैसे ही प्रकाशक ने प्रथम पृष्ठ खोला, उस पर लिखा था—तीसरा संस्करण। प्रकाशक ने सोचा, अच्छा धोखा हुआ, जिस पुस्तक के दो संस्करण पहले ही निकल चुके हैं उसका तृतीय संस्करण निकालकर हाथ भी क्या आनेवाला है। उसने भिक्षुक को लताड़ा। शान्त भिक्षुक ने सारी बात सुनकर बताया, "पहली बार जब मैंने चन्दे की रकम ली तो उसी समय उत्तर भारत में बाढ़ आ गई थी, मैंने वह रकम वहाँ दे दी, यह प्रथम संस्करण हुआ, दूसरी बार जब चन्दे की रकम मिली तो दक्षिण भारत में अकाल पड़ा हुआ था, मैंने वह राशि वहाँ दे दी, यह दूसरा संस्करण हुआ था—और अब तीसरा संस्करण¨। गौतम बुद्ध पर लिखूँ और बुद्ध की-सी गरिमा और करुणा का भाव न रखूँ तो शब्दों पर से लोगों का विश्वास उठ जाएगा।

तीन दिन बाद¨

कालीजी के कैलेंडरवाले उस छोटे से कमरे में मेरे आने से पहले ही चिन्तामग्न मुद्रा में विराजमान थे गोविन्द दा। एक आश्वस्ति सी हुई उन्हें देख। अब वे स्वयं ही उस बिन्दु पर पहुँच गए थे जहाँ मुझे उन्हें और कुरेदने की आवश्यकता नहीं थी। जिस सपने के लिए जी थी एक जिन्दगी उन्होंने, जीवन के उस काल-खंड को एक धरोहर की तरह मुझे सौंपने को वे स्वयं ही उत्सुक थे जिससे कि काल-पात्र में गड़ा वह इतिहास-सत्य बचा रह सके, लोगों के बीच गायब होती इतिहास चेतना के बीच भी।

"से दिन इन्द्रेर कथा एगदम आसे नी ना !" (उस दिन इन्द्र की बात एकदम नहीं आई ना !)

हठात पूछ बैठते हैं वे, निगाहें टटोलतीं-सी मुझे।

मेरी खामोशी अच्छी लगती है उन्हें भी, खुद ही बताने लगते हैं—

"देखो, गोपीबल्लभपुर से कलकत्ता लौट आने के बाद पार्टी की राज्य कमिटी के निर्देशानुसार हम तीन कॉमरेडों को उस समय के प्रतिबन्धित विप्लवी पत्र 'युगव्रती' के पुनर्प्रकाशन का कार्य सौंपा गया। मुझे इसलिए कि मेरे पिता का एक छोटा सा प्रिंटिंग प्रेस था, इस कारण मुझे थोड़ा अनुभव था। मेरे साथ कॉमरेड शुभाशीष और शम्भू भी थे। हम तीनों ने ही—जितना भी पैसा था गाँठ में, उसे निकालकर नागर बाजार में ही एक जूट के कारखाने के पास एक छोटा सा कमरा किराए पर लिया—और एक छोटी सी प्रिंटिंग मशीन भी खरीदी। और अब हम जुट गए थे जी-जान से पत्र के प्रकाशन, सम्पादन एवं वितरण में। कुछ ऐसा नशा रहता हमें कि शब्द, छपे हुए गरम-गरम शब्द ही जैसे छाए रहते हमारे चहुँओर। आँख, नाक, कान सब जगह जैसे शब्द ही भर रहे थे हमारे भीतर। हमारे चारों तरफ संकट के जो मेघ-खंड एकत्रित हो रहे थे उससे भी हम वाकिफ थे, इस कारण हम निःशब्द—बिल में रहनेवाले चूहे की तरह बिना आवाज किए सतत कर्म करते रहते जिससे बाहर की दुनिया को खबर नहीं लगे कि भीतर इतिहास रचा जा रहा है। हर वक्त पकड़ लिये जाने का एक ठंडा सा डर रेंगता रहता हमारे भीतर। हम कई दिनों की ब्रेड एक साथ ही लाकर रख लेते थे भीतर। नहाते भी दो-तीन दिनों पर...क्योंकि निकलना हमारे लिए खतरे से खाली नहीं था...लेकिन फिर भी जीवन हममें भरपूर था...विचार हमारे मस्तिष्क में अग्नि-शलाकाओं की तरह धड़कते रहते थे...एक बार तो क्या बताऊँ मैडमजी, मैं अपने काम में इतना डूबा था कि ध्यान ही नहीं रहा कि कमरे के भीतर रखी हुई ब्रेड भी खत्म हो गई है। भूख लगने पर मैं जैसे ही बाहर निकला, ब्रेड खरीदने के लिए, पता चला बाहर कर्फ्यू लगा हुआ है। मुझे कर्फ्यू में बाहर निकलने के अपराध में पकड़ लिया गया लेकिन सौभाग्य से मैं पहचाना नहीं गया और मेरे फटे पायजामे, चेहरे पर बढ़ी दाढ़ी और थकावट के चिह्नों ने मेरी भरपूर सहायता की। जैसे ही मुझे गाड़ी के भीतर धकेला जाने लगा, मैं गिड़गिड़ाया, 'सर, मेरी नौकरी चली जाएगी, मैं यहाँ का दरबान हूँ...।' उस सी.आर.पी. के ऑफीसर को दया आ गई और उसने मुझे छोड़ दिया पर उस सिपाही ने जिसने मुझे पकड़ा था, बिला वजह ही मुझे लात जमा दी थी...जबकि उस समय तक तो उसे पता भी नहीं था कि मैं नक्सलवादी हूँ...पर यही है यहाँ की पुलिस का चरित्र। बिना वजह लाठी का जोर आजमाना।

"हाँ, उन्हीं दिनों इन्द्र आया था मेरे पास...'युगव्रती' के लिए एक लेख लिखकर...।"

"क्या... ?" उत्तेजना से उनके हाथ पकड़ लेती हूँ मैं, "ठीक से याद कर बताइए... वह कौन सी तारीख थी... ?"

चेहरे पर कुछ बुझ सा जाता है उनके...जैसे भीतर की बत्ती गुल हो गई हो...ठीक तारीख को याद नहीं रख पाने की अपनी असमर्थता पर। कई मिनट तक माथे पर ठोका लगाते रहते हैं वे जैसे किसी जाम पड़ी बैटरी को री-चार्ज कर रहे हों।

"ठीक से नहीं बता सकता मैडमजी, लेकिन निश्चित रूप से वह 20 अगस्त, 1971

के कुछ ही दिनों पूर्व की घटना है क्योंकि उसका लेख बहुत ही विचारोत्तेजक एवं प्रबुद्ध करनेवाला लगा था, जिसे मैंने तुरन्त ही छापा था क्योंकि बाकायदा एक आर्थिक, सामाजिक और राजनैतिक प्रोग्राम था वह।"

"20 अगस्त '71 के पूर्व की क्यों ?"

"क्योंकि 20 अगस्त '71 को ही 'युगव्रती' का अन्तिम अंक निकला था और उसी दिन सुबह करीब 8.30 बजे मुझे वहीं दूसरी बार गिरफ्तार कर लिया गया था।"

"इन्द्र से फिर कभी आपका मिलना हुआ था क्या ?"

"नहीं मैडम, मैं तो अधिकतर या तो जेल में रहा था या प्रेस के भीतर चूहेदानी के चूहे सा¨इस कारण लोगों के बीच उठना-बैठना मेरा कम रहा है। बिहार की हजारीबाग जेल में जरूर मेरा मिलना हुआ था¨एक उस कॉमरेड से जिसने इन्द्र के साथ ही कुछ दिन लाल बाजार के पुलिस थाने के सेन्ट्रल लॉकअप में गुजारे थे।"

"लाल बाजार के सेन्ट्रल लॉकअप में ?" हाँ, उसके कई मित्रों ने भी पुष्टि की थी इस बात की¨। खैर, मैं बातचीत के प्रवाह को इन्द्र की तरफ नहीं मोड़ती हूँ¨बहने देती हूँ गोविन्द दा को, क्षणों के अनन्त प्रवाह में, घटनाओं के क्रम में खुद-ब-खुद बहता चला आएगा सब कुछ¨।

"किस प्रकार गिरफ्तार हुए थे आप ?" मेरी अगली जिज्ञासा।

"मैडमजी, जिस प्रकार व्यापक तौर पर गिरफ्तारियाँ हो रही थीं, मेघ-खंड एकत्र हो रहे थे, हमें लग रहा था कभी भी गाज गिर सकती है और हम अपने भूमिगत प्रिंटिंग प्रेस को कहीं और ले जाने की सोच ही रहे थे कि—उस दिन सुबह, जी वह 20 अगस्त '71 की सुबह थी¨एक दिन पूर्व ही हमने अपना अन्तिम अंक निकाला था—पार्टी स्वार्थ ही जनमने स्वार्थ। उसके कुछ दिन पूर्व ही हमारे शीर्ष नेता ध्रुपद मजूमदार एंटाली से गिरफ्तार किए जा चुके थे और सप्ताह के भीतर ही पुलिस कस्टडी में ही रहस्यमय ढंग से उनकी मृत्यु भी हो चुकी थी। अपने साथियों के मारे जाने के आक्रोश में खौलते-छटपटाते गमगीन हम और भी चौकन्ने एवं चाक-चौबन्द हो गए थे। हम तीनों कॉमरेडों ने प्रेस में घुसने का अपना समय भी अलग-अलग कर लिया था¨बस एकाध दिन के भीतर ही हम अपना डेरा उठानेवाले थे कि 20 अगस्त की सुबह करीब 8.30 बजे का समय¨मैं जैसे ही भीतर घुसने जा रहा था कि सिविल ड्रेस में एक पुलिस अफसर ने पीछे से कॉलर पकड़ा, उसके हाथ में पिस्तौल थी। मुझे तस्वीर दिखाई गई, 'एटा की आपनार छवि ?' (क्या यह आपकी तस्वीर है ?)

"मेरे हाँ कहने पर उसने कहा, 'आपको थाने चलना होगा¨।' और हथकड़ी।

"एकाएक मैं कुछ भी समझ नहीं पाया था, क्योंकि सब सिविल ड्रेस में थे। पूरा रेलवे ब्रिज उन लोगों ने घेर लिया था लेकिन भीतर के वृत्त में वे सिविल ड्रेस में थे। करीब 200 मीटर तक मुझे चलाकर लाए थे वे, दत्तो बगान के मोड़ तक। जी हाँ, वहाँ सेन्ट्रल लॉकअप में डाल दिया गया था। कई कॉमरेड वहाँ पहले से ही थे। मैं उनसे कुछ बतियाता कि तभी एक सिपाही मुझे एन्टी-नक्सलाइट हेड' इंस्पेक्टर रमेन नियोगी

जिसे हाल ही में नक्सलवादी आन्दोलन को कुचल डालने एवं आन्दोलनकारियों के मनोबल को खूँखार एवं दहशतनाक यातनाओं द्वारा तोड़ डालने के पुरस्कारस्वरूप कई प्रमोशन मिल चुके थे, के पास ले जाया गया।

"मैडमजी, यातना देने का उसका ढंग अलग ही तरह का था। एक नवीनतम वैज्ञानिक पद्धति ही खोज निकाली थी उसने टार्चर करने की। उसकी पाशविक क्रूरता उसके देखने के ढंग से ही शुरू हो जाती थी। मुझे इस हिकारत से देखा कि इतिहास में बिखरा मध्य युग का वह कालखंड—उस क्षणांश में भी मेरे जेहन में फ्लैश लाइट-सा कौंध गया था जब दक्षिण अफ्रीका में नीग्रो या हब्शियों की ओर देखा जाता था या कि रोम के दासों की ओर या हिटलर द्वारा यहूदियों की ओर।

"एक कुत्ती हँसी हँसते हुए उसने अपने असिस्टेन्ट से कहा, 'रमेन बाबू की लाठी में कितना जोर है, इसको दिखाओ···ध्रुपद बाबू तो पालाते पारे नी···जे बड़ो-बड़ो चिंगड़ी माँस खेतो···तोरा—बेटा कि लड़ाई कोरबी !' (बड़ा-बड़ा चिंगड़ी मांस खानेवाले ध्रुपद बाबू तो बच नहीं सके, तुम बेटे क्या लड़ोगे !)

"···मैडमर्जी, उसी क्षण मेरा अस्तित्व हाड़-मांस के बने एक जीते-जागते इंसान के दर्जे से नीचे गिरकर एक भूसा भरे बोरे में बदल गया था।

"अगले ही कुछ क्षणों में मुझे इन्टेरोगेशन रूम में ले जाया गया···। माफ कीजिएगा मैडमजी, शब्दों की बाध्यता के कारण इसे इन्टेरोगेशन रूम कहना पड़ रहा है—एक एन्टीसेप्टिक नाम, वरन वह तो एक सीधा-सादा यातनागृह था···जिससे होकर जाने कितने शव बाहर निकले थे।

"हाँ तो पहली बात मुझसे यही पूछी गई थी—बोलो, तुम्हें कौन सी लाठी पसन्द है।

"कई आकार की छोटी-बड़ी, मोटी-पतली लाठियाँ-ही-लाठियाँ थीं वहाँ।

"यातना की शुरुआत हमेशा ही गाली एवं झापड़-घूँसों से शुरू होती थी···और फिर उसे योजनाबद्ध ढंग से डिग्रियों तक पहुँचाया जाता था।"

"डिग्रियों तक ?"

"जी मैडम, जो जितना बड़ा नेता उसे दी जानेवाली यातना भी उतनी ही ऊँची···थर्ड डिग्री टार्चर···सेवेन्थ डिग्री टार्चर, डंडा-बेरी, सिकली, चरखी, हैदराबादी गोली···ये कुछ यातनाओं के नाम थे जो उन दिनों नक्सलवादियों के दिमाग ठिकाने लगाने के लिए ईजाद की गई थीं। तूफानी वेग से बढ़ता वह आन्दोलन क्या यूँ ही कुचल डाला गया था। हर इन्सपेक्टर, इन्वेस्टिंग ऑफिसर, डिप्टी कमिश्नर, कमिश्नर के पीछे बड़ी कुर्सी की शह थी। नहीं तो क्या सम्भव था इस प्रकार कानून को धता बता देना।

"सात जनों से घिरा हुआ था मैं। एस. पी. (सुपरिंटेंडेंट ऑफ पुलिस) डिप्टी एस. पी. और उनके कुछ हवलदारों से मिली-जुली जल्लादों की वह टुकड़ी मेरे सामने।

" 'बोल बेटा, कोतो पुलिसजन के तूई मेरेचिस ?' (कितने पुलिस जनों को तुमने मारा है ?)

"मैंने कहा, 'मेरा काम पत्र सम्पादन, वितरण और प्रकाशन का था। मैं क्यों पुलिसवालों को मारूँगा।'

" 'दे बेटा के···' और फिर वही···। हाँ, उसी समय उसने मुझे दिखाते हुए जमीन पर उल्टे पड़े तिलचट्टे को अपने जूतों से कुचल दिया था, जैसे मुझे कह रहा हो देखो तुम्हारा भी यही हाल होनेवाला है।

"मैडमजी, डिटेल में बताकर क्या होगा···बस समझ लीजिए नई रुई के गद्दे को जिस प्रकार धुना जाता है, मुझे धुना जा रहा था···और पिटाई का यह स्तर उनकी शब्दावली में काफी हल्का था।

"एक भरपूर लाठी मेरे कानों के पास पड़ी थी···मेरे कान सन्न-सन्न कर रहे थे···आँखों के आगे अँधेरा···भूचाल। कुछ कड़कते शब्द कानों से टकरा रहे थे।

" 'तुमने कितने बम फेंके ? माओ के कितने स्कैच बनाए ?'

" 'खुकुन मजूमदार एवं महाजन मुखर्जी (बड़े कॉमरेड) कहाँ रहते हैं ?'

"लाठियों के लगातार प्रहार एवं बूटों की ठोकर से मैं चेतनाशून्य होता अधमरा हो चुका था और मेरे मुँह से बाँ-बाँ···गो-गो की निरर्थक कराहों के सिवाय कुछ भी नहीं निकल रहा था। अपने टुकड़े-टुकड़े हुए शरीर के साथ मैं जमीन पर औंधा पड़ा था कि उसी समय रमेन नियोगी ने मेरे बचे-खुचे तेज और आत्मबल को पूरी तरह ध्वस्त करते हुए मुझे आतंक और दहशत की गहरी अँधेरी खाई में ढकेलते हुए अपने पंजों से मुझ पर घाव करते हुए कहा, 'यह तो नाश्ता-पानी है, असली भोजन तो अब होगा बेटा···जानिस—अनूप बागचीर कि अवस्था होए छीलो···' अनूप बागची ! लगभग शून्य होती चेतना में भी मेरे शरीर के रोंगटे खड़े हो गए थे। अनूप बागची उस दौर का एक विप्लवी कवि था। 'युगव्रती' में स्वयं मैं उसे कई बार छाप चुका था···पुलिस इंटेरोगेशन रूम में उसे इस कदर पीटा गया था कि उसके सारे दाँत झड़ गए थे, एक पाँव का घुटना टूट गया था। मैडमजी, आज भी वह एक विकलांग का जीवन जी रहा है। जानती हैं पश्चिम बंगाल की मार्क्सवादी सरकार ही उठा रही है उसकी चिकित्सा का खर्चा···एक गैंडा शरीर···किस प्रकार एक टूटे-भाँगे कबाड़े में तब्दील कर दिया गया था।

" 'खुकुन मजूमदार और महाजन मुखर्जी के तो जानिस ना···ऐई टा जानिस तोदेर आर्म्स कोथाय रखा जाए ?' (खुकुन मजूमदार और महाजन मुखर्जी को तो नहीं जानते, यह जानते हो कि तुम्हारे शस्त्र-औजार कहाँ रखे जाते हैं ?)

"लोकल आर्म्स का तो फिर भी मुझे पता था लेकिन केन्द्रीय समिति के सदस्य कहाँ रखते थे मुझे यह नहीं पता था, क्योंकि शुरू में मैं कलकत्ते से बाहर था और बाद में प्रकाशन से जुड़ गया था। सूखे कंठ से शब्दों को बाहर धकेलते हुए मैं रिरियाया, 'मैं कुछ नहीं जानता।'

"तभी उसने जलता चुरूट मेरे माथे से छुआ दिया···।"

दोनों भौंहों के बीच चवन्नी के आकार का धब्बा आज भी बना हुआ था उनके चेहरे पर···अँगुली से दिखाते बताते हैं गोविन्द दा—"जानती हैं मैडमजी, उन्हीं दिनों

हमारी एक महिला कॉमरेड थी शुभ्रा बसु—उसके पूरे चेहरे को इसी रमेन ने इस प्रकार दाग दिया था, जिस प्रकार बंगाल में विवाह के समय दुल्हन के चेहरे को चन्दन और कुंकुम से सजा दिया जाता है।

"मेरी ढिठाई देख अपने कीड़े लगे दाँतों को पीसते हुए एक दूसरे सब-इन्सपेक्टर ने पूछा—'बोल कि पसन्द, डंडा-बेरी⋯वा चरखी⋯वा हैदराबादी गोली ?"

"डंडा-बेरी⋯चरखी⋯हैदराबादी गोली ? क्या है ये सब⋯?" मेरा अनिवार्य हस्तक्षेप।

"हैदराबादी गोली⋯जिसमें लोहे के रॉड को अन्दर गुप्तांगों में घुसा दिया जाता है। इससे कैदी सालों तक पाखाना भी बैठकर नहीं कर पाता है।

"चरखी⋯जिसमें सीलिंग पंखे से पाँव को डोरी से बाँध देते हैं। पाँव ऊपर, माथा नीचे करके माथे पर मारा जाता है। इस यातना के दौरान कॉमरेड गीतेश चक्रवर्ती के सारे-के-सारे दाँत झड़ गए थे। कॉमरेड छन्दा घोष स्ट्रेचर पर ही जेल से बाहर निकली थीं, इस प्रकार विकलांग बना दी गई थीं। बाद में मानवाधिकार के सहयोग से उन्होंने रमेन नियोगी पर मुकदमा भी चलाया था, आज भी चल रहा है वह मुकदमा।

"डंडा-बेरी—दोनों पाँवों में कड़ियाँ डाल दी जाती हैं और उन दोनों बेड़ियों को जोड़ती एक जंजीर ऊपर कमर में करधनी की तरह लिपटा दी जाती है। आप एक साथ ऐसे में आधा फुट से अधिक नहीं चल सकते, सो नहीं सकते।

"लेकिन डंडा-बेरी मुझे प्रेसीडेंसी जेल में पहनाई गई थी। वहाँ उस दिन थाने में मुझे जो दिया गया था उसे पुलिस शब्दावली में थर्ड डिग्री टार्चर कहते हैं।"

"थर्ड डिग्री टार्चर ?"

"जी मैडमजी, मुझे उकड़ूँ बैठाकर, दोनों पाँवों को इकट्ठे एक लाठी के सहारे स्थित करके, दो टेबिलों के बीच लटका दिया था।"

मेरे ठीक से नहीं समझने पर उदासी भरा संगीत बिखेरते बताते हैं गोविन्द दा, "समझ लीजिए जिस प्रकार किसी कपड़े को सुखाया जाता है⋯बस कपड़े की जगह मेरी कल्पना कर लीजिए, और तार की जगह दो टेबिलों के बीच अटकाई लाठी।"

अतीत से यहाँ तक लौटते-लौटते काफी बुझे-बुझे से लग रहे थे गोविन्द दा। खंडित, विक्षुब्ध, भग्न—जैसे जीवन से भर कर आए उनके वजूद को अभी हाल ही में मौत की खामोशी में सुला दिया गया हो। आले में रखी गर्दन उड़ी सुराही से गटागट पानी पी मुझसे अनुरोध करते हैं कि मैं किसी और दिन आऊँ। लेकिन मैं ढीठ सी बैठी रहती हूँ, कम-से-कम यातना का यह खुला अध्याय तो पूरा करके ही जाऊँ।

मेरी ढिठाई, मेरे जबर्दस्त आग्रह को देख वे हाँफते से स्वरों में रोष के साथ कहने लगते हैं, "उन क्षणों में मैं किस प्रकार बिलबिलाया कि⋯इन्सान के दर्जे से नीचे गिराकर भूसे के बोरे में इस तरह धुना गया कि पिंडली के ऊपर मेरे पाँवों में जगह-जगह आलू जैसे गूमड़ निकल आए⋯कि पानी माँगने पर मुझे पेशाब दिया गया⋯यह सब बताना क्या इतना ही आसान है, बस यह समझ लो कि मैं तब तक पीटा जाता रहा जब तक बेहोश नहीं हो गया था⋯और बाद में जब उन्हीं कान्स्टेबलों द्वारा लॉकअप में पटक दिए जाने

पर होश में आया तो पहला विस्मय यही हुआ कि मैं जिन्दा था। चार घंटे की कुटम्मस में गैंडा-सा मेरा जिस्म 'हैंडिल विद केयर' में तब्दील हो चुका था। ओंठ, आँख, नाक सब रिस रहे थे लेकिन हाथों में इतना दम नहीं था कि उन्हें पोंछ सकूँ। फिर भी मैं आश्चर्यचकित था कि मेरे शरीर के पुर्जे ढीले नहीं हुए थे। अपने साथियों की तरह मेरा अंग-भंग नहीं हुआ था और यह देखकर मैं आश्वस्त ही हुआ था कि मैं उस अवस्था में भी सोच पा रहा था...कि मेरा दिमाग ठीक काम कर सकता था।''

और बोलने के साथ ही उठ खड़े हो जाते हैं गोविन्द दा। मेरे लिए स्पष्ट संकेत, बातचीत को आगे की ओर मुल्तवी करने का। अगले रविवार को कुछ काम रहता है गोविन्द दा को...मुझे उसके बाद के रविवार को आना होगा, यानी पूरे चौदह दिन बाद...।

फिर चौदह दिनों की जानलेवा प्रतीक्षा। मिल्टन ने कभी कहा था, 'दे आलसो सर्व हू वेट एंड स्टैंड।' (वे भी सेवा करते हैं जो प्रतीक्षा करते हैं और खड़े रहते हैं।) प्रतीक्षा में थके मेरे उदास क्षणों को जाने कितनी बार झेला था मिल्टन की इस पंक्ति ने।

लेकिन मेरे समक्ष प्रश्न चौदह दिनों की जानलेवा प्रतीक्षा का नहीं था, क्योंकि जीवन ही जब एक अन्तहीन प्रतीक्षा बन जाए तो चौदह दिनों की क्या बिसात ! मेरी बेचैनी...आशंका थी कि उसके बाद भी क्या मुझे वह सूत्र मिल पाएगा जो मुझे इन्द्र या इन्द्र के जीवन के सत्य तक पहुँचाए !

आप बेशक जानना चाहेंगे कौन था इन्द्र ? क्या थे मेरे सम्बन्ध उसके साथ ? उसी रात इन्द्र के नाम लिखी यह डायरी—

कौन गली गयो श्याम ?

इन्द्र...मेरे कॉलेज का सहपाठी...एक नाम जो आज अट्ठाईस वर्षों बाद भी प्रश्नों की तरह स्पन्दित और जीवन की तरह धड़क रहा है मेरे भीतर। जो उस समय उड़ता हुआ आया मेरे जीवन में, जब जीवन से भरपूर, पर जीवन चेतना से दूर मैं अपने उड़ने के लिए किसी छोटे से आकाश की जुगाड़ में थी और लोग-बाग थे...मुझे परकटी बना देने पर आमादा। हाँ, लू भरे मेरे जीवन के प्रथम और इकलौते वसन्त इन्द्र, तुम प्रणम्य इसलिए नहीं हो कि तुमने स्वयं को किन पवित्र ऊँचाइयों तक उठा लिया था, वरन इसलिए कि तुमने मुझे क्या से क्या बना डाला था। रॉय क्राप्ट ने क्या मेरी आत्मा में प्रविष्ट होकर लिखा था, ''आई लव यू नॉट बिकॉज व्हाट यू हैव मेड ऑफ योरसेल्फ बट बिकॉज व्हाट यू आर मेकिंग ऑफ मी।'' (तुम्हें प्यार इसलिए नहीं करता कि तुमने स्वयं को किन ऊँचाइयों तक पहुँचाया, वरन इसलिए कि तुमने मुझे क्या से क्या बना डाला !)

इन्द्र साहब ! मैंने तो अपने जीवन को बट्टे-खाते में डाल ही दिया था, जीवन से हार मान ही बैठी थी, पर यह तुम ही थे जिसने जिन्दगी के बेडौल मेरे लौंदे को तराशा··· तुमने मेरा सौरमंडल बदला, मेरी शब्दावलियाँ बदलीं—तुमने मेरे जीवन की परिधि ही नहीं, मेरे राग के केन्द्र को भी बदल डाला था—यही कारण है कि पब्लिक बस में बैठे हुए, कलकत्ते के कॉलेज स्ट्रीट इलाके से गुजरते हुए दीवारों पर लिखे जब भी ऐसे नारों : 'नेपाल का जनवादी आन्दोलन लाल सलाम !' से टकराती हूँ, वे नारे तुम्हारे चेहरे में तब्दील हो जाते हैं और मेरी कल्पना में वह दृश्य कौंध जाता है जब तुम्हारे किन्हीं साथियों के अनुसार तुम्हें उन्हीं क्षणों पीछे से गोली मार दी गई थी जब तुम दीवारों को कुछ ऐसे ही नारों, 'नक्सलबाड़ी, लाल सलाम !' 'कृषि कदेर मुक्ति, भारतेर मुक्ति' से रँग रहे थे। तुम खामोश हो गए थे, लेकिन वे दीवारें आज भी बोल रही हैं।

लेकिन ज्यों-ज्यों दिन बीतते जा रहे हैं, तुम तो ब्रह्म और ब्रह्मांड की तरह रहस्यमय होते जा रहे हो क्योंकि तुम्हारे ही कॉमरेड मित्रों में से किन्हीं का कहना है कि पार्टी के कुछ लीफलेट्स लेकर जब तुम पहचान न लिये जाओ, इस कारण से सीधे रास्ते से न जाकर गली-गली से गुजर रहे थे तब उसी समय पाड़े (मुहल्ले) के कुछ स्थानीय दादा मार्का लोगों ने पुलिस को तुम्हारी सूचना दे दी थी क्योंकि तुम उनकी आँखों में काँटे की तरह खटक रहे थे, क्योंकि तुमने वहाँ पर चल रहे किसी ब्लू-फिल्म की तरह अश्लील नाटक के प्रदर्शन को धमकी देकर रुकवा दिया था। और उन्हीं क्षणों तुम पर गोली चला दी गई थी···। गोली तुम्हारे पैरों पर लगी थी और अपने जख्मी पैरों को ही घसीटते हुए तुम किसी घर में घुस गए थे और बाद में पुलिस सड़क पर गिरे तुम्हारे खून के निशानों का पीछा करती हुई तुम्हें किन्हीं सटे-सटे घरों में से एक घर में गिरफ्तार करने में सफल हुई थी। जानते हो इन्द्र, जाने कितनी बार तुम्हारी माँ ने उस घर में जाकर पूछ-पूछ कर वहाँ के लोगों को हिला दिया था। लगभग पूरी तरह विक्षिप्त हो चुकी तुम्हारी माँ आज जब अपनी खामोशी के कवच में पूरी तरह समा चुकी हैं, तब भी जब-जब मैं उनसे मिलती हूँ, वे मुझे सांत्वना देना नहीं भूलतीं, "इन्द्र ठीक आसवे, ओर जन्म लग्न सिंह, ओ मरते पारवे ना।" (इन्द्र ठीक आएगा, उसका जन्म लग्न सिंह है, वह मर नहीं सकता।)

तुमसे जुड़ा रहस्य यह जानकर और भी गहरा जाता है इन्द्र, कि, जैसा तुम्हारे कुछ कॉमरेडों जिन्होंने कलकत्ता के लाल बाजार थाने के सेन्ट्रल लॉकअप में तुम्हारे साथ बन्दी रहकर कुछ दिन गुजारे थे, में से एक ने बताया कि पुलिस की बहुत चेष्टा करने के बावजूद यह बात पुलिस यातना-गृह से बाहर फूट ही गई थी—कि तुम्हें उस समय तुम्हारी छाती पर भारी-भरकम पुलिस के बूटों से रौंद-रौंद कर मार डाला गया था, जिस समय इंटेरोगेटिंग करते किसी एस. पी. (सुपरिंटेंडेंट ऑफ पुलिस) ने तुम्हें वहाँ रखी लेनिन की पोर्ट्रेट पर थूकने को कहा था और तुमने बजाय लेनिन की पोर्ट्रेट पर थूकने के उसी एस. पी. के मुँह पर थूक दिया था।

इन्द्र, जाते-जाते भी तुमने मेरी कल्पना के क्षितिज को नया आयाम दे दिया—मैं जो चाहे कल्पना कर लूँ, तुम्हारे जीवन के अन्तिम क्षणों के सत्य को लेकर।

चौदह दिन बाद मैं फिर गोविन्द दा की चौहद्दी पर। पर हमेशा की तरह कालीजी के कैलेंडरवाले उस घर में गोविन्द दा कहीं आसपास भी नहीं थे। प्रतीक्षा मुद्रा में बैठी मैं अपने पिछले लिखे को पढ़ती रहती हूँ कि सामने से बऊदी अभिवादन करती हैं, "फोन कोरते गिएछे"अमित दा के, एसे जाबे एखुन ही"।" (अमित दा को फोन करने गए हैं, आ जाएँगे अभी।)

कुछ क्षणों का विश्राम और फिर कुछ गुपचुप शब्दों में कुछ करीब से पूछती हैं बऊदी—

"तूमि जानो अमित दा के ?" (तुम जानती हो अमित दा को ?)

जब से आँखों से ओट हुआ है इन्द्र, अमित दा तो क्या पूरे ब्रह्मांड की ही परिक्रमा लगा चुकी हूँ"मन में सोचती हूँ मैं, लेकिन प्रत्यक्षतः यही कहती हूँ""हाँ, हाँ, दादाभाई कॉमरेड ! कौन नहीं जानता उन्हें।"

और ध्यान आता है मुझे '67-'72 के उन गरम दिनों का। ओज और तेज से भरपूर एक सूरज अपने सौरमंडल का। व्यावसायिक परिवार में जन्मे दादाभाई छात्र-जीवन से ही राजनीति में चले आए थे और छात्रों के बीच कुछ कर गुजरने की ख्वाहिश के चलते ही बी.एस-सी. में प्रथम श्रेणी प्राप्त करके भी उन्होंने एम.एस-सी. में दाखिला लेने की बजाय कलकत्ते के शीर्ष प्रेसीडेंसी कॉलेज से ही दुबारा इकोनॉमिक्स में बी. ए. किया था। नक्सलवादी आन्दोलन की केन्द्रीय समिति के सबसे अल्पवयस्क सदस्य दादाभाई युवा छात्रों के बीच सिने अभिनेता-से लोकप्रिय थे जिनके एक आह्वान पर झुंड-के-झुंड छात्रों के दल उनके पीछे चलने को आतुर। उनके इसी क्रान्तिकारी रूप पर रीझकर उन्हीं की सहपाठिन पारुल बाला पान उनसे विवाह कर भूमिगत आन्दोलन में उनके साथ दूध-पानी की तरह घुल-मिल गई थीं। बाद में 1972 में उन्हें बिहार के छोटा नागपुर इलाके में गिरफ्तार कर लिया गया था। वे तो कदाचित गिरफ्तार होते भी नहीं। गुरिल्ला आक्रमण करने में शिवाजी के समान सक्षम् दादाभाई सिर्फ अपने चेहरे की कुछ प्राकृतिक विकृति के कारण पहचान लिये गए थे। सिर्फ दो मिनट के फासले पर।"रेस्टोरेंट में खाकर बास-बेसिन में हाथ धो रहे थे कि सादे वेश में टेबिल पर बैठे एस. पी. गौतम चक्रवर्ती ने बेसिन के सामने लगे दर्पण में उनके चेहरे का प्रतिबिम्ब देख उन्हें गिरफ्तार कर लिया था।

पारुल भी उन दिनों खड़गपुर में क्रान्तिकारियों के लिए शेल्टर हाऊस चला रही थीं। रेडियो पर दादाभाई की गिरफ्तारी की खबर सुनकर वे सीधे कलकत्ते आ गई थीं। बाद में उन्होंने बन्दी मुक्ति आन्दोलन के दौरान बताया था मुझे कि दादाभाई को बिहार की हजारीबाग जेल के भी अन्दर एक और जेल बनाकर कन्डेम्ड सेल में रखा जा रहा

है। ऐसा कन्डेम्ड सेल जहाँ दिन और रात का भेद करना मुश्किल है। चौबीसों घंटे डंडा-बेरी में, जिससे पूरा शरीर घावों से भर गया था। शौच भी सेल के भीतर बने गड्ढे में। पूरे तीन वर्षों में उन्होंने सिवाय पुलिस, जेल, वार्डन, बिल्ली के बच्चे एवं छह-छह महीने पर दस मिनट की मुलाकात में देखी पारुल दी की शक्ल के सिवाय और कोई दुनियावी दृश्य तक नहीं देखा था। बाद में कोर्ट के हस्तक्षेप से खुलवाई गई थी उनकी डंडा-बेरी। खून ठंडा कर देनेवाली उन यातनाओं को बताते हुए उन्होंने ही कहा था मुझे कि उस भयानक अँधेरे सूने सेल में अक्सर एक युद्धबन्दी की डायरी उन्हें हिम्मत बँधाती थी। दूसरे विश्व युद्ध के उस जर्मन युद्धबन्दी को मास्को में कुछ इसी प्रकार डरावने, भयानक एवं निर्जन सेल में रखा गया था, सिर्फ खाने के वक्त टार्च की रोशनी में ही उसे उजाले का आभास होता था। लगभग तीन वर्ष की उस अवधि को उसने उसी बित्ता-भर के सेल में गोल-गोल घूमकर काटा। गोल-गोल घूमते हुए वह अपने पदचाप को सुबह से शाम तक गिनता रहता था...और इसी मानसिक कसरत द्वारा उसने स्वयं को विक्षिप्त होने से बचाया था।

उन्हीं अमित दा ने आज बावन वर्ष की अवस्था में अपनी कॉमरेड पत्नी पारुल दी को छोड़ अपने से सत्ताईस वर्ष छोटी महिला से पिछले सप्ताह विवाह कर लेक टाउन में अपना घर बसा लिया था।

"तोमार गोविन्द दा खूब भेंगे गिएछेन," (तुम्हारे गोविन्द दा एकदम टूट गए हैं...) बऊदी बता रही थीं।

मुझे याद आ रहा था, एक बार मेरे पिता ने मुझे एक ऐसी ही आस्था तोड़नेवाली घटना सुनाई थी, जिसमें स्वतन्त्रता संग्राम का एक सेनानी जीवन की मारक परिस्थितियों के चलते अन्त में रेलगाड़ी के वैगन तोड़ते पकड़ा गया था। बहुत दिनों तक यह घटना दिमाग के शून्य में चक्करघिन्नी की तरह घूमती रही थी। क्या जीवन की परिस्थितियाँ मानवीय संकल्पों को भी भुला देती हैं ? या अपने आसपास फैले व्यापक भ्रष्टाचार और अनाचार व्यक्ति को विशुद्ध और नैतिक नहीं रहने देते ? मैं ही क्यों नैतिक बना रहूँ, अनैतिकता और भ्रष्टाचार के इस हहराते समुद्र के बीच ? ऐसे प्रश्न मेरे अन्दर उबलते पानी से खदबदा रहे थे। बहुत दिनों बाद जाकर नोबेल विजेता साहित्यकार सोल्जेनित्सिन के एक वक्तव्य ने मुझे सलीकेदार एवं सन्तोषजनक जवाब थमाया था—संसार में अनैतिकता है तो है पर वह मेरे माध्यम से नहीं आए—ऐसी इच्छाशक्ति एवं स्वयं पर कड़ी निगरानी की जरूरत है। सनातनी शायद इसे ही इस प्रकार कहते हैं—जरूरत है भीतर के रावण को क्रमशः कुचल राम को जिलाए रखने की...।

मेरा चिन्तन चल रहा था कि तभी देखा घिसटते पाँवों चले आ रहे थे गोविन्द दा। मुझे और बऊदी को गम्भीरता से बतियाते देख समझ गए वे, उनके पीछे कौन सी कैसेट चल रही थी।

कुछ पल स्तब्धता...।

"से दिन कोतोखुन होएछे...?" (उस दिन कितना हुआ था ?)

जानती थी, अपनी तरफ से गोविन्द दा—अमित दा के बारे में कुछ नहीं बताएँगे··· किसी महावृक्ष की जड़ों में अकस्मात जीवाणुओं का लग जाना··· लेकिन आज का दिन ही वह समय था और यही वह मर्मस्थल था जो मुझे फिर उस आलोक-वृत्त में ले जा सकता था कि अन्ततः क्या होता है मनुष्य होने का अर्थ··· या कि असाधारण मनुष्यों का भी स्खलन होता है। मेरे अन्दर का घाघ कथाकार मुझे मौका नहीं चूकने देता··· गोविन्द दा जिस प्रसंग को फास्ट फारवर्ड कर देना चाह रहे थे मैं जैसे वापस उसी को रिवाइन्ड कर 'मत चूको चौहान' की सी अचूकता से पूछ ही बैठती हूँ···

"बऊदी बता रही थीं—अमित दा के बारे में··· ।"

"अरे छोड़ो, एक अमित ऐसा हो गया तो क्या ! हमारा क्रान्ति-इतिहास भरा पड़ा है ऐसे नायकों से जिन्होंने अपना निशान मिटा दिया लेकिन अपने अन्दर की इन्सानियत को अन्तिम साँस तक जिन्दा रखा। जानती हो, फायरिंग स्क्वायड के सामने ललकारते हुए क्या कहा था परिमल सेन ने, 'यू कैन नॉट स्टॉप रिवोल्यूशन बाई किलिंग अस।' (हमें मारकर तुम रोक नहीं सकते क्रान्ति को।) रोंगटे खड़े कर देनेवाली यातनाओं से गुजरकर भी, आँखें निकाल लिये जाने पर भी जाँबाजी देखो दीपक बनर्जी की जिनके अन्तिम शब्द यही थे—नक्सलबाड़ी, लाल सलाम।"

"मैं क्रान्ति के तूफानी दौर की बात नहीं कर रही गोविन्द दा, मैं ठहरे हुए समय की बात कर रही हूँ, वह समय जब क्रान्ति का ज्वार उतर चुका रहता है··· सन्नाटा छाया हुआ रहता है··· हाथों के पास करने के लिए न तोड़-फोड़ रहती है और न ही दिमाग को उलझाए रखने के लिए सनसनाती-गरजती-लावा उगलती योजनाएँ··· ।"

मेरे प्रश्न की मिसाइल से मर्माहत हो उठते हैं गोविन्द दा। शायद उन्हें मुझसे इतने गहरे एवं बेबाक प्रश्न की उम्मीद नहीं थी। आँखों में आश्चर्य एवं जंगली जानवरों-सा चौकन्नापन।

"···इसके लिए जरूरी है कि व्यक्ति में क्रान्ति चेतना के साथ-ही-साथ आध्यात्मिक उत्थान भी होता रहे। एक काल-खंड में व्यक्ति वैचारिक परिवर्तन के बहाव में आकर एक नैतिक जीवन जीने लगे पर निरन्तरता बनी रहे उसके लिए जरूरी है कि उसका आध्यात्मिक उत्थान भी साथ-साथ होता रहे··· वर्ना विचारों के रंग-रोगन के उतरने के साथ ही वह फिर उसी एनीमल इंस्टिंक्ट में चला जाएगा।"

खामोशी ! स्पष्ट था गोविन्द दा खुश नहीं थे, बातचीत की धारा की यूँ दिशा-मोड़ से। मैं सोच रही थी, यही अन्तर था गोविन्द दा और अमित दा में। शायद इसीलिए कि वैचारिक उत्थान के साथ-ही-साथ आध्यात्मिक उत्थान भी होने लगा था गोविन्द दा का।

बहरहाल, कुछ खामोश क्षण—अमित दा के चरित्र-स्खलन के नाम। और अब फिर अपने संवाद की धारा को मुख्यधारा में जोड़ने की मेरी चेष्टा।

"लाल बाजार थाने में कितने दिन रखा गया था आपको ?"

"पूरे अट्ठाईस दिन··· और इस दरम्यान पाँच बार यातनागृह में ले जाया गया था

मुझे। हर बार बदलता हुआ इंटेरोगेटिंग ऑफिसर मगर कई बार तो कमरा तक बदला हुआ। वहीं मुझे पता चला था कि इस लोकतान्त्रिक देश में मैं पत्र-प्रकाशन के कार्य से जुड़ा हुआ था लेकिन मुझे पकड़ा गया था—काग्नीजेबल अपराध के अन्तर्गत।''

''काग्नीजेबल अपराध ?''

''हाँ, मतलब संगीन जुर्म। जैसे घातक हथियार रखने का आरोप, हत्या का आरोप, राजद्रोह आदि। इसके अन्तर्गत मृत्युदंड भी दिया जा सकता था।

''मुझे क्या सभी नक्सलवादियों को बिना वारंट काग्नीजेबल क्राइम के अन्तर्गत ही पकड़ा गया था क्योंकि इसी के अन्तर्गत पुलिस को उन्हें सजा देने के पूरे अधिकार मिल जाते हैं...यही सिलसिला आगे अलीपुर स्पेशल जेल में भी चलता रहा था। हर किसी बहाने उनका सफाया करना, उन्हें शारीरिक, मानसिक रूप से विकलांग बना डालना, फर्जी मुठभेड़ में मार डालना...। अलीपुर स्पेशल जेल में जेलर की तरफ से यह काम क्रिमिनल कैदी करते थे...गाहे-बगाहे वे स्वयं ही किसी भी नक्सलवादी कैदी के तकिए के नीचे कोई चिट रख देते जिस पर कुछ ऐसी कानून-विरोधी बातें लिखी रहतीं जैसे, जेल भांगबो...(जेल तोड़ेंगे) और फिर इसी को पुख्ता आधार बनाकर उस नक्सलवादी को अमानुषिक यातनाएँ दे-देकर मारा जाता जिससे दहशत की ठंड में अकड़ जाए वह। सारे जेल-कानून और विधि-विधान को ताक पर रखकर मदखाए क्रिमिनल कैदियों की सहायता से जेल प्रशासन ने नक्सलवादियों को मार-मारकर मांस का लोंदा-भर बनाकर रख छोड़ा था...एक बार तो ऐसी ही एक घटना के दौरान एक भयंकर बात की जानकारी हुई थी मुझे।

''नहीं मैडमजी, वह घटना अलीपुर स्पेशल जेल की नहीं थी, वह प्रेसीडेंसी जेल की थी। वहीं पर थोपी चाली जगह थी, जहाँ 22 नक्सलवादियों को पगली घंटी के दौरान, जेल पुलिस जेल अपराधियों के साथ मिलकर लोहे की छड़, पाँवों के बूट एवं लाठियों से दनादन धुन रही थी कि तभी हठात देबू नामक एक पुलिसकर्मी, उनमें से एक नक्सलवादी को पहचानकर चिल्लाया...'अरे ओ तो नत्थू...ए ओ के मारिस ना, पाँच गुली खेए ओ ओ बेचे आछि, ओ के भगवानो मारते पारे नी' (अरे वह तो नत्थू है, उसे नहीं मारो, पाँच गोली खाकर भी वह बचा हुआ है, उसे तो भगवान भी नहीं मार सकते।) इस वाकिये ने मुझे नत्थू की ओर आकर्षित किया था। तब तक मैं सेल में नहीं डाला गया था, इस कारण मेरा सम्पर्क साथियों के साथ बना हुआ था। उन्होंने आश्चर्य प्रकट किया कि मुझे पाँच गोली नत्थू के बारे में नहीं पता है। तो मैडमजी, उसका तो नाम ही पाँच गोली नत्थू हो गया था क्योंकि उसकी घटना को किसी स्थानीय पत्रकार ने 'पाँच गोली नाथू' शीर्षक से ही छापा था। हाँ तो मैडमजी, इस एक धारणा से आपको पूरे पुलिस प्रशासन और व्यवस्था का अन्दाज हो जाएगा।...

''1970 की मई की एक शाम को शोभा बाजार की सड़क पर पकड़ा गया था नत्थू। रमेन नियोगी ने एक नहीं पाँच गोलियाँ चलाई थीं उसके सीने पर। (पूरी गोलियों के निशान के साथ ही उस अखबार में तस्वीर छपी थी उसकी।) बहरहाल...उसके बाद

उसे अपनी गाड़ी की डिक्की में रखकर रमेन ने उसको मरा समझकर बड़तल्ला थाने के पास ही बने एक अर्द्ध-चैरिटेबल अस्पताल 'कलकत्ता रिलीफ सोसाइटी' में 'रास्ते में मिली' कहकर मुर्दाघर में जमा करवा दिया। वहीं पर कोई डॉ. श्रीनाथ शर्मा थे, उस संस्था के एक डाइरेक्टर। नत्थू को गहरे से देख उन्हें लगा कि उसमें जीवन एकदम से निःशेष नहीं हुआ है, बस जुट गए उसकी चिकित्सा में। होश आया नत्थू को आहिस्ता-आहिस्ता। बाद में जैसे ही एंटी-नक्सलाइट स्क्वायड में पता चला कि वह मरा नहीं था, खलबली मच गई। रमेन तुरन्त ही पुलिस फोर्स लेकर आया—रिलीफ सोसाइटी में और कहा हमें नत्थू को वापस दे दो, लेकिन मर्द आदमी था डॉ. श्रीनाथ भी, बोला, तुम पर केस चला दूँगा और साथ ही उसने डाइरेक्ट लाईन पर सीधी बात की श्रीमती इन्दिरा गाँधी से।...इन्दिरा गाँधी से कुछ आदेश पाकर पीछे हटना पड़ा रमेन नियोगी को। महीनों नत्थू का उपचार चला रिलीफ सोसाइटी में और तब वह पूरी तरह हट्टा-कट्टा हो गया—तब मजबूरन डॉ. श्रीनाथ को उसे पुलिस प्रशासन को देना पड़ा था।"

"अभी कहाँ है वह...?"

"1978 तक वह जेल में था। स्कूल फाइनल के साथ ही जुड़ गया था इस आन्दोलन से। अभी छोटा-मोटा व्यापार कर रहा है।"

"आप जेल से कब छूटे थे ?"

"मैं भी इमरजेंसी के पश्चात् '78 में ही जेल से छूटा था। जी, पश्चिम बंगाल की पाँचों जेलों की परिक्रमा कर चुका हूँ," अब सहज स्वाभाविक मनःस्थिति में आ जाते हैं गोविन्द दा।

"सबसे अधिक यातनापूर्ण दौर कौन सा रहा था ?"

बादल-बादल बिखर जाते हैं गोविन्द दा। जीवन का एक सर्वाधिक संवेदनशील दौर जो गुजर जाने पर भी आज तक नहीं गुजर पाया था और बार-बार उन्हें फिर उन्हीं रास्तों पर धकेलते जाने का मेरा दुस्साहस।

सोचते हुए फिर एक बीड़ी सुलगा लेते हैं—जैसे बीड़ी नहीं, जीवन के उस दौर को, उस पूरे काल-खंड को ही फिर से सुलगा रहे हों।

"यूँ तो सभी जेलों की कमोबेश एक सी ही स्थिति, क्षमता से पाँच गुना अधिक कैदी हर जगह ठुँसे हुए...पर सर्वाधिक कष्टपूर्ण दौर रहा था—अलीपुर सेंट्रल जेल का जो कि साक्षात नरक था। मल-मूत्र विसर्जन का भयंकर कष्ट था वहाँ। मुझे तो कई बार सात-आठ घंटों तक हाजत को रोके रखना पड़ता था। शाम छः बजे ही बैरक बन्द कर दी जाती और वह सुबह छः बजे से पहले नहीं खुलती थी। इस बीच शौच लग जाने पर कोई उपाय नहीं...बहुत कष्ट होने पर वहीं सेल के कोने में बने गड्ढे में ही करना पड़ता। शौच करके हम उस पर मिट्टी बुरका देते लेकिन पूरा सेल भयंकर बदबू से भर जाता और पीने के लिए रखा हुआ पानी शौच में लग जाने के कारण पूरी रात प्यासा रह जाना पड़ता।"

कुछ ठहरकर कहने लगते हैं गोविन्द दा, कुछ-कुछ बहते से, "पानी तो जेल में

सोने-चाँदी जैसा, कई बार तो सूखे कंठ पूरी-पूरी रात गुजारी है। ठीक से नहीं नहा पाने के कारण अक्सर पूरे शरीर में फोड़े-फुंसियाँ निकल आतीं। शरीर बदबू मारने लगता। जानती हैं मैडमजी, जीने के सामान के नाम पर हमें सिर्फ दो जूओं और खटमलों से भरे कम्बल और एक अल्युमिनियम की थाली दी जाती थी, उसी थाली से हम खाते और शौच के समय उसी थाली से धोते और वापस फिर उसी को साफ कर उसी में खाते-पीते।''

''क्या…?'' अविश्वास से खुला-का-खुला रह जाता है मेरा मुँह।

''मैडमजी, आगे सुनेंगी तो क्या कहेंगी…लज्जा, शर्म, घृणा जैसी मानवी अनुभूतियाँ जेल में पूरी तरह कुचल दी जाती हैं। आदमी को जानवर बना दिया जाता है। किसी भी मर्यादा का निर्वाह वहाँ होना मुश्किल। जानती हैं, हम वहाँ सुबह शौच किस प्रकार करते थे, एक लम्बे नाले के आमने-सामने दो-दो ईंटें लगाकर एक अस्थायी शौचालय बना दिया गया था। वहीं खुले में जोड़ा-जोड़ा बैठकर हमें शौच करना पड़ता। सब सबको देख सकते थे। एक-दूसरे से नजरें चुराए, नजर झुकाते हुए हम शौच करते रहते थे।

''शौचादि से निवृत्त होकर जो हमें नाश्ता मिलता वह होता पचास ग्राम उबला घुन लगा चना या मटर या कभी-कभी एक पीस पावरोटी या लपसी। दोपहर के समय खाना मिलता 80 से 100 ग्राम तक का उबला भात जिसे खाने से पहले मैं अमूमन स्वयं को उसे खाने के लिए मानसिक रूप से तैयार करता। छाँट-छाँट कर उसमें से कीड़े-कंकड़ और भूसे को बाहर करता। फिर काली गंधाती दाल में से कॉकरोच के अंडे को निकाल बाहर करता। और उसके बाद नित्य प्रति ही कुछ क्षणों के लिए आँखें मूँदकर उस बौद्ध भिक्षुक की कथा का स्मरण करता जिसने एक बार अपने प्रवचन के दौरान कहा था कि 'भिक्षुक को हर परिस्थिति में 'समभाव' बनाकर रखना चाहिए। गोचरी (भिक्षा) में जो भी मिले उसी का आहार करना चाहिए।' एक बार उसकी इसी वीतरागता एवं सहिष्णुता को परखने के लिए एक गृहस्थिन ने गोचरी के लिए फैलाए उसके पात्र में विष्ठा (टट्टी) रख दी। कहते हैं, उस भिक्षुक ने उसे भी खाद्य के रूप में ग्रहण किया और खा लिया। कई बार मैं मानता कि सूरज गुल हो जाए मेरी आँखों के समक्ष और इतना अँधेरा छा जाए कि मुझे भात में मिले कीड़े-कॉकरोच के अंडे, भूसा कुछ भी दिखाई नहीं पड़े और मैं उन्हें कुछ कम कष्ट के साथ कैप्सूल की तरह निगल सकूँ। पर उन क्षणों में अक्सर टूट-टूट पड़ता था…जिन क्षणों, दाल के उस काले पानी में मुझे अपनी माँ का चेहरा दिखाई पड़ने लगता जिसने अपने अन्तिम समय में मुझे बिना देखे ही दम तोड़ दिया था।''

अपनी माँ की स्मृति से विकल-विकल हो उठते हैं गोविन्द दा। उनको उस तत्कालीन अवसाद-भरी मानसिकता से उबारने की मेरी चेष्टा—''गोविन्द दा, ऐसी विषम परिस्थितियों में भी…जहाँ खतरे की घंटी हर पल सुनाई पड़ती हो वह कौन सी चीज थी जिसने आपके भीतर की लौ को बुझने नहीं दिया ?''

एकाएक लपट सी उठने लगती है। बुझी-बुझी सी उन आँखों में जैसे बैटरी एकाएक

रि-चार्ज हो गई हो।

"मैडमजी, उन दारुण परिस्थितियों में हमारे आत्मबल ने हमें शरीर से ऊपर उठा दिया था क्योंकि जो कुत्ती जिन्दगी हम जी रहे थे, उसमें सिर्फ शरीर के स्तर पर तो हम जी ही नहीं सकते थे। यूँ कभी-कभी खुद हमें भी अचरज होता कि हम जीते कैसे हैं...फिर भी यह सोच कि कुछ भी नया लाने के लिए अन्तहीन यातनाओं की अँधेरी सुरंग से गुजरना ही होगा...कि हमारे इन्हीं प्रयासों से पृथ्वी पर एक नया सौरमंडल बन रहा है जहाँ सारे संसार के सुप्त, शोषित जाग रहे हैं, एशिया उठ रहा है, अफ्रीका अँगड़ाई ले रहा है, अर्जेन्टाइना के काले भीरु आदिवासी जिन्होंने सदियों तक अपना लहू बहाया लेकिन जिनको इन्सानी गरिमा नहीं मिली, वे सब अब हुँकार भर रहे हैं, हवा में मुट्ठियाँ तान रहे हैं।...मैडमजी, बस यही एकमात्र विचार हमारे खोखले हो चुके खोल में हवा भरता था।"

एकाएक मेरी स्मृति में कुछ कौंधता है। बऊदी ने मुझे बताया था कि गोविन्द दा का ही एक कॉमरेड सेल में रहते-रहते उस समय विक्षिप्त हो गया था जब उसे अहसास हुआ कि जिस आन्दोलन को परवान चढ़ाने के लिए उसने स्वयं को अंश-अंश स्वाहा किया था, वह अन्ततः कोई मंजिल नहीं पा सका। मैं पूछती हूँ गोविन्दा दा से, लेकिन गोविन्द दा कुछ दूसरे ही स्वरों में कहने लगते हैं मुझे,

"इन्सान होना क्या होता है इसे आप जेल में, सिर्फ जेल में ही समझ सकती हैं, कि किस प्रकार जीने की भयंकर परिस्थितियों, नस तोड़नेवाला सौरमंडल व्यक्ति को उसकी खाल से खींचकर बाहर कर देता है। इन्सान से इन्सान के गहरे रिश्ते को यहीं समझा मैंने। एक घटना सुनाता हूँ..."

और फिर बहने लगते हैं गोविन्द दा, किसी निर्झर से, "जेल में हम लोगों के साथ ही काली पंडित नाम का नक्सलवादियों से सहानुभूति रखनेवाला एक अभियुक्त भी था। उसके साथ भी वही हुआ था जो उस पूरे दौर की वास्तविकता थी कि रामस्वरूप ने चोरी की और फलस्वरूप पकड़ा गया। तो उसे गिरफ्तार किया गया था किसी पुलिस कांस्टेबल की हत्या के जुर्म में जबकि वह उस हत्या के सम्बन्ध में पूरी तरह अनभिज्ञ था। अलबत्ता इतना अपराध उसका जरूर था कि उसने अपने घर में एक नक्सलवादी को शरण दी थी। उसे उसकी पत्नी के साथ ही गिरफ्तार कर लिया गया था। इंटेरोगेशन कक्ष में उसकी पत्नी को नग्न कर दिया गया था...बाद में बहुत हो-हल्ला होने पर उस महिला को छोड़ दिया गया और काशी पंडित को दारुण यातनाओं के बाद प्रेसीडेंसी जेल भिजवा दिया गया था। घर में एकमात्र कमानेवाला काली पंडित ही था। पीछे से काली पंडित का वृद्ध पिता और उसकी पुत्री भुखमरी की अवस्था में पहुँच गए थे। घर का सब कुछ बिकने लगा था। ऐसी अवस्था में जब भी काली पंडित की पत्नी जेल में उससे मिलने आती, कई बीमार कैदी जिन्हें मेडिकल डाइट के अन्तर्गत दूध का पाउडर, बिस्कुट, पावरोटी जो भी मिलता वे उसी में से बचाकर काली पंडित की पुत्री के लिए रखते और उसकी स्त्री के आने पर उसे दे देते। बाद में 1977 में काली पंडित को छोड़

दिया गया था। लेकिन भाग्य की बात देखिए मैडमजी, कि जिन क्षणों वह जेल के बाहर निकल रहा था, उसकी पुत्री को लोग श्मशान घाट ले जा रहे थे क्योंकि एक दिन पूर्व ही साँप के काट लेने से उसकी मृत्यु हो गई थी। जेल से छूटकर वह सीधा श्मशान घाट गया था।"

बात पूरी होते-न-होते गोविन्द दा का सात वर्षीय भतीजा चाय की दो प्यालियों के साथ हाजिर। खिल उठते हैं गोविन्द दा चाय की प्यालियों को देख—"वाह ! ठीक समय पाठिये छे¨।" मैं ध्यान से देखने लगती हूँ उनका चेहरा¨तृप्ति के साथ ली जानेवाली एक-एक चुस्की। हठात् ध्यान आता है, जेल में कैसे चलता होगा—गोविन्द दा का¨चाय के बिना। मेरे पूछने पर हँस पड़ते हैं गोविन्द दा। कुछ देर पूर्व के चेहरे के गहन दुःख और अवसाद के भावों पर उसी प्रकार पोंछा लग जाता है, जिस प्रकार पिछले दिनों हमारी राशन की दुकान पर राशन में मिलनेवाले किरासिन तेल पर पोंछा लग गया था। मन्द-मन्द मुस्कराते हुए कहने लगते हैं, "एक कप चाय के लिए कितनी बुद्धि, कितना कौशल लगाना पड़ता था, तूमि बूझबे¨(तुम समझोगी) क्योंकि जीने की जबर्दस्त ख्वाहिश विषम परिस्थितियों में भी आदमी के अन्दर जिन्दा रहती है, और वही उसे हमेशा उच्च और सम्मानित जीवन के लिए प्रेरित करती है¨चाय बनाने की एक मौलिक विधि ही ईजाद की थी हमने। सबसे पहले हम चक्रमुखी पत्थर को ब्लेड के कोने से रगड़कर आग की चिंगारी पैदा करते¨फिर उस चिंगारी को किसी जल कर कार्बन बन चुके कपड़े से छुआ देते। कार्बन आग तेजी से पकड़ता है। एक चिंगारी मात्र से वह कार्बन भभक कर लाल हो जाता, फिर उसे हम किसी रबड़ के सोल पर रख देते। रबड़ धीरे-धीरे आग पकड़ लेता, बस बन जाता हमारा चूल्हा और उसी पर हम अपनी वही टीन की थाली रखकर काली चाय बनाते। पूरे दिन में वही एक-आध चाय मिलती हमें।

चाय के घूँटों के बीँच में एक उड़ती नजर फेंक देती हूँ अपनी घड़ी पर। आठ बजकर तैंतीस मिनट¨यानी मेरे लिए विदा लेने का समय। मैं उठ खड़ी होती हूँ¨साथ-साथ गोविन्द दा। मेरे अन्दर एक हूक सी उठती है¨आज की पूरी वार्ता में इन्द्र कहीं भी नहीं था¨शायद गोविन्द दा भी समझ जाते हैं—मेरे कन्धों को हल्के से स्पर्श करते कहने लगते हैं¨"तोमार किछू काजे आस्ते पालराम ना¨"(तुम्हारे कुछ भी काम नहीं आ सका।) आवाज की तपिश छू लेती है मुझे¨। आँखें नम। जानती हूँ गोविन्द दा मेरे काम आ भी नहीं सकते थे¨क्योंकि सम्भवतः जिन रास्तों से होकर आगे की ओर बढ़ते चले थे गोविन्द दा, इन्द्र उन रास्तों के आने के पहले बीच राह में ही मीयाद पूरी कर चुका था। फिर भी गोविन्द दा के पास आना जीवन के उस साक्षात समुद्र में डुबकी लगाने जैसा था¨जिसके भीतर घटनाओं¨द्रौपदी के चीर की तरह अन्तहीन घटनाओं का जाने कितना अम्बार लगा था।

सफर अतीत की ओर

टॉलस्टाय ने एक जगह कहा था, 'जीवन न मनोरंजन-स्थल है और न ही आँसुओं की खान। जीवन एक संवेदना है।' और कथावाचक का निश्चित मत है कि इस संवेदना को महसूस करने की शुरुआत हर जीवन में तभी से शुरू हो जाती है जब वह अपने जीवन के प्रथम असफल प्रेम से गुजरता है।

आज से सत्ताईस वर्ष पूर्व। कहानी खुलते जीवन की।

स्मृतियों की खिड़की के खुलते ही धूप में चौंधियाती मणि की तरह—जो जेहन में सबसे पहले कौंधता है—वह है मार्च '70 की एक उजास-भरी सुबह।

सरे-राह चलते-चलते

12 मार्च 1970 की एक गुनगुनाती एवं शान्त सुहाती दोपहरी में हड़बड़ाती सी लम्बे-लम्बे डग भरती कॉलेज की ओर कदम बढ़ा रही थी मणि कि पीछे से आती एक बेहद सुरीली और दर्द-भरी स्वर-लहरी ने अभिभूत कर दिया उसे। कदम स्वतः ही धीमे हो गए थे ...आसपास बिखरा संगीत जैसे उसके भीतर भी उतरता जा रहा था—एक अविस्मरणीय अनुभव। मादक मूर्च्छा। आखिर जब कॉलेज का प्रवेश द्वार आ ही गया और गानेवाले का चेहरा देखने का मोह जब संवरण नहीं कर पाई वह, तो घूम कर पीछे देखा उसने...आश्चर्य ! वह जो किसी बनवासी-सा आत्मलीन-तल्लीन होकर गा रहा था, वह तो उसी का सहपाठी था। लेकिन तब तक प्रत्यक्ष परिचय नहीं हुआ था उससे इसलिए मुँह से कुछ भी कह नहीं पाई थी वह, लेकिन आँखों ने भरपूर सराहना और प्रशंसा सम्प्रेषित कर दी थी। आसपास सब कुछ मनभावन और उससे घिरी वह। सामने वह 'मूरति मधुर मनोहर देखी'। एक संक्षिप्त दृष्टि-विनिमय और अनजाने कितना कुछ दे डाला—दोनों ने दोनों को।

जीवन का वह कला क्षण, जीवन के पूरे कैनवास पर अपनी छाप छोड़ गया था।

साथी-सखियों से जाना, उसका नाम था इन्द्रनील। कक्षा में लेक्चर चलता रहता, प्रो. असीम दासगुप्ता महालानोबीस मॉडल की व्याख्या करते रहते और उसकी एक जोड़ी विशाल आतुर आँखें उसे ही ढूँढ़ती रहतीं...कई बार ऐसी ही खोजा-खोजी और चोर आँखों से देखने के चक्कर में आँखें टकरा जातीं उसकी आतुर आँखों से। झेंपकर चोरी पकड़े जाने के से भाव से नतनयना हो जाती वह। कुछ आकुल-व्याकुल क्षण सरकते, अन्दर-ही-अन्दर कविता रची जाती—रूप सेकेंड क्लास। हँसी कॉलगेट के मॉडल जैसी। बाल—जैसे केओकार्पिन का चलता-फिरता मॉडल। नहीं वह बहुत गोरा तो नहीं, पर लड़के बहुत गोरे अच्छे भी कहाँ लगते हैं, लड़कीपना छा जाता है...और थोड़ी देर बाद फिर उत्सुक नजरें उसी की ओर।

पूरे साठ मिनट के लेक्चर में प्रो. असीम दा पूरा-का-पूरा महालानोबीस मॉडल के इनपुट-आउटपुट का चैप्टर शेष कर चुके होते और उसकी नोटबुक में सिर्फ तीन शब्द लिखे होते···इन्द्रनील लव्स मी। और पास ही खिंचा हुआ उसका एक रेखाचित्र, जिसमें उसकी कमजोर चित्रकारी के चलते वह बनाना चाहती उसका ताजा खिला चेहरा···पर वह बन जाता गुस्साता बुढ़ाया चेहरा। फिर खुद ही झुँझलाकर वह उसे क्रास कर देती।

इस बीच कैलेंडर पलटा। इन्द्रनील ने सीट पलटी (पहले वह पीछे बैठता था अब थोड़ा आगे बैठने लगा था) और अपनी एक आदत भी बदल डाली। पहले कक्षा के अन्तिम लेक्चर के बाद वह अमूमन अपने अपोरी-टपोरी टाईप दोस्तों से घिरा रहता, लेकिन अब वह गाहे-बगाहे स्टॉपेज तक उसके पीछे-पीछे आता रहता।

वही धुन। लय-तान और उड़ता-उड़ता संगीत। मद्धिम-मद्धिम स्वर-लहरी। बादल-बादल बहता इश्क और भरी-भरी वह।

सिर्फ संगीत के बोल ही नहीं, आसपास का सब कुछ—धरती, व्योम, बेतरतीब से लगे पेड़, नीलगगन में उड़ते पक्षी···जैसे सभी उसे एक संदेश दे रहे थे···वही आदिम संदेश, वही आदिम राग जो आदिम काल से यौवन को दस्तक देता रहा है।

कल-कल बहते पानी की तरह सामने बहता जीवन।

झूम-झूम झूमती जिन्दगी।

प्रेम जब तक एक सम्भावना की तरह रहता है तब तक उसमें कुछ अद्वितीयता, कुछ अलौकिकता की आभा मिली रहती है। दूर-दूर का वह प्रेम जहाँ न शब्द हैं, न स्पर्श···सिर्फ भीतर के तल से निकलती दृष्टि, एक स्पर्श करती नरम-नरम दृष्टि !

करीब महीने-भर चला वह सिलसिला···दोनों ही पक्ष परम मुग्ध, धैर्यशील, कोई उतावली नहीं, सम्भाषण नहीं, कि तभी एक अचानक हुए कक्षा-परीक्षण में माइक्रोइको-नॉमिक्स के प्रश्नपत्र में सर्वाधिक अंक मिले थे मणि को···सुनकर ही गदगदायमान इन्द्र ! बित्ते-भर की छोकरी और बुद्धि में इतनी तीक्ष्ण !

ऐसे ही क्षणों दुःसाध्य हो जाता है आत्मसँवरण !

सभी तटबन्धों को तोड़कर पास आया था उसके, धीरे-धीरे। भीतर का जबर्दस्त संकोची स्वभाव, किसी युवती के साथ प्रथम सप्रयास-संवाद। भीगे-भीगे से तीन कँपकँपाते शब्द गिरे—"खूब भालो, आमि खुशी खूब, कीप इट अप।" (बहुत अच्छा, मैं बहुत ख़ुश हूँ, कीप इट अप।)

खामोशी। भीतर अंधड़। शोर-शराबा।

कुछ शब्द, एक भरपूर दृष्टि और हल्का सा स्पर्श और वह चला गया था, अपनी तरफ से शुरुआत कर दी थी उसने। पीछे छूटी वह—सम्मोहित !

कुछ दिन बाद···

कॉलेज में हुई एक वाद-विवाद प्रतियोगिता में श्रेष्ठ वक्ता का पुरस्कार जीता था इन्द्र ने। गवैया के कलेवर के भीतर इतनी आग। मार्क्स, लेनिन, चाणक्य, कौटिल्य, सुभाष—जैसे सभी समा गए थे उसके चिन्तन में। वह विस्मित थी। चकित थी। कॉलेज

के परिषद में श्रेष्ठ वक्ता का पुरस्कार लेने जाते वक्त इन्द्र ने आशा-भरी दृष्टि से ताका था उसकी ओर···शायद आज कुछ कहे वह मूक-मौन दृष्टि। आज उसकी बारी थी।

लेकिन ऐन वक्त पर सहम गई थी वह। नजरें झुका ली थीं उसने। इस बार कुछ सम्प्रेषित करने का मतलब होगा आह्वान-आमन्त्रण को स्वीकार कर प्रशस्त रास्ते पर चल देना···नहीं इन्द्र, बीसवीं शताब्दी के पूर्वार्द्ध में कभी हिटलर ने कहा था—औरत, चर्च, बच्चे और किचन। बीसवीं शताब्दी के अन्तिम ढलते वर्षों में हमारे घर का एजेंडा भी यही कहता है—औरत, धर्म, बच्चे और किचन। जानते हो मेरे परिवार की पिछली सात पीढ़ियों में से एकमात्र मैं हूँ जिसे कॉलेज जाने का एवं लड़कों के समकक्ष बैठने का सौभाग्य मिला है। हम जैसी लड़कियाँ प्रेम नहीं कर सकतीं क्योंकि हमारा प्रेम करना घरवालों के साथ विश्वासघात होगा···इससे हमारे समर्थक पक्ष का मनोबल चूर हो जाएगा और घात में बैठा विरोधी पक्ष अपनी तलवार भाँजेगा और जिसका परिणाम मुझसे बड़ी बहन एवं आनेवाली स्त्री पीढ़ी को भुगतना पड़ेगा। जो खुली हवा सदियों बाद हमारी पीढ़ी को मिली है--उसे अंधड़ कैसे बनने दूँ ? मुझे अपनी भावनाओं पर ढक्कन लगाना ही होगा।

नतमस्तक, अपने में बन्द-बन्द स्टॉपेज तक चली आ रही थी वह। पीछे-पीछे इन्द्र···किसी भावाकुल गाने की धुन के साथ। उड़ता-उड़ता संगीत। खाली बस की खिड़की पर बैठते ही फिर दृष्टि टकरा गई थी इन्द्र से···क्या था उन आँखों में ? समर्पण का भाव ! अपने आपको समाहित कर देने की आतुरता !

तेज चलती बस और मद्धिम-मद्धिम बहती पुरवैया के साथ नीले आकाश-खंड को देखते-देखते जाने कब वह अपने भीतर उतर जाती, उसका अन्तःकरण उससे बतियाने लगता···और ऐसे में उसके विचार पलट जाते। प्यार करना और किए जाने से बढ़कर दूसरा कोई आनन्द नहीं इस धरा पर।

और जाने कब वह अपने घर के अन्तिम स्टॉपेज तक आ पहुँची। किसकी सुने वह ? परिवार के विधान की या भीतर उठती संवेदना और चेतना की पुकार। पत्तल-पत्तल बँटता मन !

घर !

एक जबर्दस्त परम्परावादी निम्न-मध्यवर्गीय मारवाड़ी जैन परिवार की पैदाइश वह, जहाँ परिवार को सिर्फ एक ही विश्वास चलाता है—सामूहिकता का विश्वास। जहाँ कुछेक अपवादों को छोड़कर नियमपूर्वक प्रत्येक मैं—हममें विसर्जित हो जाता है। और जहाँ इसी प्रकार पूरी व्यवस्था को शॉक एबजार्बर बना दिया जाता है कि परिवार के प्रत्येक व्यक्ति के जीवन की समस्या का सामना परिवार का सामूहिक व्यक्तित्व करे। जहाँ व्यक्तिगत स्वतन्त्रता कितनी मूल्यवान है, इसका अनुमान इसी बात से लगाया जा सकता है कि पुत्र भी कितनी संख्या आगे तक वंश-वृद्धि करे--जैसे व्यक्तिगत निर्णय भी माँ-चाची की सम्मिलित समितियाँ करती हैं। जहाँ पुत्री को लक्ष्मी और देवी का रूप मानकर उनकी पूजा के प्रतीकस्वरूप 'गौरी पूजन' का विधान है। जहाँ पिता ही नहीं,

भाई और भतीजे तक की पीढ़ी पुत्री को भेंट करना अपना कर्त्तव्य ही नहीं पुण्य कर्म मानकर चलती है। ऐसी उन्नत संस्कृति की भव्य पुत्रियाँ इन परिवारों में सिर्फ हाथों की अधिकारिणी हैं, पातियों की नहीं। यानी जो कुछ पिता-पुत्र पक्ष अपने हाथों से श्रद्धापूर्वक इन्हें अर्पित कर दे। इस पूरी व्यवस्था का सर्वाधिक उज्ज्वल पक्ष है एक सुरक्षित रोशनी और बने-बनाए कैप्सूल में निश्चिंत होकर जिया जानेवाला जीवन, वहाँ विद्रोह और प्रतिवाद के सारे झंझावातों के रास्ते सदियों के अनुभवसिद्ध सधे हाथों द्वारा लगभग बन्द कर दिए जाते हैं। जहाँ डूबने का डर किसी को भी नहीं रहता है क्योंकि सभी पैर एक ठोस धरती के ऊपर खड़े रहते हैं पर तैरने का आनन्द भी नदारद, क्योंकि तैरने का आनन्द भी वहीं लिया जा सकता है जब पाँव कहीं टिके न हों।

ऐसे में उसका मन अक्सर दो भागों में बँट जाता है। सचेतन मन कहता—'मुझे प्यार-व्यार नहीं करना है।' लेकिन अवचेतन में दृष्टि के छोर तक सृष्टि के सारे चेहरे सिमट एक ही चेहरे में तब्दील हो जाते ̈इन्द्रनील। भावातिरेक में वह आँखें मूँद लेती। भीतर छा जाता अन्तहीन फैलाव। और ऐसे में उसकी आत्मा मुक्ति के लिए छटपटाती। वह अपने तंग घेरे को तोड़कर इन्द्र से जुड़ना चाहती, विराट से जुड़ना चाहती ̈ अठारह वर्ष की अवस्था के उस पवित्रतम भावनात्मक प्यार का दबाव उसकी आत्मा पर इतना जबर्दस्त होता कि वह सह नहीं पाती और भावावेश में उसकी आँखों में आँसू आ जाते।

अक्सर यह होता कि बोरसी पर चढ़ा दूध उफन जाता, सब्जी का छोल छीज जाता, रोटी की कोर मोटी रह जाती ̈पर उसका अन्तर्मन में रमना नहीं छूटता ̈इन्द्र के परिवार में कौन-कौन होंगे ̈बाएँ गाल पर फबता छोटा सा मस्सा, हँसता है तो गजदंत निकल आता है। उस दिन गाने की धुन कौन सी थी ̈आ चल के तुझे मैं लेके चलूँ इक ऐसे गगन के तले ̈नहीं ?

"हो गई तुमसे यह चाकरी ̈ठोठी-ठिकरे भले इससे तो ̈।" बोरसी पर उफनते दूध की गन्ध माँ के नथुने तक जा पहुँचती और दाँत पीसती वह उसे अपनी ठीक-ठाक काया की पूरी ताकत के साथ परे धकेल देती।

लज्जित सी वह अपने छोटे से कोठरीनुमा कमरे की हत्था उड़ी एक प्राचीन कुर्सी पर धँस जाती जहाँ खिड़की से दिखाई देता उसे नीले आकाश का एक टुकड़ा, तैरता हुआ, एक काला कौआ सामने की मुँडेर पर योग-व्यायाम करता हुआ। और वह फिर भटियारखाने जैसे अपने डेढ़ कमरेवाले उस घर की चिख-चिख, चिल्ल-पों, रुदन-क्रन्दन, आरोप-प्रत्यारोप से दूर अपने सपनों के आकाश पर नजरें टिकाए रखती। घर में फाकामस्ती और ख्वाब परियों के।

अब भोर उसे ज्यादा सुहानी लगती। ब्रह्ममुहूर्त में ही उठने के आदी पिता जब तक शवासन-वज्रासन करते, वह शान्त, स्वप्निल, मुदित मन पिछले दिनों की अनुभूतियों में डुबकी लगाती रहती। इधर पिता में आधे घंटे के योग-व्यायाम के शेष पर चाय की तलब जागने लगती, उधर स्टोव पर पम्प भरते-भरते उसकी कल्पना पम्प भरने लगती ̈

क्या आज आएगा वह मुझसे फिर बतियाने या बस गाने की धुन ही फेंकी जाएगी··· बुजदिल !

बुजदिली तो इन्द्र में कहीं से भी थी ही नहीं। छिछोरापन एवं उतावलापन भी उसमें न था। उसमें था कुछ अन्तर्द्वन्द्व। थोड़ा संकोच। अपने शब्दों के प्रति जबर्दस्त आस्था। शाब्दिक अभिव्यक्ति के पूर्व वह उसके मनोभावों के प्रति आश्वस्त हो जाना चाहता था जिससे उसके प्रेम को लज्जित नहीं होना पड़े। उन्नीस वर्ष की उम्र··· पूरे जीवन-चक्र का सर्वाधिक स्वाभिमानी, भावाकुल, जीवन की निकृष्ट वास्तविकता से अछूता वह काल-खंड जहाँ कोई मूरत बस जाए आँखों में तो मन मन नहीं रहता देवगृह बन जाता है।

उस दिन। वही स्टॉपेज।

बस की प्रतीक्षा में खड़ी वह। पीछे-पीछे वह। ओठों में धुन··· पल-पल दिल के पास तुम रहती हो···।

एक बस गुजर गई, गुजरने दिया उसने। कदमों ने जैसे आगे बढ़ने से इन्कार कर दिया··· जीवन के इस संगीत की इस प्रकार उपेक्षा नहीं की जा सकती।

चमत्कृत इन्द्र ! क्या यह कोई संकेत, कोई कोड भाषा है। आज के पूर्व कभी ऐसा नहीं हुआ था। वह तो हमेशा ही नौ नम्बर की डबल डेकर पर चढ़ती थी।

"क्या आज आप घर नहीं जा रहीं···? बस तो निकल गई आपकी···!" एक सीधी-सीधी खुशी से छलकती जिज्ञासा !

और फिर चल पड़ा बातों का काफिला।

एकदम घास-फूस मार्का बातें··· प्यार-व्यार का कहीं नामोनिशान नहीं।

"इकनॉमिक्स ही क्यों लिया आपने।" (क्या बात पूछी है !)

"खाली समय में क्या करती हैं ?" (आपका सिर !)

"और क्या-क्या शौक हैं ?" (आपसे मगजमारी करने का।)

"कैसे लोग आपको पसन्द हैं ?" (सभी तरह के, विशेषकर बूढ़े।)

"और लड़के !" (आप सा हर्गिज नहीं।)

"खाने में क्या-क्या पसन्द है ?" (भुट्टा)

और इसी प्रकार आनेवाली कोई चार-एक मुलाकातें। झुँझला-झुँझला पड़ती वह। भर-भर तोला बात और रत्ती-भर प्यार नहीं ! कद्दू कहीं का ! हो गया प्यार इससे।

इस बीच इन्द्र से सम्बन्धित काफी जानकारियाँ बटोर ली थीं उसने। कलकत्ता से करीब 10 किलोमीटर दूर बसे मध्यमग्राम के पुराने जमींदार परिवार का इकलौता पुत्र इन्द्र अपने समवयस्क सहपाठियों के बीच अपने सुमधुर कंठ एवं छात्र-राजनीति में सक्रिय होने के चलते चोखा लोकप्रिय। और इन सब जानकारियों के हासिल होते ही इन्द्र को लेकर पहली बार स्वयं में बौनेपन की प्रतीति हुई थी उसे। 'गए काम से' वाले

भाव कोहरे की तरह छा गए मस्तिष्क पर। इन्द्र की वह वाद-विवाद प्रतियोगिता जेहन में कौंध गई। जाने कितने हेवीवेट्स शब्दों का धुआँधार प्रयोग किया था उसने। साम्यवाद, राष्ट्रवाद, मार्क्सवाद, पूँजीवाद, सर्वहारा और वह···उसे तो पूरी तरह यह भी नहीं पता कि सरकार का गठन किस प्रकार होता है। देश का संचालन किस प्रकार होता है और उच्चतर माध्यमिक में आने के पहले तक तो बैठकर यही सोचती थी कि सरकार जरूर किसी महिला का नाम होगा। उसे ही क्या, परिवार में उसकी समवयस्का किसी भी महिला को नहीं पता और वे इस बात को लेकर मगजमारी भी नहीं करतीं।

बहरहाल···उम्मीद पर दुनिया कायम !

और दूसरे दिन सुबह उसने एक बेजा हरकत कर दी थी। मिसाइल की तरह गिरते अखबार को झपट कर उसने घर में सबसे पहले माँ की बकझक में, पिता की चकित आँखों में, बड़े भाई पारस की झुँझलाहट में पूरा-का-पूरा पढ़ डाला था। और उसके बाद ही वह अखबार माँ की निरन्तर 'क्या नया शौक चर्राया है' की रटन्त के बाद ही पुरुष वर्ग के हाथ में गया था।

सूरज मेरी मुँडेर पर

मैं तुम्हारे लायक होने की चेष्टा कर रही हूँ इन्द्र···तुम्हें यह जानकर आश्चर्य होगा कि कभी-कभी कहानियाँ और कविताएँ करनेवाली तुम्हारी यह सखी मणिदीपा देश और दुनिया के बारे में कितनी अल्पज्ञ है। पर यह तो बताओ, तुम कितने मेरे हो···क्या कोई दूसरी लड़की तुम्हारे जीवन में नहीं··· ? मन-ही-मन इन्द्र से बतियाती कॉलेज पहुँची तो मुख्य द्वार से ही देखा, खुले आँगन में लड़कों और कुछेक लड़कियों से घिरा इन्द्र गरम-गरम बातों में मशगूल है। वह बोलता जा रहा है और सभी सुन रहे हैं ध्यान से उसकी बात। (यह लड़का है या चुम्बक !)

दूर से ही देख लिया था इन्द्र ने उसे आते हुए और अब वह अपनी बात को त्वरित विराम दे उसी की दिशा में आगे बढ़ रहा था। वह मुझे चाहता है और एक लाज की लाली, उगते सूर्य की लालिमा से टक्कर लेती उस पर छा गई थी।

अभी तक सिर्फ स्टापेज में ही खड़े-खड़े बतियानेवाले इन्द्र ने आज प्रस्ताव रखा था···"अमिय दा आज के एबसेंट करेछे···चल बाहिरे चली।" (प्रोफेसर अमिय दा आज नहीं आए हैं···चलो बाहर चलते हैं।)

क्या···वह असमंजस में थी। जाए, न जाए। रूढ़िवादी मारवाड़ी परिवार की लड़की···पहली बार किसी युवा लड़के के सम्पर्क में आने का सुख···साथ ही अपने संस्कार···खुले में बाहर किसी नाते-रिश्तेदार द्वारा देख लिये जाने का डर। एक साथ कई-कई किन्तु-परन्तु मन के सूने बियावान में उग आए थे। पढ़ी-लिखी लड़कियों जैसी न कोई निर्भीकता उसमें और न ही बंगाली लड़कियों जैसा खुलापन। बंगाली परिवारों में

स्त्री-पुरुष मित्रता को जिस सम्मान से देखा जाता था उसका सिरे से अभाव उसने अपने परिवारों में देखा था। बाहर चलने का आमन्त्रण देकर इन्द्र नया कुछ भी नहीं कर रहा था। अपनी बंगाली सखियों के कई प्रेम-अनुभव उसके सामने थे। उसी की एक सखी ने बताया था उसे, कॉलेज में पनपनेवाले प्रेम में प्रथम मुहर तो तभी लगती है जब दोनों क्लास छोड़कर बाहर मिलते हैं···पर इन्द्र, जो लड़की सिवाय घर से कॉलेज और कॉलेज से घर के अलावा अभी तक कलकत्ते के पार्क स्ट्रीट, अलीपुर, चौरंगी, कैमक स्ट्रीट, भवानीपुर जैसी मुख्य-मुख्य जगहों पर दिन के उजाले में भी कभी अकेली नहीं गई हो, उससे क्या तुम एक ही छलाँग में इतनी ऊँची उछाल की आशा कर सकते हो ? उसके मन के उठते-गिरते भावों को भाँप गया था इन्द्र।

"चलो सामने के कॉफी हाऊस में ही बैठते हैं।" मणिदीपा की फिर वही ना···नुच्च। कॉफी हाऊस का तो उसने सिर्फ नाम भर सुना था···जाने कैसा माहौल हो वहाँ ! इस पूरे सम्भाषण और ना-नुच्च का सबसे उज्ज्वल पक्ष यही था कि इन्द्र पहली बार उसे गहराई से समझ रहा था और मणिदीपा के प्रति गहरी सहानुभूति भर गई थी उसमें।

आखिरकार दोनों ने निश्चय किया कि वे वहीं पार्श्व के खाली कमरे में बैठकर बतियाएँगे। जीवन की जो थोड़ी-बहुत धूप मिले वही सही।

और घंटे-भर के लिए आयोजित वह बातचीत कब खिंचकर दो-तीन घंटों की जी-जुड़ावन बतकही में बदल गई, किसी को भान तक नहीं हुआ। कोई नरम-नरम सुख कितने सलीके से उतर रहा था दोनों के भीतर। ढलती बातचीत के सेशन का अन्तिम सवाल–

"खाली समय में क्या करती हो मणि, पुस्तक पढ़ोगी यदि तुम्हें दूँगा तो···?" क्या···? जैसे शब्द नहीं कोई चासनी टपका रहा था उसकी श्रवणेद्रियों में···। आम चलचित्र मार्का प्रेमियों से सर्वथा भिन्न था इन्द्र ! आज तक कभी इन्द्र ने उसके रूप-सौन्दर्य या वेशभूषा की प्रशंसा नहीं की थी। अपने प्रथम संवाद में तो वह उसे बूढ़ा-प्रेमी जैसा ही लगा था–

"खूब भालो, कीप इट अप, आमि खूब खुशी···"

दादा (बड़े भाई) मार्का कमेंट उसका। और बाद की मुलाकातों में वह उसे कुछ-कुछ गधा-प्रेमी लगा था। सुबह क्या खाया···इकनॉमिक्स क्यों लिया··· ? यदि मणिदीपा ने उसकी वाद-विवाद प्रतियोगिता नहीं सुनी होती या अपनी सखियों से उसके बारे में नहीं जाना होता तो वह उसे कभी ढंग से प्रेमी तो क्या आदमी भी नजर नहीं आता और कुछ दिनों पूर्व का वह गधा-प्रेमी उस समय इंटेलीजेंट प्रेमी बन गया था जब उसने एक अपेक्षाकृत मोटी सी पुस्तक पकड़ा दी थी मणि को।

आँखों में अनुरोध···याचना···के मिले-जुले भाव, प्रेम के झीने लिबास में लिपटे।

प्रथम पृष्ठ।

"टू ए क्यूट लिटिल गर्ल हू इज़ स्टिल ए टीन एजर।"

(एक प्यारी छोटी सी लड़की को जो अब तक उन्नीस साल के भीतर है।)

पोर-पोर पगी वह। शब्दों की मिठास अभी पूरी तरह भीतर उतरी भी न थी कि वह फिर पूछ बैठा था—

"नाम सुना है गोर्की का⋯?"

"नहीं⋯।" स्वर इतना दयनीय था मणि का कि हँस-हँस-हँस दिया था वह।

उस दिन के संवाद की समाप्ति पर दोनों ने ही एक गरमाहट महसूसी थी। जैसे प्रेम का वोल्टाज एकाएक उछाल पर आ गया हो। इस बीच कई पीरियड्स निकल चुके थे। अब कक्षा में जाने का मतलब सबकी निगाहों के घेरे में आना होगा। लिहाजा दोनों ही दुबकी बिल्ली की-सी सतर्कता से स्टॉपेज की ओर⋯।

और स्टॉपेज की तरफ कदम बढ़ाते-बढ़ाते कुछ देर पूर्व का वह इंटेलेक्चुअल प्रेमी अब फिर गवैया-प्रेमी बन गया था। वही चिरपरिचित अन्दाज।

धीमी-धीमी धुन। पर गीत के बोल पलटे हुए इस बार।

"फूलों के रंग से, दिल की कलम से⋯तुझको लिखी रोज पाती⋯बादल हो बिजली, चन्दन हो पानी ऐसा अपना प्यार⋯"

"तुमने सुना है यह गाना⋯?"

हँस-हँस-हँस दी थी वह उसकी कच्ची चालाकी पर। जान-बूझकर कहा,

"नहीं।"

"धत्, बोका मेये।" (धत् बुद्धू लड़की।)

बस से घर तक का सफर अब पूरा इन्द्रमय था। इन्द्र जिसने आज गुलाब का पौधा रोप दिया था उसके अन्दर। खुशबू-ही-खुशबू चहुँओर। अधिक नहीं आज से महज चार महीने पूर्व जो पृथ्वी बुरी तरह दीमक और चींटियों से अँटी पड़ी थी—वही आज एकाएक बेहद खूबसूरत बन गई थी।

घर।

बाहर जूतों की भीड़ देखकर एकाएक स्मरण आया उसे कि सुबह कॉलेज से निकलते वक्त ही उसकी अम्मा गंगाबाई ने आगाह किया था, "शाम को घर जल्दी ही लौट आना, बारह घंटों का अखंड जाप है—नवकार मन्त्र का। मुहल्ले की महिलाएँ भी आमन्त्रित थीं। अपराधबोध से घिर गई थी वह। हिश कुछ भी याद नहीं रहता उसे⋯पर दूसरे ही क्षण हँसी भी आ गई थी। कॉलेज में गीत गोविन्दम्, घर में भज गोविन्दम्। वाह, क्या बात है!

घर में अखंड जाप चलता रहा था, नवकार मन्त्र का और उसके अन्तर में दूसरा ही जाप चल रहा था—टू ए क्यूट लिटिल गर्ल⋯क्या इतनी ही क्यूट (प्यारी) है वह !⋯ बीच जाप से उठकर घर के बरामदे में गई वह और लोगों की आँखों से बचकर कानी आँखों से फिर खुद को आइने में निहारा⋯बाएँ गाल पर कुछ मुँहासे निकल आए थे⋯पूरे जाप के बीच यही सोचती रही थी वह⋯क्या लगाए चेहरे पर कि मुँहासे बिना

दाग छोड़े साफ हो जाएँ—विको टरमेरिक। कल नहीं, आज ही एक ट्यूब लेकर आएगी वह विको टरमेरिक की। अवचेतन मन विको टरमेरिक लाने की सोच रहा था और उधर अम्मा बीच-जाप उसे इशारे से मेहमानों के लिए चाय बनाने को कह रही थीं।

"अभी बनाई...।" और स्टोव पर चाय के पतीले को रख इस बीच फिर वह भीतरवाले कोठरीनुमा कमरे में जाकर गोर्की की पुस्तक 'माँ' के मुख्य पृष्ठ पर लिखी पंक्तियों को देखने में मशगूल हो गई थी। पीछे से फिर अम्मा टन्नाईं, "कहाँ मर गई..."

कॉलेज।

बहुत उमगी-उमगी समय के कुछ पूर्व ही कॉलेज पहुँच गई थी वह। पहली बार काफी देर तक शीशे में कई कोणों से निहारा था उसने स्वयं को। माथे पर बिन्दी कुछ बड़ी लग गई थी, पोंछकर फिर आकार दिया गया था। कभी के भूले-बिसरे अज्ञात वास करते कानों के बूँदे निकाले गए। जिन आँखों की कभी सुध ही नहीं ली गई थी, उन्हें पहली बार कजरारी किया गया...पाँवों के नाखूनों में नेल पालिस लगाई। पूरे तामझाम के साथ जैसे ही उतरी स्टॉपेज से कि स्टॉपेज एकदम खाली-खाली। इन दिनों इन्द्र अमूमन उसे स्टॉपेज के पीछे बनी चाय की दुकान पर बनी टेबिल के पास प्रतीक्षारत मिलता था। शायद अभी आता हो...सोचती वह कितनी देर तक खड़ी रही थी। कल घर में इतने लन्द-फन्द के बावजूद उपन्यास के पैंतीस पृष्ठ पढ़ गई थी वह। उपन्यास अच्छा लग रहा था उसे। उत्कंठा जैसे रोम-रोम में भरी हुई थी, नस-नस तड़क रही थी। इन्द्र को बताना है कि उसने उसकी दी गई सौगात की कितनी कद्र की है। इस उपन्यास में भी एक नायक था—पॉवेल, इन्द्र सा ही और मजे की बात यह कि उसकी भी एक प्रेमिका थी। (क्या वह भी उसके जैसी बन पाएगी ?)

कक्षा में भी नहीं आया था वह। पूरा दिन ही उबाऊ लेक्चर की तरह नीरस एवं थका देनेवाला बीता था। आखिर जब नहीं रहा गया तो शाम को अपनी एक सहपाठिन माला से कुछ-कुछ लापरवाही ओढ़ते पूछा था उसने। साभिप्राय हँस दी थी माला। इत्ता-पित्ता जल गया था उसका। 'शायद सब जान गए हैं'—मन में पहली बार प्रेम के उजागर होने का डर लगने लगा।

"उसे तो हॉस्टल की तरफ मुड़ते देखा था।" माला की हँसी गम्भीरता में बदलती जा रही थी।

"हॉस्टल की तरफ ? इस वक्त ?" आँखों में उगती भोली जिज्ञासा के काँटों को भाँपते हुए फुसफुसाते बोली थी वह, "आजकल तेजी से चल रहा है इन लोगों का पार्टी का काम।"

"पार्टी का काम ? कैसी पार्टी का काम ?"

और पहला प्रश्नचिह्न मस्तिष्क के विराट वन में किसी जंगली पेड़-सा उग गया था।

बिगड़ा मूड और उखड़ा मिजाज लिये जब तक मणि घर पहुँची, घर खासा मछली बाजार बना हुआ था। बोरसी पर कढ़ी उफन रही थी, करछे से उसे हिलाती हुई अम्मा बराबर पिता के सारे तर्कों को किसी धारदार नुकीले अस्त्र के जैसे खच-खच काटते हुए रोती जा रही थीं और बीच-बीच में सूँ-साँ की आवाज के साथ साड़ी के पल्लू से अपने टप-टप गिरते आँसुओं को पोंछती भी जा रही थीं। परास्त योद्धा की तरह पिता वापस तख्ते पर पड़ी कल्याण पत्रिका के पन्ने उलटने लगे थे।

चिख-चिख इस बात से हुई थी कि पिछले सप्ताह ही गंगाबाई ने किसी पंडित को 51 रुपए दिए थे जिससे वह पूजा-पाठ करवाकर कुछ ऐसे मन्त्र मणि की बड़ी बहन पारसी के ऊपर सिद्ध कर दे कि उसका वैवाहिक सम्बन्ध कहीं बैठ जाए। पंडित ने पारसी पर एक लोटा गंगाजल गिराया भी था। उसका कहना था कि यह जल वह काली माई के मन्दिर से मंत्रपूत कराकर लाया था। बाद में उसने सफेद मारकीन में एक लाल रंग के फूल को पारसी के हाथों में दे दिया था, इसलिए कि जब भी कोई सम्भावित वर पारसी को देखने आए, उसकी मुट्ठी में छिपा हुआ फूल अपना करिश्मा दिखाए जिसके फलस्वरूप वह पसन्द कर ली जाए।

पर ऐसा कुछ नहीं हुआ और जब वही पंडित आज दोबारा अपने मन्त्र को आजमाने के लिए आया तो अमरनाथ बाबू को पता चली गंगाबाई की करतूत। बुरी तरह झल्ला पड़े थे वे, "लड़की को ब्याहना है कि कोई भूत भगाना है जो इस प्रकार हाय-तौबा की जाए। क्या है ये सब—अँगूठी व्रत, सन्तोषी माता के सोलह शुक्रवार··· ये सब तो लड़की का आत्मबल तोड़कर रख देंगे।"

"तुम्हारा क्या है, घर में घुसे रहते हो, लोगों से दो-चार तो मुझे होना पड़ता है···किस-किस को जवाब दूँ ?" पंजे निकाल-निकाल बोलती गंगाबाई बीच-बीच में करछुल से कढ़ी को भी हिलाती जा रही थीं। भीतर पिटा सा मुँह लिये पारसी बड़े भाई के फटे पतलून को रफू कर रही थी। गरम मोम की तरह टप-टप आँसू उसकी आँखों से गिरते हुए !

निम्न-मध्यवर्गीय वह एक ऐसा परिवार जहाँ परिवार के दोनों ही मुखिया जीवन से बुरी तरह ऊबे हुए, लम्बे अरसे से पिंजड़े में कैद दो जानवरों की तरह रह-रहकर एक-दूसरे पर झपट पड़ते थे। रिटायर्ड पिता और एकमात्र अर्जित करनेवाला सदस्य बड़ा भाई पारस। गंगाबाई, अमरनाथ बाबू की दूसरी पत्नी। पति से बीस वर्ष कनिष्ठ। दस वर्ष तक प्रेमपूर्वक गृहस्थी चलाने के बाद पिता की पहली पत्नी निःसन्तान ही गुजर गई थीं।

उसी प्रथम पत्नी के दूर के रिश्ते की बहन पिता की ये दूसरी पत्नी यानी मणि की माँ और जैसा कि इस प्रकार के बेमेल विवाह में होता है, उसकी अम्मा गंगाबाई और पिता अमरनाथ बाबू दूध और पानी की तरह—घुल-मिलकर नहीं वरन दूध और छाछ की तरह जब-तब एक-दूसरे को उखाड़ते-पछाड़ते, पटकनी देते, अक्सर एक-दूसरे को लहूलुहान करते रहते। सोलह वर्षीया गंगाबाई को 36 वर्षीय अमरनाथ बाबू के साथ ब्याह कर गंगाबाई के पिता ने उन पर जो अन्याय किया था उसका प्रतिशोध वे

गिन-गिन कर पूरी आक्रामकता के साथ अमरनाथ बाबू के जीवन की इस संध्या में ले रही थीं। अतृप्त और दबी भावनाएँ एवं अधमरे सपनों की चौंध जब-तब उनकी आँखों से दहकने लगती और जीवन के इस मुकाम पर पहुँचकर वे एक ऐसी ठूँठ बन गई थीं जिसके सारे कोमल पत्ते झड़ चुके थे। इस कारण अपनी सन्तानों के प्रति भी उनमें विशेष जिम्मेदारी के भाव या लगाव का अभाव था क्योंकि वे भी उनके लिए अपने प्रतिरूप कम, इस आदमी की औलाद ज्यादा थीं।

उन्हीं दिनों मणि ने उस कुछ-कुछ जाने हुए प्रदेश के चप्पे-चप्पे को जानने की भरसक चेष्टा की थी जिसे पिता कहते हैं। हुआ यह था कि एक बार परिवार के किसी सामूहिक कार्यक्रम में जब गंगाबाई बीच-मेहमानों के ही अमरनाथ बाबू को डपट बैठी थीं तो पिता के जुझारू अतीत से वाकिफ मणि के काका आहत हो कह बैठे थे, "भाईजी की सारी तेजस्विता हर ली इस भौजाई ने।" बात-बात पर प्रताड़ित, पैसे-पैसे के लिए माँ का मुँह जोहते, थके-हारे और भग्न अवशेष से पिता में कभी तेजस्विता भी थी ! पिता को लेकर पहली बार दया की जगह विस्मय एवं श्रद्धा के भाव जागे थे मणि में।

और मौका देख वह अपने काका के साथ उनके घर ही चल दी थी उस दिन। सारी रात पिता की ही फिल्म चलती रही थी। 1907 में राजस्थान के टमकोर गाँव में जन्मे पिता की माँ अल्पकाल में ही गुजर चुकी थी। मैट्रिक तक की पढ़ाई के उपरान्त घर की खस्ताहाली के चलते उनकी पढ़ाई छुड़ा दी गई थी और उनके पिता ने अमरनाथ बाबू को अपराधबोध में लिपटे मान-मनौवल और लाड़-प्यार के साथ कलकत्ते में पैसा कमाने के लिए भेजा था। वणिक पुत्र को व्यवसाय के लिए पूँजी की नहीं, हौसले की जरूरत पड़ती है। वह तो मरे चूहे से भी कमाकर दिखा सकता है। इसी हौसलाअफजाई के साथ वे कलकत्ते आए थे। वर्षों उन्होंने किसी परिचित की बड़ा बाजार स्थित गद्दी के बरामदे में सोकर गुजारे थे। पढ़ने की अदम्य लालसा लिये अमरनाथ बाबू दिन-भर पीतल पट्टी में काम सीखते और रात में पढ़ाई करते। 20-22 की उम्र तक उनकी लगन, परिश्रम और प्रतिभा को देखते हुए उसी गद्दी के मालिक ने अमरनाथ बाबू को चार आने की पाती पर अपने साथ रख लिया था।

बाद के वर्षों में अमरनाथ बाबू ने अपनी निजता की परिधि बढ़ाई और स्वयं को असहयोग आन्दोलन, स्वतन्त्रता आन्दोलन से भी जोड़ा। गाँधीजी के प्रभाव में वे कांग्रेस के सक्रिय सदस्य भी बने। लेकिन बाद में उनकी अटूट गाँधी-भक्ति में पहली दरार तब पड़ी जब गाँधीजी के विरोध भाव के चलते सुभाषचन्द्र बोस को कांग्रेस से निकल जाना पड़ा।

गाँधीजी ने ऐसा क्यों किया ? इसका जवाब जब उन्हें नहीं मिल पाया तो 'कोई भी व्यक्ति पूर्ण नहीं होता' के दार्शनिक तर्क से स्वयं को सँभाला पिता ने। और गाँधीजी एवं कांग्रेस से जुड़े रहे। उसी काल-खंड में तब लाहौर में 31 मार्च को भगतसिंह, राजगुरु एवं सुखदेव को फाँसी की सजा सुनाई गई और महात्मा गाँधी ने उन्हें बचाने का कोई प्रयास नहीं किया और बाद में जब उन्हें हिंसक मार्ग का पथिक कहकर छोटा करना

चाहा तो अपनी समझ और बुद्धि के अनुसार अमरनाथ बाबू मर्माहत हो उठे थे। शास्त्रों के गूढ़ अर्थों से भरे श्लोकों की तरह बापू उन्हें हमेशा रहस्यों से भरे अबूझ ही लगे। लेकिन फिर भी उनका गाँधी-प्रेम लाजवाब था। मणि के काका ने ही बताया था उसे, "जिस दिन बापू शहीद हुए उसी दोपहर विपन्न मनःस्थिति में भाईजी जब अपनी गद्दी में कुछ पुरानी किताबें लेने पहुँचे तो देखकर अवाक। बाहर 'बन्द है' की पट्टी और भीतर सारा कारोबर सुचारु रूप से बस वहीं भड़क गए। राष्ट्रपिता की शहादत के साथ भी यह बेईमानी ! बस वहीं और उसी क्षण अपने पार्टनर को अपना निर्णय सुना डाला, 'जिस एक अकेले व्यक्ति ने इतिहास का पहिया इतनी तेजी से घुमाया, राष्ट्र-चेतना को घर-घर तक पहुँचाया, तुम उसके नहीं हुए तो किसी के क्या होगे मैं इन सीढ़ियों पर दुबारा चढ़नेवाला नहीं।' यही अन्तिम संवाद और भाईजी ने फिर उस गद्दी का मुँह भी नहीं देखा और न ही अपना बकाया लेने पहुँचे और उसी दिन उन्होंने कांग्रेस की सक्रिय सदस्यता एवं प्रारम्भिक सदस्यता से भी स्वयं को अलग कर लिया।"

आज वर्तमान के चौखटे में पिता की वह ओजस्वी छवि कहीं से भी फिट नहीं बैठती है। सोच रही थी मणि। शायद इसीलिए कि पिता का उन्होंने सिर्फ बचा हुआ ही देखा था, तल पर लगा अवशिष्ट।

"भाईजी के जीवन का अवरोही मोड़ तभी से शुरू हो गया था।" बताते जा रहे थे मणि के काका—"अकेले दम पर फिर बिजनेस जब खड़ा नहीं कर पाए भाईजी तो उन्होंने किसी प्राइवेट प्रतिष्ठान में नौकरी कर ली। तब तक व्यक्तिगत जीवन में भी कई उठापटक हो चुकी थीं। पिता की मृत्यु। प्रथम पत्नी की मृत्यु। पुनर्विवाह। खुले हाथों खर्च करने की अभ्यस्त भाईजी की दूसरी पत्नी गंगाबाई के हाथों अब जब तनख्वाह के गिने-चुने रुपए आते तो वह बौखला उठतीं। यूँ भी उन दिनों मारवाड़ी परिवार में लड़के का नौकरी करना प्रतिष्ठाजनक नहीं समझा जाता था। छठी कक्षा पढ़ी गंगाबाई भी इतना जानती थीं—उत्तम खेती, मध्यम बान, निकृष्ट नौकरी, भीख नदान। और जो पति पहले उनके लिए शक्कर का बोरा थे, वे अब भूसा बन गए थे। भाईजी की ऊपरी टीम-टाम का रंग-रोगन उतरते ही उनके प्रेम का रंग-रोगन भी उतर गया था। यूँ भी अपने से बीस वर्षीय वरिष्ठ पति में उन्हें कोई सुख-दुख का साथी तो कभी नजर आया ही नहीं। वे तो उन्हें बस वर्तमान जीवन का गारन्टी कार्ड एवं भविष्य के लिए भविष्य-निधि के रूप में ही देखती थीं और जब उस पर भी खतरा मँडराने लगा तो वे प्रचंड रूप से आक्रामक हो बात-बात पर नोचने लगी थीं उन्हें।"

और एक लम्बी अवधि तक निरन्तर नुचरते, खुसरते, तेज पड़ती, अतृप्त, खंडित, कुंठित युवा पत्नी के डंकों को सहते-सहते इस ढलती संध्या में पिता अपनी उम्र से काफी बूढ़े दिखने लगे थे और पिता का एक खोल-भर रह गए थे। कहीं पढ़ा था मणि ने, "काल अ मैन डॉग, हंड्रेड टाइम्स अ डे एंड ही विल कम अप टू इट।" (किसी आदमी को दिन में यदि सौ बार कुत्ता कहा जाए तो अन्ततः वह कुत्ता ही बन जाता है।)

कभी पंजाब-केसरी की तरह गरजनेवाले पिता क्या यही कुछ नहीं हो गए थे ?

नारी जन्मना संशयशीला होती है। जब तक प्रेम सतही या फुस्स-फुस्स सा था, मणि के लिए यह बहुत कुछ किसी थ्रिलिंग, रोमांचक एवं एडवेंचरस फिल्म की तरह था, लेकिन आज जब इन्द्र हिमालय की घाटियों में छाए कोहरे की तरह सम्पूर्णता के साथ उसके मन-प्राण पर छा गया था, इन्द्र की तरफ से बरती जानेवाली हल्की सी उपेक्षा भी उसके लिए जानलेवा हो जाती। 'वह कितना मेरा है' के शक का कीड़ा उसकी आत्मा पर रेंगने लगता क्योंकि आधुनिकाओं की तरह प्रेम उसके लिए मात्र मजे की चीज या बैठे-ठाले समय में किया जानेवाला भावनात्मक खेल नहीं था, मीराबाई के भाव से ही उसने ग्रहण किया था इसे क्योंकि अपने घर और आसपास की अपनी बहन, मौसियों आदि के जीवन ने उसे यह सीख दी थी कि यह चीज इस समय तेजी से 'आउट ऑफ स्टॉक' होती जा रही है।

इसी कारण दूसरे दिन बस से उतरते ही ज्यों ही क्रीम रंग की शर्ट में मुस्कराता इन्द्र उसे दिखाई पड़ा, भावातिरेक में उसकी आँखों में आँसू आ गए थे। इन्द्र कदाचित आज भी उसे स्टॉपेज पर नहीं मिलता क्योंकि इन दिनों उसकी पार्टी ने उसमें सर्वाधिक भरोसा जताया था और उसे एक के बाद एक गम्भीर जिम्मेदारियाँ सौंपी जा रही थीं। पर पिछले दिन बाट जोहती मणि की आँखों को जिन-जिन आँखों ने देखा था, उन्होंने पूरी रनिंग कमेंटरी इन्द्र को सुना दी थी।

कालिदास के संदेशवाहक अदृश्य मेघ शायद हर युग में अपने कर्त्तव्यों से जुड़े रहते हैं।

झूम-झूम झूमती जिन्दगी।

"तुमने पढ़ी वह किताब ? कचौड़ी ?" (मणि के गालों में पड़ते गड्ढों के कारण इन्द्र कई बार उसे कचौड़ी कहकर बुलाया करता था।)

"बाद में बताऊँगी पढ़ी कि नहीं, पहले यह बताओ चेतना-सम्पन्न प्रबुद्ध पावेल में अधिक क्रान्ति की आग थी या उसकी बेपढ़ी माँ में ?"

"क्या ?"

गदगदायमान इन्द्र। आँखें पकौड़ी। जिसे बित्ते-भर की महज पढ़ाकू छोकरी-भर समझे बैठा था, वह भी इतनी गहराई से सोच सकती है ? नारी में बुद्धि नामक तत्त्व है, इतनी आसानी से यह सत्य पुरुष-सत्ता के गले नहीं उतरता। इसी कारण इन्द्र चकित था। मणि के रूप के जाल ने नहीं, विचारों के जाल ने उसे अधिक मोहा था।

बारानगर (कॉलेज स्ट्रीट से इन्द्र प्रायः उसे कभी बारानगर, तो कभी लेक टाऊन ले जाता था, जहाँ शहर अपेक्षाकृत निर्जन और शान्त रहता।) की उन अपेक्षाकृत (उस दिन भी उन्होंने क्लासें नहीं की थीं) शान्त सड़कों पर चलते-चलते इन्द्र ने असली भीतरी खुशी से मणि को अपने से सटा लिया था। हाथों की जकड़न बढ़ती जा रही थी।

और पहली बार दोनों ने वह महसूसा था जिसे शायद सुख कहते हैं...और भीतर उतरता...अमीर बनाता बादलों-सा भरा-भरा सुख।

बारानगर के उन रास्तों पर चलते हुए इन्द्र ने उस दिन अपनी जी-जुड़ावन,

मन-भावन बातों एवं अद्भुत स्वर-लहरी से सिर्फ गुलाब का पौधा ही नहीं रोपा था, मणि के ज्ञान के कई नए क्षितिज भी खोले थे।

ओठों पर धुन¨जो तुमको हो पसन्द वही बात करेंगे¨तुम दिन को अगर रात कहो¨रात कहेंगे।

स्वप्निल आँखों में तैरते हुए स्वप्न !

हल्के आलिंगन¨गलबहियाँ¨जुड़ी हथेलियाँ¨ये सब चलते रहे और उन्हीं सबके बीच चलती रहीं गरम-गरम बातें—वियतनाम की क्रान्ति, चीन की क्रान्ति, अर्जेन्टाइना के लोगों का संघर्ष¨जो उन दिनों इन्द्र की आत्मा से चिपकी हुई थीं।

इन्द्र की क्रान्ति और प्रेम की बातों से वही आश्चर्य, कौतूहल और खुशी मिलती मणि को जो कभी उसे दूर बचपन में नील गगन में उड़ते हवाई जहाज को देखकर मिलती थी।

हस्तक्षेप !

टाइम और स्पेस की चोटी पर खड़ी कथा-लेखिका आज सिर्फ यही सोच रही है कि उस दिन उन क्षणों इन्द्र क्या उस काल-खंड के शिलालेख को लिखने के लिए ही उसे तैयार कर रहा था ?

गोरी सोई सेज पर

पोर-पोर उमगी मणि उस शाम जब घर पहुँची तो पूरी तरह बदल ही चुकी थी। एकान्त के लिए छटपटाती उसकी आत्मा फिर उसी जोड़-जोड़ से ढीली पड़ चुकी कुर्सी में धँस बार-बार उन्हीं अनुभूतियों में डूबने-उतराने लगी। इन्द्र की आँखों के भाव, किसी चलचित्र में देखा एक दृश्य—पत्थर की शिला पर बैठा कोई पौराणिक नायक¨इन्द्र जैसा ही नूरानी चेहरा। अपने से बतियाती, हँसती, रीझती मणि¨कि तभी उसे उस परम फुरसती एवं अखंड आनन्द की मुद्रा में देख गंगाबाई का इत्ता-पित्ता जल गया था। आज घर के गोरखधन्धे में दिन-भर से उन्हें दम मारने की फुर्सत नहीं मिली थी। वहीं से टन्नाईं, "हियाटोल को तो घर से जैसे कोई मतलब ही नहीं रह गया है। मुन्नी और कुँवरजी आ रहे हैं, यह नहीं होता¨थोड़ी दाल पीस दे, अकेली पारसी क्या-क्या करेगी !"

कुँवरजी शब्द डंक-सा मार गया था मणि को। अच्छा-भला मिजाज बिगड़ गया। आज से चार वर्ष पूर्व मणि की सबसे बड़ी 20 वर्षीया बहन मुन्नी की शादी हुई थी—भवानी बाबू के अड़तीस वर्षीय अर्द्ध-विक्षिप्त, कुरूप एवं झाँइयों से भरे चेहरेवाले पुत्र चाँदमल से। यह अजीब बेमेल शादी भी इसी कच्ची नींववाले घर में ही सम्भव हो सकती थी। आए दिन की महाभारत, हर चीज का टोटा, बैल की तरह अम्मा की बक-झक झेलते पिता एवं गृहस्थी के जुए में जुटी अतृप्त, खंडित, रिक्त एवं शून्य सी अम्मा। तीन-तीन बहनों के भरण-पोषण से असमय बुढ़ाए बड़े भाई को देख-देख बचपन

से ही मुन्नी को जीवन छोटे-मोटे युद्ध-सा सख्त एवं भावहीन लगता।

मुन्नी की प्रतिरोधात्मक शक्ति लगभग शून्य में तब्दील हो चुकी थी। अपनी सहज बुद्धि से जान लिया था उसने—माँ और बड़े भाई के विरोध का माद्दा उसमें नहीं, और यूँ भी रिटायर्ड एवं ध्वस्त होते पिता की युवा पुत्रियाँ आखिर तन कर चलें भी तो किसके बूते पर ? अधेड़ उम्र में ब्याहे पिता की बेमेल गृहस्थी के प्रत्येक लू भरे झोकों के उसने भरसक आत्मसात किया। कक्षा सात में गृहस्थी में हाथ बँटाने के लिए हाथों में किताब की जगह बेलन पकड़ा दिया गया, उसने आपत्ति नहीं की। वह वही मुन्नी थी जो इस परिवार की वर्तमान में सबसे श्रद्धेय पुत्री थी पर ऐसी पुत्री जिसने पिता के आँगन में अपने खुलते यौवन में कभी खुलकर कोई गीत नहीं गाया था˙˙छत पर कभी शाम को एकान्त में टहलना नहीं जाना था और आज शादी के चार वर्षों बाद तक यह नहीं जाना था कि सोने जाने के पूर्व सजना क्या होता है।

अपनी इस सन्त सी बहन को जब भी वह चाँदमल के बाएँ खड़ी देखती, उसका रक्तचाप बढ़ जाता। कलेजा चिथड़े-चिथड़े हो जाता। लेकिन वह कुछ भी कर नहीं पाती थी।

मुन्नी की सुहागरात की घटना उसके जीवन की वह घटना थी जिसने उसे एकाएक सयाना ही नहीं विद्रोही भी बना दिया था, आँखों में अँगुली डालकर सौंपा गया सयानापन था वह।

चाँदमल मन्दबुद्धि है, यह बात स्वयं उसके परिवार में खुले रहस्य की तरह उजागर थी। इस कारण सुहागरात की दूसरी सुबह सभी उत्सुक आँखें, अलग-अलग समितियों में बँटी, अलग-अलग शिविरों में मुन्नी-चाँदमल की सुहाग-शय्या एवं मुन्नी के चेहरे का सूक्ष्म रूप से मुआयना कर रही थीं। यूँ अलस्सुबह उठी मुन्नी का भावहीन चेहरा, घर के बरामदे में उद्भ्रान्त सा चक्कर काटता चाँदमल, कभी कबूतर को दाना देता कभी उड़ाता˙˙ये सब सपनों के मटियामेट होने की गवाही दे रहे थे। कई-कई 'इन कैमरा' में हुई संयुक्त बैठकों के बाद भी जब ताई-नानी की पीढ़ी किसी ठोस निर्णय तक नहीं पहुँच सकी तो सन्देह का लाभ देते हुए मामले को परिवार की भाभी-मामी की युवा पीढ़ी को हस्तान्तरित कर दिया गया। फिर कई बैठकें 'इन कैमरा' हुईं। घटनास्थल का फिर से सूक्ष्म रूप से मुआयना किया गया। चाँदमल द्वारा मधुयामिनी के अवसर पर दिया जाने- वाला मंगलसूत्र ज्यों-का-त्यों धरा था—साइड टेबिल पर। पारखी नजरों ने ताड़ लिया। सुहागरात जैसा कुछ न घटा, फिर भी अधिकृत एवं प्रामाणिक तौर पर जानने के लिए किसी एक भाभी ने आकर मुन्नी से जिरह की। जिरह के पूर्व एक भाव-भूमिका बनाई गई। मुन्नी के बालों में सुगन्धित तेल मला गया˙˙गजरे गूँथे गए। और माँग सजाते वक्त चतुर भाभी ने पहला तीर चलाया, "क्या मिला सुहागरात में˙˙कुछ कहा हमारे देवरजी ने ?"

'कुछ कहा' के कोड को मुन्नी ने समझ लिया था और गर्दन झुका दी थी।

"ऐसी बातें अब कौन समझाए˙˙" फुस्स से शब्द। ठुड्डी पकड़े-पकड़े चिन्तामग्न

कई भाभियाँ। चाचियाँ। मामियाँ।

"बेअक्ली तो चाँद की है, समझाना तो उसे होगा...यह बेचारी क्या करेगी...।"

गर्म-गर्म मोम की तरह टप-टप करते शब्द मणि के कानों में लावा उड़ेल रहे थे। कुँवारी कन्या की लाज। आरक्त मुँह। काश ! धरती फट जाती तो उन क्षणों सहर्ष वह समा जाती उसमें।

क्या सृष्टि के रहस्य से भी अनभिज्ञ हैं उसके जीजा ? सोच रही थी वह कि तभी किसी अधेड़ा ने इशारा किया और कोई अपेक्षाकृत अल्पवयस्का उसे वहाँ से दूसरे कमरे में ले गई थी।

शाम लगभग चार बजे, घर के दूसरे बच्चों के साथ बेमन से ताश में उलझी थी वह कि तभी सुना उसने, "चाँद चल बाहर हवाखोरी कर आएँ..." और चाँद को एक तरह से घसीटता वह अपने साथ बाहर ले जा रहा था।

ले जानेवाला मुन्नी के मामा-श्वसुर का लड़का हरीश था। लगभग चाँद की ही उम्र का।

मामी-सासू की आँखों में उठते प्रश्नों को भाँपते हुए कहा था हरीश ने, "यूँ ही कुछ बात करनी है। भाई-भाई की आपसी बात।"

'भाई-भाई की आपसी बात' को सुनकर चाँद के चेहरे की घबराहट कम हुई थी। और वह फिस्स से हँस दिया था। परिवार की सभी पीढ़ियों ने राहत की साँस ली थी। चतुर हरीश की कोचिंग में किसी को जरा भी सन्देह नहीं था।

करीब दो-ढाई घंटे बाद लौटे थे दोनों। तब तक बचा-खुचा जोर परिवार की महिला शाखा ने लगा दिया था। कुछ प्रशिक्षण मुन्नी को भी—"ज्यादा ही भोलापन है चाँद में, अपने मर्द को सँभालने में कैसी हया-शर्म !" और बड़ी चतुराई से पूरी तैयारी को फूल-प्रूफ बनाते हुए एक सचित्र पुस्तक पलंग के सिरहाने धर दी गई थी। बासी सुहाग की उस दूसरी रात को मुन्नी को भीतर धकेलते हुए मामी-भाभी की पीढ़ी ने फिर उसे आँखें मार दी थीं। साथ ही कुछ चतुर निगाहों ने देख लिया था कि सचित्र पुस्तक अपनी जगह बदल चुकी थी। भीतर चाँद पलंग पर बैठा-बैंठा दरवाजे पर निगाहें टिकाए ऊब-भरी उबासियाँ ले रहा था। लाल चूनर में लिपटी मुन्नी को देखते ही फड़फड़ा उठा था वह।

तीसरी सुबह...अन्ततः।

सब अपनी फतह पर मुग्ध थे। भारतीय परिवार की एक साथ रहती तीन-तीन पीढ़ियों की सामूहिक चिन्ता, कौशल, प्रयास एवं दायित्व की भावना से सृष्टि को आगे बढ़ाने का 'वह कार्य' सम्पन्न कराया गया। कुछ-कुछ उसी प्रकार जिस प्रकार उच्च वर्गों में लोग अपने पालतू कुत्तों को 'मेटिंग' के लिए कुतिया के पास ले जाते हैं या कि गाँवों में गायों को। एक जैविक चौपाया सम्भोग...जहाँ न राग था, न आवेग...न यौवन की अकुलाहट-भरी दस्तक। न समर्पण का एहसास !

पहली बार मणि को हल्की सी वितृष्णा हुई थी मुन्नी से भी जब तीसरी सुबह उसने हँसते हुए परिवार की सभी पीढ़ियों को चिन्तामुक्त कर दिया था। बाद में मणि ने सुना

उन्हीं मामियों, भाभियों में से किसी एक ने मजा लेते हुए कहा था, "यह काम तो जानवर भी कर लेते हैं।"

पूरे माहौल से इस कदर विरक्त हुई थी मणि उस तीसरी दोपहर जैसे छिपकलियाँ-ही-छिपकलियाँ हों चहुँओर। चूहे की तरह बिल को ढूँढ़ती अपने को कुछ समय के लिए सबसे दूर रखने की गरज से वह मुन्नी के शयनकक्ष में घुसी तो वहाँ चाँद आध्यात्मिक तन्मयता से रात को सुपारीदान में सजाकर रखी गई सुगन्धित सुपारी को परमानन्द के साथ आवाज करता चबर-चबर चुभला रहा था। जाने कैसी क्रोध की लहर उठी भीतर कि एकटक कड़ी दृष्टि से घूरती रही थी वह चाँद को। भीतर कोई दुष्ट कीड़ा रेंग रहा था। यह जानने को कि आखिर आत्मविश्वास की कितनी निचली सतहों पर खड़ा है यह शख्स—उसका जीजा। एकदम अकेले पड़ जाने से और मणि के द्वारा इस प्रकार घूरे जाने से आतंकित चाँद ने कुछ क्षणों सामना किया मणि का। फिर दाँत किटकिटाते, आँखें मिचमिचाते, मुट्ठी भींचते हुए अड़तीस वर्ष का वह युवक दस साल के बच्चे की तरह गुर्राया—"मारेगा।"

'मारेगा' ही एकमात्र संवाद था जो अभी तक उन साली-जीजा के बीच सम्पन्न हुआ था।

मुन्नी के विवाह के तुरन्त बाद ठगे जाने के एहसास से कुछ दिनों तक परिवार के सदस्यों का अपराधबोध से घिरे रहना पर धीरे-धीरे सिवाय पिता के (अपनी असमर्थता के चलते पिता भरपूर विरोध नहीं कर पाए थे उस विवाह का और उसी ग्लानि के फलस्वरूप पिता ने आजीवन मिठाई का परित्याग कर दिया था।) बाकी सभी सदस्यों द्वारा अपनी छटपटाहट एवं अपराधबोध को 'प्रारब्ध' के नाम पर समर्पित कर मुक्त हो जाना...इन सभी बातों ने जीवन के प्रति दिलचस्पी खत्म कर दी थी मणि की। लेकिन इन्द्र के सम्पर्क में आने के बाद पहली बार उसका दृष्टिकोण बदला था—'जीवन समर्पण की चीज नहीं है' और इसी कारण इन दिनों वह घर में न केवल तनकर चलने लगी थी वरन बात-बात पर पिता को डंक मारती माँ के नख-दंत को भी निस्तेज करने पर तुली हुई थी !

मणि के पिता आज भी जब-तब ग्लानि और पश्चात्ताप की भावना में डूब जाते हैं—तेज पड़ती पत्नी और पुत्र ने उतावली में बिना छानबीन किए सिर्फ धन-दौलत देख निर्णय ले लिया तो ले लिया, मेरा माथा जब ठनक रहा था तो कम-से-कम मैं इतना तो कर सकता था, और नहीं तो अन्न-जल त्यागकर ही बैठ जाता—शादी में ही शरीक नहीं होता। पूरी तरह कुएँ में धकेल दिया सबने मिलकर।

ऐसे में दबंग गंगाबाई कच्ची पड़ जातीं, कहीं-कहीं अपराधबोध उन्हें भी सालता—"रामजी चाहेंगे तो पेट से ही हीरे निकल आएँगे। जन्म-मरण-परण किसी के रोके रुका होगा...।"

“हीरे तो जैविक संयोग से ही निकलेंगे न अम्मा ! कोई तपःपूत तो होंगे नहीं। जैसा जीन्स होगा वैसे ही तो बनेंगे और रही भाग्य की बात तो जानती हो, नवलकिशोर बाबू बता रहे थे कि इस देश में आदिवासी इलाकों में आज भी ढेरों ऐसे लोग हैं जो आँखों की ज्योति के मन्द पड़ जाने पर सामर्थ्य होते हुए भी अपना इलाज नहीं करवाते कि भाग्य में इतने ही दिनों तक नेत्र-सुख बदा था। और अब ईश्वर की कृपा उन पर से उठ रही है तो जिम्मेदारी से भाग जाओ और भाग्य का पुछल्लू पकड़ चैन की वंशी बजाओ…।”

बित्ते-भर की छोकरी और गज-भर की जीभ। इतने जहरीले विष-वाण। पहली बार गंगाबाई मणि की तेजस्विता को देख डर गई थीं। आवेश में हाथ का चश्मा छिटक गया था। पति को तो दबा लिया, यह दस माथा की… ?

सारा गुस्सा निकला अमरनाथ बाबू पर, जो कतिया से पाँव के नाखून काटते हुए पूरे मनोयोग से माँ-बेटी का संवाद सुन रहे थे। दबंग माँ का सामना करती पुत्री की बातें उन्हें बहुत गहरी और तत्त्वपूर्ण लग रही थीं और पहली बार उन्हें यह प्रतीति हुई थी कि दुबारा परिवार बनाकर उन्होंने ऐसी कोई भारी भूल नहीं की थी…यदि खुद दृढ़ रहते तो शायद घर यूँ नहीं बिखरता…बच्चे भी सोचने की शक्ति रखते हैं…।

इधर गंगाबाई डंक मार रही थीं, “ठाले बैठे हाँ-में-हाँ मिलाते रहा करो बेटी की, यह नहीं होता, धनियापत्ता, मिर्च और अदरक ही ले आएँ बाजार से।”

थकी-थकी आवाज अमरनाथ बाबू की—“सुबह ही तो सारा बाजार किया है, एक साथ बोल दिया करो…अब इस उम्र में मुझसे बार-बार नहीं जाया जाता…।”

“खाएँगे तो तुम्हारे ही बेटी-जँवाई, कोई मैं तो डकार नहीं जाऊँगी। और इतने ही राजाजी हो, दुबारा नहीं जाया जाता तो घर में फ्रिज लाकर धर दो। दो बार तो क्या सप्ताह भर दुबारा जाने को बोलूँ तो मरा मुँह देखो…।”

अपने अमोघ अस्त्र, अमरनाथ बाबू की असमर्थता पर अँगुली उठाकर गंगाबाई ने फिर उनको 'क्लीन बोल्ड' कर दिया था।

पस्त एवं पराजित पिता मन मारते से उठे कि सामने देखा दरवाजे पर हँसती हुई मुन्नी और साथ में पल्लू सा थामे चाँदमल।

हस्तक्षेप !

टीचर ऑफ अनलर्निंग

मुन्नी ने अपने जीवन का अपमान इस प्रकार क्यों किया ? उन दिनों सोच-सोचकर भी मणि सोच नहीं पाई थी—पर आज उम्र के इस ऊँचे टीले पर खड़ी कथा-लेखिका समझ

रही है कि कुछ प्री-फेड डेटा (पूर्वग्रहयुक्त सूचना) इस प्रकार कच्ची किसलय उम्र में चेतना के उन्मेष में ही बैठा दिए जाते हैं कि वे प्रतिरोध, प्रतिवाद एवं विद्रोह के सारे स्वरों को ही ब्लाटिंग पेपर सा सोख व्यक्ति को परमहंस-सा परम क्षमाशील बना देते हैं। मुन्नी के साथ भी ऐसा ही हुआ था। शर्बत पिला-पिलाकर मारा गया था उसे। बेटी धन पराया बेटी पूजनीया जन्म-मरण-परण ईश्वराधीन, होनी होत प्रबल जैसे सूत्रों को इन सनातनी परिवारों में जमकर भुनाया जाता है। सदियों से चली आ रही है यह कड़ी। हर अन्याय करनेवाली माँ स्वयं अन्याय का शिकार हो चुकी रहती है। शोषित होते-होते स्वयं जब वह परिवार की पालनहार बनती है तो स्वयं शोषक वर्ग के साथ मिलकर शोषक की ही भाषा बोलने लगती है। इन परिवारों का हर जिम्मेदार सदस्य सन्त की मुद्रा में खड़ा है। परिवार चलता रहे। जैसे भी। जिस हालत में भी। व्यक्ति खंडित हो जाए पर परिवार के पारम्परिक ढाँचे पर खरोंच न आए। यहाँ समाज व्यक्ति के लिए नहीं है–व्यक्ति समाज के लिए स्वाहा हो रहा है। और इसी कारण यहाँ परिवार को बनाए रखने के लिए किया गया हर फरेब, हर झूठ, हर अन्याय, दायित्वहीनता, हर कुरूपता भाग्य और भगवान के साये में समाहित कर ली जाती है।

यही वजह थी कि मुन्नी का अन्धकार को नमन प्रारब्ध और ईश्वर को नमन की तरह था, क्योंकि अपने मस्तिष्क में भरे कुछ प्री-फेड डेटा के चलते वह वही सोचती थी जो उससे सोचवाया जाता था। एक शिक्षक थे, वे यही कहते थे–''आई एम ए टीचर ऑफ अनलर्निंग। आपके भीतर जो प्री-फेड डेटा है, जो पूर्वग्रह भरे पड़े हैं, उन्हें भी यदि मैं निकाल पाया तो यही मेरी सबसे बड़ी शिक्षा होगी।'' चीन में माओत्से तुंग से किसी पत्रकार ने जब कहा–''इतना बड़ा देश, इतनी निरक्षर जनता ! कैसे चलेगी आपके साथ ?'' तो माओत्से तुंग का जवाब था–''यह तो और भी अच्छा है कि हमारी जनता निरक्षर है, तो हमारा काम सरल है, हम उन्हें नए सिरे से नए स्वर सिखा सकेंगे। जनता कुशिक्षित होती तो हमारा काम मुश्किल था। पिछले लिखे हुए को हमें पहले मिटाना पड़ता।''

विवाह के बाद एक बार मणि मुन्नी के साथ सिनेमा गई थी, सिनेमा के अन्तरंग एवं प्रणय-दृश्यों से गुजरते वक्त ध्यान से उसने मुन्नी के चेहरे को पढ़ना चाहा था। उसे वहाँ असन्तोष एवं अस्वीकृति का ऐसा कोई हलाहल समुद्र नजर नहीं आया था। मणि को याद आ रहा था अपनी सहेली का एक अनुभव जिसने उसे बताया था कि अपने असफल वैवाहिक जीवनोपरान्त वह अरसे तक टीवी के प्रणयपूर्ण दृश्य एवं रागात्मक गीत सुन ही नहीं पाती थी। भीतर का शून्य एवं अतृप्त आकांक्षाएँ हाहाकार कर उठतीं। क्या बाहर के उठते शोर ने मुन्नी के भीतर के सारे कोलाहल को दबा दिया था ?

बहुत पहले मणि के पड़ोस में मणि की ही उम्र का करीब चौदह वर्ष का एक लड़का था आदित्य। उसके चाचा मैरिन इंजीनियर थे। देश-विदेश घूमते थे। इस कारण अद्भुत-अद्भुत चीजों का भंडार रहता था उसके पास। गाहे-बगाहे वह मणि को अपनी

पूँजी दिखाया करता था। एक बार एक परफ्यूम की विदेशी शीशी मणि को बहुत भाई। मणि की मुग्धता देख उसने वह शीशी मणि को भेंट कर दी। चौदह वर्षीया मणि ने अपने जीवन की उस प्रथम भेंट को गौरवान्वित महसूसते हुए जब अपनी अम्मा को दिखाया तो अम्मा सहसा साक्षात चंडिका बन गई थीं। उन्हीं दिनों मुहल्ले की एक जवान लड़की भी किसी मुसलमान के साथ भाग गई थी। गंगाबाई पर उस घटना ने जबर्दस्त प्रभाव छोड़ा था। कँटीली, नक्काशीदार उस शीशी की सद्गति हुई सो हुई, उस लड़के की अम्मा को भी आड़े हाथों लिया गया। गई रात तकिए पर सिसकती मणि ने सुना, अम्मा पिता को फुसफुसा रही थीं, "मुन्नी और पारसी तो सँभल गईं''यह बस की नहीं, इसे तो अभी से छोकरे चाहिए।"

'अभी से ही छोकरे चाहिए' इस अकेले वाक्य ने रातोंरात बदल दिया था उसे। पहली बार अपने भीतर की आवाज से नहीं, वरन बाहरी शोर से उसे पता चला था कि वह हाड़-मांस की धड़कती काया नहीं वरन लड़की है जिसे अभी से ही छोकरे नहीं चाहने चाहिए। वर्जना, निषिद्धिता''कुछ-कुछ अपवित्रता एवं कुछ अपरिभाषित सी कुंठा इस कदर उसके चारों ओर घिर गई थी कि उसे सिर्फ एक ही नाम दिया जा सकता था''लड़कीपन का घेरा। इन्द्र उसके जीवन का वह इतिहास-पुरुष था जिसने उसे इस लड़कीपन के घोंघे से निकाल बाहर कर उसमें स्वतन्त्र चेतना विकसित की थी। मुन्नी और पारसी दोनों ही इस लड़कीपन के घेरे में जकड़ी थीं, इस कारण वे अपने ऊपर हुए किसी भी अन्याय को समझ ही नहीं पाती थीं। वे फॉर्मूला सोच की शिकार थीं। वे वही सोचती थीं जो उनसे सोचवाया जाता था। वही देखतीं जो उन्हें दिखाया जाता था।

लौटना फिर जड़ों की तरफ।

चाँदमल आखिर ऐसा क्यों हुआ ?

चाँदमल के रिश्तेदारों से मुन्नी और मुन्नी से होती हुई जो बातें चाँदमल के जीवन की, मणि तक पहुँची थीं वह इस प्रकार थीं—

चाँदमल की माँ ने उस समय आत्महत्या कर स्वयं को गृहस्थी के कष्टों से मुक्त किया था जब चाँदमल महज साढ़े पाँच वर्ष का था। भवानी बाबू की प्रथम पत्नी लक्ष्मी, चाँदमल की माँ, ने न सिर्फ स्वयं विष-पान किया वरन अपने साथ अपने दुधमुँहे बच्चे को भी विष चटा दिया था।

चाँदमल उन दिनों अपने दादा-दादी के पास झरिया में था।

चाँदमल की माँ लक्ष्मीबाई खुले हाथों की, साधु-सन्तों को मुक्त हाथों लुटानेवाली, दान-धर्म में अटूट आस्था रखनेवाली, अपनी सीमित परिधि में भी पूरे जीवन-दर्शन को समेटनेवाली धर्मपरायण स्त्री थी। भवानी बाबू 'चमड़ी जाए पर दमड़ी न जाए' वाले जीव ! गुस्सा दुर्वासा मुनि-सा। मालिकाना रौब ऐसा कि खुद का मिजाज रंगीन तो

आरती के लिए जाती पत्नी की दिशा शयनागार की ओर बदल देते और मिजाज गर्म तो पलंग पर षोडशी की तरह औंधी पड़ी पत्नी से दिन में किए खर्च के पाई-पाई के हिसाब की माँग और वह भी सूक्ष्म ब्यौरे के साथ। स्वयं भवानी बाबू ने अपनी शुरुआती किशोरावस्था में जबर्दस्त गरीबी भोगी थी, इस कारण अब अच्छी-भली अमीरी में भी गरीबी की दहशत से मुक्त नहीं हो पाए थे। साधु-सन्तों पर पैसा उड़ाती पत्नी उन्हें हंटर मारती खलनायिका-सी लगती। इस कारण आए दिन घर सुलगता रेगिस्तान बना रहता।

इसी सुलगते रेगिस्तान का प्रथम गुलमोहर था चाँदमल। और दूसरे पुत्र का जब तक जन्म हुआ, चाँदी की तेजी-मन्दी में खेलते भवानी बाबू को व्यापार में जबर्दस्त घाटा लग चुका था।

लक्ष्मी भी तब तक काफी सँभल चुकी थीं। साधु-सन्तों, मेहमानों के सेवा-सत्कार आदि पर किया जानेवाला खर्चा काफी कुछ कम हो गया था। लेकिन कबूतरों को दाना, काशी विश्वनाथ सेवा समिति में प्यासों के लिए प्याऊ खुलवाने में चन्दा देना आदि अभी भी जारी था। अब जन्म के संस्कार एकदम से तो छूट नहीं जाते !

उन्हीं दिनों भवानी बाबू किसी काम से दो दिन के लिए बाहर गए हुए थे। थके-माँदे आए तो देखा पत्नी बड़े मनोयोग से स्वामी अच्युत्यानन्दजी को खीर-पूरी जिमा रही थी।

बस देखते ही दिमाग के परखच्चे उड़ गए। घर है कि आश्रम ? अपनी माँ से सुना था उन्होंने कि उनके सबसे बड़े भाई तो दुकान जाते वक्त पत्नी को घर के भीतर ही बन्द कर चाबी अपनी माँ के पास रखवा देते थे। दुकान से आने पर माँ चाबी हाथों में थमा देती और तब उनकी भौजाई बाहर निकलतीं। उन्होंने इतनी छूट दी तो इसका यह नतीजा ! हर ऐरा-गैरा नत्थू-खैरा माल उड़ा रहा है, उन्हीं के घर, उन्हीं की छाती पर।

बस उसी क्षण भवानी बाबू ने माँ भवानी की कसम खाई कि लक्ष्मी को उसकी औकात दिखाकर ही रहेंगे। कैसी पत्नी—'माल खाए खसम का, गीत गाए वीराँ का।'

बस दुकान में काम करते-करते भूत सवार हो जाता भवानी बाबू के सिर पर। पत्नी का भूत···पत्नी कहीं घर में रोटियाँ बना-बनाकर गायों को या मुसंडों को तो नहीं खिला रही···पंजाबी गेहूँ के दाम भी उन दिनों काफी बढ़ गए थे। भीतर शक का कीड़ा कुलबुलाता और आनन-फानन में दुकान बन्द ! घर पर धावा। नौकर दिन-भर का 'आँखों देखा हाल' सुना देता। थोड़ा सच रहता, थोड़ा अपनी गाँठ से भी जोड़ दिया जाता।

लेकिन अपने में स्थित अडिग लक्ष्मी जब न टूटीं, न झुकीं तो सनाका खाया भवानी बाबू का पुरुषार्थ अब और भी टुच्चेपन पर उतर आया···भीतर शक का कीड़ा पूरे वेग से कुलबुलाने लगा। युवा लक्ष्मी, युवा स्वामी अच्युत्यानन्द। "छोटा बेटा मेरा नहीं, शक्ल तुम्हारे संड-मसंड जोगड़े से मिले है। उसी के पास चली जा।"

वही अन्तिम संवाद। कुछ कड़वी बूँदें और इहलीला समाप्त माँ-बेटे की···।

लक्ष्मी की मृत्यु के छह महीने के भीतर ही भवानी बाबू की दूसरी पत्नी राधाबाई ने आकर भवानी बाबू के उजड़े चमन को वापस गुलजार किया। खूब दरिद्र परिवार से आई मात्र पन्द्रह वर्ष की राधाबाई छत्तीस वर्षीय भवानी बाबू के साथ यूँ घुल-मिल गई जैसे दूध-पानी। छोटी जगह से आई राधाबाई को यहाँ की हरेक चीज अद्‌भुत लगती। ट्राम चलते देखती तो खुशी से चीख पड़ती—छुक-छुक गाड़ी। डबल-डेकर देखकर तो मन्त्र-मुग्ध रह गई। यहाँ तो हवेली-की-हवेली ही चलती है। शहर का आकर्षण, उस पर नया-नया पैसा, पल्लू से बँधी भर-भर सामानोंवाली अलमारियों की चाबी, घर के भंडार, घर में दूध-भरे पतीले, घी-भरे पीपे, उस पर भवानी बाबू की दबी, अतृप्त भावनाएँ पूरे वेग के साथ फूट पड़ीं राधाबाई पर। पिछली पत्नी को तो सोने-चाँदी तक से विरक्ति और यह घी-चीनी से भी जबर्दस्त मोह-माया से बँधनेवाली : जीवन की हरेक चीज उसे बाँधती। नई-नई साड़ियाँ, जेवर, गोदरेज अलमारियाँ, रेडियो, भारी-भारी पर्दे—सब कुछ उसे रस देता। और तो और, राजस्थान के शुष्क इलाके के किसी बेहद छोटे से गाँव से आई राधाबाई को यहाँ बहते पानी को देख रोमांच हो उठता। ऐसी पत्नी को भवानी बाबू साक्षात देवता लगते। 'पूरी राम मिलाई जोड़ी'। पैसे-पैसे को दाँत से पकड़नेवाली ऐसी पत्नी को पाकर निहाल भवानी बाबू गृहस्थी का पूरा राज-पाट उसके हाथों सौंप दत्तचित्त हो व्यापार में रम गए।

तीन-चार महीने के भीतर ही झमाझम बरसा पैसा। पति-पत्नी दोनों ही मस्ती में चूर। कभी सिनेमा, कभी होटल, कभी सैर-सपाटा, कभी ताश—जिन्दगी का मजा दोनों ने पहली बार चखा। देर से ही सही जिन्दगी में बहार आई भवानी बाबू की।

और जब रंगीनियाँ जिन्दगी की तस्वीर में चटख रंग भर रही थीं कि अकस्मात भवानी बाबू की माँ का देहान्त हो गया। मजबूरन भवानी बाबू को अपने चार वर्षीय पुत्र चाँदमल को अपने साथ लाना पड़ा।

चाँदमल ने आते ही दोनों के ऐय्याश जीवन का समीकरण बिगाड़ दिया। दादा-दादी की गहन वत्सलता में पला चाँदमल जिन्दगी पर भूखी शेरनी की तरह टूट पड़नेवाली नवोढ़ा राधाबाई और ऐय्याश-कामुक भवानीबाबू—दोनों पर भारी पड़ने लगा।

कहते हैं कि माँ दूसरी आती है तो बाप तीसरा हो जाता है और जीवन के केन्द्र में जब भोग-ही-भोग हो तो सारा विवेक-करुणा-ममता पीछे के रास्ते से निकल जाती हैं। राग-रंग और मस्ती में पगे पति-पत्नी चोंच से चोंच भिड़ाए कभी ताश, कभी सैर-सपाटे, कभी सिनेमा में डूब जाना चाहते तो चाँद गले की हड्डी बन जाता। पन्द्रह वर्षीया राधाबाई को चाँद अपनी रंगीन दुनिया का सबसे बड़ा दुश्मन नजर आता। कभी चलते सिनेमा के बीच चीख-चीखकर सिर उठाते चाँद को लेकर बाहर खड़ा रहना पड़ता तो कभी प्राणप्यारी ताश की गड्डी का जोकर टू-पीस में मिलता। अपने चटोरेपन के चलते कलकत्ता के स्पंज-से नरम-नरम रसगुल्लों को सात तालों में भी छुपाकर रखती तो चाँद वहाँ भी पहुँच जाता। जिस चाँद को माँ और दादी ने कभी फूलों की छड़ी से भी नहीं छुआ था वही अब बात-बात पर थप्पड़ और घूँसे खाने लगा। शुरू-शुरू में दोनों

पति-पत्नी चाँद को सिनेमा, घूमने एवं अपने यार-दोस्तों के यहाँ ले भी जाते थे लेकिन सिनेमा के अँधेरे में उसकी चीख एवं यार-दोस्तों के यहाँ उसका स्वच्छन्द व्यवहार, विशेषकर खाने की चीजों पर टूट पड़ते उसके व्यवहार को देख पति-पत्नी ने निश्चय किया कि वे उसे घर में ही सुलाकर बाहर निकला करेंगे। भवानी बाबू के एक डॉक्टर साढ़ू ने बताया कि सही मात्रा में ब्रांडी पिला देने से बच्चा तीन-चार घंटे मजे में नींद में डूबा रहता है। शुरू-शुरू में भवानी बाबू ने यह 'ब्रांडी' वाला नुस्खा सिर्फ अपने वास्ते रखा था, जब वे पत्नी को लेकर बाहर निकलते, चाँद को ब्रांडी पिला दी जाती, बाहर से ताला लगा दिया जाता। तीन-चार बार इस फॉर्मूले की कामयाबी से राधाबाई का हौसला बुलन्द हुआ। गहरी समझ और सहानुभूति के अभाव में जब-तब चाँद को ब्रांडी पिला दी जाती। धीरे-धीरे ब्रांडी का असर भी कमने लगा। और कई बार ऐसा हुआ कि बन्द घर में चीख मार-मारकर चाँद ने घर की चीजें तोड़-फोड़ दीं। बाहर पड़ोसियों को इकट्ठा कर लिया।

दिन बीतते गए। चाँद का बचपना झड़ता रहा। अंश-अंश मरता रहा। लगातार ब्रांडी का प्रभाव एवं दिमागी रूप से स्वयं को असुरक्षित महसूस करते-करते वह उजबक की तरह व्यवहार करने लगता। कई बार पैंट गीली कर देता··कई बार बिस्तर। गन्ध मारते बिस्तर को पत्नी छू नहीं पाती। ऐय्याश खर्चा करे या तो सेज पर या मेज पर। अतः उस सात वर्षीय मातृहीना चाँद को न तो डॉक्टर को दिखाया गया और न ही उसे समझने की चेष्टा की गई। सीधा-सादा हल निकाला गया, उसे नीचे अलग से सुलाया जाने लगा। पुराने कपड़ों के बने लुगड़े पर। घर में प्रायः अड्डा जमाते यार-दोस्त एवं भवानी बाबू के ससुरालवाले अनुसूचित जाति की तरह अलग-थलग जमीन पर सोए चाँद को देख प्रश्नाकुल हो उठते तो यही बिस्तर गीला करने की बात उन्हें बहुत नमक-मिर्च के साथ सुनाई जाती। कई बच्चे तो क्रूर मजाक में उसे 'सू-सू बाबू' भी कहने लगे थे।

उसकी इस कमजोरी का भी जमकर अस्त्र की तरह उपयोग किया जाने लगा। भर-भर मक्खन लगी ब्रेड का चटकारा लेती विमाता को देख जब चाँद ललचाता या मक्खन खाने की जिद करता तो विमाता कठोर हो उठती, "अधिक मक्खन ही तो पिघलकर रात को बिस्तर पर निकल आता है।"

दिन निकलते गए, एक जबर्दस्त हीन और हिंसक भावना चाँद की मनोभूमि पर पुष्पित-पल्लवित होती उसे कब खूँखार बना गई··इसका पता न दिनोंदिन गहराती, पान रँगे ओठोंवाली राधाबाई को चला और न ही ढलती जवानी में यौवन की खुमारी में डूबे भवानी बाबू को। दुकान और चाँदी की तेजी-मन्दी, शेयर बाजार के फाटके से फुर्सत मिलती तो ढलती जवानी में दिनोंदिन विकसित होती, तेज पड़ती युवा पत्नी को सँभालने में समय निकल जाता। रात को चाँद नींद में बड़बड़ाता और पिता इस सोच में डूबा रहता—तेजी से झड़ते बालों के लिए क्या लगाया जाए—ऑर्निका प्लस ?

कहते हैं मातृप्रेम से उपेक्षित एवं वंचित बच्चों का पेट भी बड़ा होता है। घर से

खा-पीकर स्कूल जाते चाँदमल को टिफिन-टाइम में जो भूख की मार पड़ती कि पिता का दिया एक अधेला (उस समय का प्रचलित ताँबे का सिक्का) खाली पेट में जाने कहाँ डूब जाता। अधभरे पेट की टीस मिटाने के लिए वह अक्सर हमउम्र साथियों के टिफिन पर टूट पड़ता। घर में मिले नोंचने, खसोटने और चुराकर खाने के संस्कार उस पर उसी तरह धावा बोल देते जिस तरह इन दिनों जब-तब अमेरिका इराक पर धावा बोल देता है। कई बार तो यार-दोस्तों ने झेला उसे लेकिन एक बार सभी ने मिलकर पिटाई कर डाली और उसे टिफिनचोर कहने लगे। टिफिनचोर शब्द ग्यारह वर्षीय चाँद के मासूम हृदय में कटार की तरह धँस गया। दूसरे दिन घात में बैठा रहा वह और जैसे ही सहपाठी नवीन, जिसने उसके लिए इस 'पद्‌मश्री' का ईजाद किया था, स्कूल की गली से गुजरा, चाँद ने किसी पहुँचे हुए गुरिल्ले की तरह उस पर कूदकर उसकी कमीज फाड़ डाली। गालों और होंठों को सुजा दिया। नाक को लहूलुहान कर दिया।

उसी शाम चश्मदीद गवाहों के साथ जब रिपोर्ट प्रधानाध्यापक के पास पहुँची तो आँखों देखे तक को ही सम्पूर्ण सत्य समझ बजाय चाँद के माँ-बाप को बुलाने-समझाने के प्रधानाध्यापक ने चाँद को ही सेप्टिक लगे अंग की तरह स्कूल से निकाल अपने स्कूल को एंटीसेप्टिक कर लिया।

यह चाँद की अवनति का शुरुआती कदम था। अब वह दिन-भर विमाता के साथ खुले मैदान में था। घर पर ही भवानी बाबू ने उसके लिए एक सस्ता सा अध्यापक रख लिया जो उसे अंग्रेजी एवं गणित का सामान्य ज्ञान दे सके। चाँद की हिंसक वृत्तियों पर काबू पाने के लिए दोनों पति-पत्नी ने उसे काम की घानी में बैल की तरह झोंक दिया। घर के कार्य—चूल्हे में कोयला भरना, सब्जी काटना, कपड़े सुखाना, दूध लाना, दुकान खोलना, सामान तौलना, चौका उठाना जैसे असंख्य काम उसके चौदह वर्षीय हाथ सँभालने लगे।

उन्हीं दिनों उसमें एक नई प्रवृत्ति सिर उठाने लगी। जब-जब उस पर निराशा का दौरा पड़ता और वह दुकान के रोकड़ से पैसे निकाल भाग खड़ा होता...और जब पैसे खत्म हो जाते तो वापस फटेहाल, ध्वस्त, खंडित...।

बुढ़ापे की तरफ अग्रसर होते भवानी बाबू अब चढ़ती धूप की तरह दिनोंदिन प्रखर होती राधाबाई की पूरी गिरफ्त में थे। "हाथों में पैसा आने से ही घर छोड़ने का भूत सवार होता है।" विमाता के परामर्श से उसे जो थोड़ा बहुत हाथखर्च मिलता वह भी बन्द हो गया। 'नकद' उसके हाथों से उसी प्रकार दूर रखा गया जैसे वैष्णवों के घरों में मांस।

चाँद के चेहरे पर उगी कोमल-कोमल दाढ़ी को भी भवानी बाबू खुद ही साफ कर देते कि कहीं वह उनके सुगन्धित साबुन और 'आफ्टर शेविंग लोशन' का अपव्यय न कर दे।

बाद के वर्षों में जब सभी प्रकार के जन्तर-मन्तर, टोना-टोटका, गंडे-तावीज, नीम-हकीम, डॉक्टर के चक्करों में पड़कर भी राधाबाई की कोख नहीं फली तब पति-पत्नी दोनों को ही उस 'कुलदीपक' की सुध आई।

तब तक चाँद में न सोचने की शक्ति बची थी, न समझने की और न ही महसूसने की। सिर्फ एक शरीर भर रह गया था। डरा, सहमा, कुंठित, कई कुटेवों का शिकार हुआ एक घिनौना छुप्पा शरीर।

लगातार मुँह की खाने के बाद आखिर तिकड़मी दाँव-पेंच में माहिर भवानी बाबू को फतह मिल ही गई। अपने ग्रहण लगे उस चाँद के लिए 'मुन्नी जैसी वधू पाने में'। ऐसी फतह का रहस्य हर उस कमजोर परिवार के इतिहास में छिपा है जहाँ सोचने-समझने एवं जीवन से पंगा लेनेवालों को हाशिए पर डाल दिया गया हो और जहाँ बाहर क्रान्तिकारी एवं प्रगतिशील बने युवा भाई घर में पूर्ण सनातनी, परम परम्परावादी बने कन्या पक्ष की ओर से निर्णय लेने का अधिकार स्वयं ले बैठे हों।

शादी के तुरन्त बाद, आवेश के थम जाने के बाद, झटके से उबर जाने पर मणि ने झाँकने की कोशिश की थी मुन्नी के व्यक्तिगत जीवन में–कैसे पेश आती है वह इस गन्दर्भ जीजा से। (चाँदमल के लिए वह आज तक जीजा शब्द का प्रयोग नहीं कर पाती थी।)

सुपर एक्सप्रेस की तरह दौड़ रही थी मुन्नी की दिनचर्या। पूरी सुबह भरी-पूरी गृहस्थी के लिए दाने-पानी का इन्तजाम। पूरी दोपहर घर को कलात्मक रूप से सजाने में समर्पित। कभी तकिये की खोल पर उड़ती तितलियाँ, कभी सास की साड़ी पर कश्मीरी स्ट्रीट की पँचरंगी बेल, कहीं घाघर पर गाँट की कढ़ाई से निकाली गई जोड़ी पत्ती। वाह ! क्या बनाया है विधाता ने इस सृष्टि को। बिन घरवाले के भी जीवन को इतना कस दिया गया है कि उसे कर्म से अवकाश ही नहीं मिल सके। मोमेंट्स आर हैपिएस्ट व्हेन हैंड्स आर दि बिजिएस्ट।'' (सर्वाधिक सुखों के क्षण व्यस्ततम हाथों के क्षण ही होते हैं।) कभी का पढ़ा जेहन में कौंध गया था मणि के।

परम मग्न हो कसीदा काढ़ती मुन्नी की एकाग्रता को देख वह विक्षुब्ध-विरक्त हो उठी थी। वहीं कहीं कृतज्ञ भी, उन बेल-बूटों, कसीदों और क्रासियों में डलते-बुनते फंदों की, जिन्होंने जाने कितनी असमय हुई विधवाओं एवं जंग-खाए पतियों की समर्थ पत्नियों के तनावों को झेला था।

कॉलेज। मणि।

जीवन की मस्ती, जीवन का खुलना। अपने अन्दर भावनाओं से लबालब समुद्र के होने की प्रतीति, किसी के लिए कुछ नहीं, बहुत कुछ महसूसना¨सब कुछ उन दिनों।

कितना सुन्दर जीवन !

बाँसुरी से निकलते संगीत की तरह !

फूलों से उठती खुशबू की तरह ! !

सिर्फ एक व्यक्तित्व के जीवन में आ जाने भर से¨स्टॉपेज से कॉलेज के प्रांगण तक सरकते-सरकते मन जाने कितने ब्रह्मांडों की यात्रा कर चुका होता।

एक हिम्मत मणि में आ रही थी। लेकिन फिर भी अपनी सारी आधुनिकता और प्रगतिशीलता के बावजूद वह इन्द्र से कभी कॉलेज की इमारत एवं खुली घास में खुलकर नहीं मिल पाती थी। आज भी कॉलेज के किसी पेड़ के नीचे कोई लड़का तो क्या परिपक्व व्याख्याता तक उसे छिछोरों की तरह घूरने से बाज नहीं आते।

दूर से ही आता दिखा इन्द्र···भीतर एक लहर सी उठी। सराबोर करती सी—'वह मुझे चाहता है।'

और जब पास आकर इन्द्र ने झाँका उसकी आँखों में तो अपनी सिकुड़ी-सिमटी घर की बन्द-बन्द दुनिया पक्षी के डैनों की तरह धीरे-धीरे पंख पसारती लगातार विराट होती नजर आई।

कोलम्बस ने भी क्या खोजा होगा वह सुख···जो तुमने मेरे लिए खोजा है इन्द्र।

मूक वह। अन्दर खदबदाते शब्द।

"आज फ्री हूँ, बहुत दिन हुए तुमसे जमकर बतियाए, चलो बाहर···।"

कुछ क्षणों का अन्तर्द्वन्द्व मणि के अन्तर में···आज वेलफेयर इकोनॉमिक्स के कुछ बेहद जरूरी लेक्चर, पर मन के ऐसे भीने मिजाज में, संसार का कौन लेक्चर ऐसा था जो इन्द्र के लेक्चर से अधिक मनभावन, जी-लुभावन हो सकता था। मिल जाता इन्द्र मणि को तो पृथ्वी का सारा संगीत, सितार के सारे स्वर, वीणा की सम्पूर्ण मधुरता, विहग-वृंदों की कूक--सबकुछ फीका, मन्द पड़ जाता।

साथ चलते देख उन्हें कुछ आँखें घूरने लगी थीं। याद आ रहा था मणि को, कॉलेज में अब यह छिपा नहीं रह गया था। कल जैसे ही वह अपनी सीट पर बैठने लगी तो देखा, किसी रसीले मसखरे ने उसकी डेस्क पर चॉक से खूबसूरत एवं कलात्मक ढंग से लिख मारा था—इन्द्राणी।

यार-दोस्तों की चुहलबाजियाँ भी कुछ ज्यादा ही शोख होने लगी थीं। लगभग पूरा पिछला सप्ताह इन्द्र कक्षा में अनियमित था, अधिकांश क्लासें उसने नहीं की थीं, खुद मणि को अता-पता नहीं था इन्द्र का। वह खुद परेशान कि सामने से आते हुए तन्मय ने छेड़ दिया था उसे, "जानिस इन्द्र कोथाय ?" (जानती हो इन्द्र कहाँ है ?)

"ही इज नॉट इन माई पॉकेट।" (वह मेरी जेब में नहीं है।)

खिसियाती-झुँझलाती वह आगे बढ़ गई थी। पीछे से सुना उसने, सब मित्रमंडली हो-होकर हँसने लगी थी।

कॉलेज के खाली पीरियड में कुछेक संगी-साथी एक-दूसरे की हथेलियों की रेखाओं को देख भविष्यवाणियाँ कर रहे थे, वह चुपचाप मजे ले रही थी। कॉलेज में उन दिनों जिस किसी ने भी कीरो या मीर भासिर की एकाध भी हस्तरेखा से सम्बन्धित पुस्तक पढ़ ली होती, खुद को प्रकांड भविष्यवक्ता ही समझ बैठता। मणि से भी रहा नहीं गया···अजीब आकर्षण इन अधकचरे, नौसिखिए, गप्पी भविष्यवक्ताओं का भी। मणि की हथेली फैली-न-फैली कि उस असभ्य साथी ने बड़े प्यार से मणि की नरम हथेलियों का सुख भोगते हुए ओढ़ी हुई गम्भीरता से पहला तीर फेंका—"तोर तो हंड्रेड परसेंट

लव मैरिज...''

''धत्।'' और मणि ने जबरन अपना हाथ छुड़ा लिया था।

खामोश-खामोश चल रहे थे दोनों किसी मनचाहे एकान्त की तलाश में। शहर के हृदयस्थल से दूर वी. आई. पी. लेक टाउन, कुछ आगे चलकर बागुर एवेन्यू के वे रास्ते अपेक्षाकृत निरापद, भीड़-भाड़ से दूर।

उसी निरापद गली के किसी निरापद कोने में कभी खड़े, कभी बैठे बतिया रहे थे वे। मौसम इन प्रेमियों पर मेहरबान।

जिओ मेरे दोस्त, आई लव यू

मधुर मदिर पुरवइया।

''मेरे देश की हवा कितनी अनुराग भरी...।'' संवाद की शुरुआत !

उन दिनों 'देश' शब्द से ही कान खड़े हो जाते मणि के। लगता जैसे यही शब्द दीवार बन जाएगा मणि और उसके बीच। इन्द्र दिनोंदिन काफी सक्रिय रूप से जुड़ने लगा था अपने भूमिगत नक्सली आन्दोलन से। इन्द्र की बातों, संगी-साथियों की सूचनाओं एवं स्वयं कॉलेज के माहौल से यह सब छिपा नहीं रहा था उससे। कॉलेज की दीवारें धीरे-धीरे नए-नए गरम-गरम नारों से रँगी हुई दिखने लगी थीं। कॉलेज के संडास की दीवारों पर भी पहले जहाँ अतृप्त काम-वासना के उत्तेजक चित्र उकेरे रहते वहीं इन्द्र एवं उसके साथियों ने उन दीवारों पर सफेदी का पोता लगाकर उन्हें क्रान्तिकारी नारों से सजा दिया था—नक्सलबाड़ी लाल सलाम ! इन्द्र की ये सब गतिविधियाँ उसे 'कुछ खास', 'कुछ विशिष्ट', 'औरों से अलग' बना देतीं। यह सोच-सोचकर ही हैरान रह जाती वह कि जिस परिवार की पिछली कई पीढ़ियाँ जमींदारी के सुख में जिन्दगी की विशिष्टता से लिपटी रहीं, उसी परिवार की वर्तमान पीढ़ी के एकमात्र कुलदीपक, इन्द्र की जिन्दगी के निहायत मामूलीपन से यह रिश्तेदारी... ! उन अभावों और परेशानियों के लिए जो उसकी निजी जिन्दगी में दूर-दूर तक नहीं झाँकनेवाले।

नई जिन्दगी के सपने और ताजी उम्र की मानसिक पवित्रता ! वेद की ऋचाओं की तरह पवित्र इन्द्र उसे रहस्यमय एवं दिव्य-दिव्य सा लगता। और उससे भी अधिक अच्छा लगता उसे धीरे-धीरे संकोच के साथ पँखुड़ी की तरह स्वाभाविक गति से खुलता, कविता की तरह लुभाता भीतर उतरता माओ-भक्त इन्द्र का हिन्दुस्तानी शाकाहारी प्रेम।

''जिओ मेरे यार ! आई लव यू... क्योंकि तुमने मुझे सोचना ही नहीं, जीना भी सिखाया है।''

हिया में हिलोरें उठतीं और अभिभूत हो चलते-चलते रुक जाती वह। संसार की सारी कोमल भावनाओं को अपनी वाणी में उड़ेलती, लड़ियाती, अपने नूर के नूर भरे चेहरे को निहारती फूट-फूट पड़ती वह।

"इन्द्र देखना, अपनी इसी मानवप्रियता के चलते तुम देखते-देखते एक दिन एक लोकप्रिय नेता बन जाओगे...और जिन सर्वहाराओं एवं दरिद्रों के लिए तुम इतना सोचते हो, वे तुम्हें अपने हाथों में उठा लेंगे।"

"धत्..." और जाने किस गुलाबी उन्माद में इन्द्र ने उसे बाँहों में ले लिया था।

मुलायम-मद्धिम आलिंगन !

सम्पूर्णता और तन्द्रा के कुछ क्षण !

उन क्षणों मणि को लगा जैसे अपने इस प्रेमी को वह जानती आ रही है, अनादि-अनादि काल से। अलग होते क्षणों में कृतज्ञता से भरपूर एवं इमरती बनी मणि की अनदेखती आँखों ने देखा, इन्द्र में प्रकम्पन था। मणि को जैसे वह अपने अन्तर में उतार लेना चाहता था। भावनाओं से भरपूर आध्यात्मिक ऊँचाइयों को स्पर्श करता वह एक ऐसा आलिंगन था जो सिर्फ वही प्रेमी दे सकता था जिसका अन्तर्मन किसी झंझावात से गुजर रहा हो और जिस झंझावात में उसे उस प्रेयसी के हाथों से छिटक जाने का डर हो जो उसका मन-प्राण थी और जो अभी उसकी बाँहों में थी।

और फिर वह उदास हो गया था ! "तो तुम सत्य जानती हो, मैं जिस भावना से ओत-प्रोत हो जिस आन्दोलन से जुड़ा हूँ और जो आंदोलन जाने कब मुझसे जाने क्या माँग बैठे...। क्या तुम तैयार हो ?"

"तुम नक्सलवादी हो...मैं क्या पूरा कॉलेज जानता है। कॉलेज की बहुत सारी लड़कियाँ तो तुम्हारे इसी क्रान्तिरूप पर रीझी हुई हैं। कहो तो मिलवा दूँ..." रस-पगी चितवन और बातचीत को हल्का-फुल्का करने का अन्दाज मणि का। कुछ समय पूर्व का बादल-बादल बिखरा इन्द्र अब खुद को कुछ-कुछ सहेज कर एकत्रित कर रहा था। वह कृतज्ञ था उस छुटपुटे अँधेरे का, उस खुशगवार मौसम का और सर्वोपरि उस उन्नीस वर्षीया भोली सी मणि का जिसने सदैव ही उसे विस्मित-विमुग्ध किया था। कभी अपने भोलेपन से तो कभी अपनी अकस्मात उगती चेतना से।

भावावेश में थोड़े घने होते अन्धकार और एकान्त का सहारा मिलते ही बार-बार सटा लेता वह मणि को। छू-छू लेता। चूम-चूम लेता उसे।

जीवन की उष्णता और गरमाहट लेते-देते दो युवा शरीर। आँखों में दमकती खुशी। जीवन कितना सुन्दर ! कितना अद्‌भुत ! पर किसके चलते ? सिर्फ इन्द्र के ! रोम-रोम कृतज्ञता से भर उठी वह, उस शाम।

घर !

ज्यों-ज्यों पास सरक रहा था घर, इन्द्र के मदिर मधुर उन्माद को पिछवाड़े की ओर धकेल धीरे-धीरे गंगाबाई का गुस्सैल, खौफनाक चेहरा सामने आ रहा था। फिर जाने किन-किन प्रश्नों के घेरे में खड़ा किया जाएगा उसे ! और कहीं अम्मा की टोहती नजरों ने ताड़ लिया मणि के चेहरे की लाली के राज़ को, तो ? और इस 'तो' के आगे सोच नहीं सकी वह, ऊपर से ढँकी-दबी धड़कते दिल, घर में चोरों की तरह सेंध लगाई तो क्या बात ! दिल बाग-बाग।

गंगाबाई दोपहर से ही बाहर निकली हुई थीं। 'ओह कई लोग अपने नहीं होने से भी कितनी खुशियाँ उगा देते हैं...!' नटखट मणि अम्मा की अनुपस्थिति के प्रति कृतज्ञ थी।

पिता पारस से किसी बात पर उलझे हुए। पेट की गड़बड़ी और दर्द के चलते पारस आए दिन 'बैलरगन' निगलता रहता। पारस का असमय बुढ़ाया शरीर, तेजी से झड़ते-सफेद होते बाल, कुम्हलाया निस्तेज चेहरा एवं सुस्त पड़ी काया पिता का सारा सुख-चैन हर लेती ! गंगाबाई के सामने पारस को कुछ भी कहने की वे हिम्मत नहीं बटोर पाते थे, क्योंकि वे कुतर्क नहीं कुतर्क करती थीं। और साधारण सी बातचीत में भी उनके अन्दर का जमा असन्तोष, आक्रोश एवं अतृप्त कामनाओं का आवेग भड़का देता उसे और वे अमरनाथ बाबू की सारगर्भित एवं तत्त्वपूर्ण बातों को भी अपनी तीखी जुबान की दुनाली से धाँय-धाँय करती लहूलुहान कर देतीं।

पुत्र को पीड़ा से तड़पते देख पिता का मन पसीज गया था। कहीं यह अपराधबोध भी था कि रिटायर्ड पिता भारी पड़ रहा था पुत्र पर। स्वर को यथासम्भव संयत कर पुचकारते हुए समझा रहे थे—"बेटा ! थोड़ा योग किया करो...अधिक नहीं बस आधा घंटा रोज सुबह...वज्रासन, सर्वासन, पद्मासन जो तुम्हें जँचे। भाईजी ने ताजिन्दगी डॉक्टर का मुँह नहीं देखा, कभी दवाई नहीं गुटकी। इसी योग के चलते। तन-मन दोनों को स्वस्थ और सन्तुलित रखता है योग। क्योंकि इसका मतलब ही है ईश्वर से मिलन और इसकी महत्ता योग को योगा कहने वाले उस पश्चिम ने भी स्वीकारी है जिसका उतार तुम्हारा श्रृंगार बना हुआ है।"

पारस ध्यान से पिता की बात सुन रहा था और चाहता था कि पिता बोलते जाएँ लेकिन गंगाबाई को आते देख विरक्त हुए पिता फिर पारस के उतारे हुए ब्लेड को घिस-घिसकर अपनी दाढ़ी बनाने में व्यस्त हो गए थे। सिल-बट्टे पर धनिये की चटनी बाटती पारसी उठकर अम्मा के लिए चाय बनाने चली गई थी।

और मणि ? मणि चाह रही थी थोड़ा एकान्त जिससे मेहँदी की तरह चटकते, रंग लेते अपने प्यार की भीनी-भीनी खुशबू में, इन्द्र के घने बालों के गुच्छों में, स्वप्नीली एवं गहरी प्यार पगी उसकी आँखों में और उसकी मीठी बातों में डूबी रह सके वह। घंटों-घंटों।

उधर घर की कैबिनेट के सर्वाधिक सम्मानित 'दोनों' गंगाबाई और पारस तुरन्त विचार-विमर्श में लग गए थे। मुद्दा था पारसी का मांगलिक होना। ज्योतिष के पंडितों के अनुसार पारसी की जन्मकुंडली में मंगल प्रबल था। इसी कारण उसके विवाह-संयोग में एक के बाद एक अड़चन आ रही थी। कुंडली के इस प्रबल मंगल को पछाड़ने के लिए पंडितजी ने एक नुस्खा भी सिद्ध किया था—पारसी को बाएँ हाथ की तर्जनी में एक रति का बसेरा मोती चाँदी की चौखट में जड़वाकर पहना दिया जाए।

अम्मा के पास कुछ पुरानी चाँदी थी। पुराने लहँगे एवं चुनरी में कढ़े हुए भारी-भारी बेल-बूटों एवं किनारी की शक्ल में, कुछ सलमा-सितारे जड़ी पुरानी जूतियों में। तय हुआ

कि उसी पुरानी चाँदी को बेचकर पारसी के मंगल से मोर्चा लिया जाए। पिता कुढ़ते-भुनते घर की 'कार्यकारिणी' का यह निर्णय सुन रहे थे। पारसी कृतज्ञतापूर्वक।

प्रेम में रसी-पगी मणि याद कर रही थी···उस शाम कैसा था इन्द्र के अधरों का स्वाद ?

मणि जो सिर्फ एक थ्योरी थी

इस बीच पूजा की छुट्टियाँ। कलकत्ता के बाशिन्दे जानते हैं कि इस शहर में पूरे वर्ष का आकर्षण यही समय होता है। हर वर्ग के लिए राहत देती लम्बी छुट्टियाँ। पूजा का माहौल।

पर मणि के लिए खासा जानलेवा हुआ यह समय। उसे छोटा सा सुख मिला सिर्फ उस दिन जब घर में एक लम्बी झड़प के बाद छोटी सी विजय हासिल की थी उसने। उसके अढ़ाई बित्ते के उस कोठरीनुमा घर में पहली बार ट्यूबलाइट लगी थी। और नीली-सफेद रोशनी से नहाए उस कमरे को देख वह अभिभूत थी···। उस रात देर तक वह इन्द्र द्वारा भेंट की गई माओत्से तुंग की रेडबुक और मार्क्स-एंगेल्स का पचास पृष्ठोंवाला कम्युनिस्ट घोषणापत्र पढ़ती रही थी। उस नीली-श्वेत रोशनी में पहली बार उसकी चेतना में एक सर्वथा नया क्षितिज एवं नया शब्दकोष उगा था। सर्वहारा, समानता, वर्गशत्रु, सामूहिकता में विश्वास जैसे शब्दोंवाला वह शब्दकोष। इन्द्र ने उत्साह से छलकते हुए कहा था उससे, "जानती हो, पचास पृष्ठोंवाले इस कम्युनिस्ट घोषणापत्र ने संसार में कितनी उथल-पुथल की है। रूस, चीन, वियतनाम, अर्जेन्टाइना, चेकोस्लोवेकिया और अब बारी हिन्दुस्तान की !"

लेकिन अभी तक इन्द्र की क्रान्ति-चेतना, इन्द्र का आन्दोलन से जुड़ा होना—उसे हिला नहीं पाया था। उसकी बातें उसे थ्रिल एवं बौद्धिक उत्तेजना से भर देतीं। उसे गौरवपूर्ण मजा देतीं क्योंकि अभी तक मणि क्रान्ति, क्रान्ति-दर्शन एवं उससे जुड़े खतरे, दहशत एवं यातनापूर्ण अध्याय से पूरी तरह अनभिज्ञ सिर्फ एक थ्योरी-भर थी। उसे सिर्फ यही समझ में आता कि इन्द्र कुछ ऐसा भव्य कार्य करने जा रहा है जिसका सीधा सम्बन्ध समाज की अन्तिम पंक्तियों में खड़े उस वर्ग-समुदाय से है जो अभी तक निरन्तर पिसता, अपमानित एवं शोषित होता रहा है और अब इन्द्र एवं इन्द्र के साथियों के साथ मिलकर वह अपने अधिकारों की लड़ाई लड़ेगा।

इसमें गलत क्या है···वह मन-ही-मन सोचती। इन्द्र ने समझाया था उसे। उन्हें वर्ग-शत्रु का सफाया करना है। ठीक ही कहा था इन्द्र ने। हर समय अपने वर्ग-शत्रु की परिभाषा, व्याख्या बदलता रहता है। कभी अंग्रेज वर्ग-शत्रु थे, आज देश के यह भ्रष्ट नेता, पूँजीपति, अफसर, ब्लेक-मार्केटियर, सट्टेबाज, मुनाफाखोर।

इन्द्र उसे कहीं से भी गलत नहीं लगा था। फिर भी पहली बार मणि की चेतना

में भय का बीज फूटा उस दोपहर जब समय देकर भी इन्द्र छुट्टियों के प्रथम सप्ताह के पहले सोमवार को कॉलेज पुस्तकालय के द्वार पर सवा तीन बजे नहीं पहुँच पाया।

'मौसम बदल रहा है,' पुस्तकालय के मुख्य द्वार पर खड़ी-खड़ी सोच रही थी वह। इन्द्र के हॉस्टल के ही साथी मेघेन ने बताया था उसे कि पिछले महीने ही इन्द्र ने हॉस्टल के सभी अपोरी-टपोरी मार्का दोस्तों के कमरे में जाकर उनसे सारी अश्लील पुस्तकें एवं उत्तेजक चित्रों को लेकर जला डाला था और अपने साथियों को प्रेरित किया था कि वे क्रान्ति-साहित्य पढ़ें।

''पढ़ा क्या उन्होंने...?'' बच्चों की-सी सरलता से पूछ बैठी थी मणि।

''उन्हें पढ़ना ही होगा, समय से निरपेक्ष कोई कब तक रहेगा क्योंकि इस समय पूरे पश्चिम बंगाल में एक आँधी चल रही है। नए विचारों की जबर्दस्त आँधी। युवकों में जबर्दस्त उत्साह है। बंगाल के क्षितिज पर एक नाम सूरज की तरह दमक रहा है—ध्रुपद मजूमदार। स्कूल, विश्वविद्यालय, महाविद्यालय के ढेरों-ढेर छात्र एवं प्रोफेसर आँखों में इंकलाबी सपने लिये इस नई विचारधारा की ओर खिंचते चले आ रहे हैं। तुम समाचारपत्र ध्यान से पढ़ो मणि, खुद समझ जाओगी। जानती हो, कल स्टेट्समैन में प्रथम पृष्ठ के बाईं ओर क्या लिखा था—टॉप नक्सलाइट एन्टर्स इन आसाम। यानी बंगाल, बिहार, उड़ीसा, आन्ध्र प्रदेश के बाद वे अब आसाम में भी अपने पाँव फैला रहे हैं। शायद ध्रुपद बाबू ठीक ही कहते हैं—'सत्तर का दशक मुक्ति का दशक'।''

'एक और इन्द्र'। मन-ही-मन स्थिति को आँक रही थी वह। मेघेन की बातें कहीं भी अतिरंजनापूर्ण नहीं लगी थीं उसे क्योंकि आज की दोपहर ही उसकी बस, जो सामान्यतः कॉलेज स्ट्रीट से होकर गुजरती है, ने अपना रूट बदल लिया था। बस में सुना उसने, कोई कह रहा था, सभी बस और ट्रामों ने रास्ता बदल लिया है; क्योंकि कॉलेज स्ट्रीट (जो प्रबुद्ध विद्यार्थियों का मुख्य अड्डा है, और जहाँ पर शहर के कई श्रेष्ठ कॉलेज और युनिवर्सिटी हैं) में पुलिस और नक्सलवादियों के बीच जमकर 'झमेला' हो रहा है।

पिछले सप्ताह पारसी के लिए चाँदी की अँगूठी बनवाने वह एम्हर्स्ट स्ट्रीट से गुजरते हुए बहूबाजार गई थी। उसकी माँ सारे रास्ते चाँदी के भाव को लेकर उलझी रही थी और वह निर्लिप्त, निर्विकार बस की खिड़की से एम्हर्स्ट स्ट्रीट की चौड़ी-चौड़ी दीवारों एवं बहूबाजार की दीवारों पर ताजा-ताजा लिखे नारों को पढ़ती रही थी। 'चीन का रास्ता, हमारा रास्ता', 'क्रान्ति बन्दूक की नली से आती है', 'नक्सलबाड़ी लाल सलाम,' 'चेयरमैन माओ जिन्दाबाद', 'डाऊन विद अमेरिकन इम्पीरियलिज्म'।

क्रान्ति बस अब आसपास ही है। सोच रही थी मणि।

कहाँ इन्द्र, कहाँ मणि ! सोच रहा था मेघेन।

बदरंग बीती पूजा की छुट्टियाँ। न इन्द्र से मिल पाई मणि और न अध्ययन में ही जी लगा पाई। एक और बात ने परेशान कर रखा था उसे। उन्हीं दिनों के समाचारपत्र में पढ़ा था उसने कि नक्सलवादियों ने कुछ राजनैतिक नेताओं की मूर्तियों

के साथ-साथ दुगदिवी की प्रतिमा भी तोड़ डाली थी।

"यह क्या ! इससे तो लोग इनके ही विरुद्ध हो जाएँगे ?"

क्षुब्ध, खिन्न और खंडित सी बैठी रही थी वह माथे को पकड़े। शून्य की ओर ताकती। याद आ रहा था उसे, इन्द्र ने कहा था, "इस देश में खूनी क्रान्ति के साथ-ही-साथ जरूरत है सांस्कृतिक क्रान्ति की भी।"

"पर क्या इस प्रकार मूर्ति-भंजन से आ जाएगी सांस्कृतिक क्रान्ति ?" आज तक इन्द्र उसे कहीं भी गलत नहीं लगा था, तब भी नहीं जब इन्द्र ने उससे कहा था, वह अन्तर्राष्ट्रीयता में विश्वास करता है, इस कारण जब वह यह कहता है, चीन का चेयरमैन, हमारा चेयरमैन तो यह अन्तर्राष्ट्रीय नहीं वरन अनन्त सामाजिकता ही है।" (क्या ज्ञान ! मन-ही-मन चमत्कृत थी वह ।) पर उस दिन पहला प्रश्नचिह्न दिमाग के शून्य में साकार हुआ था, क्या राष्ट्रीय हुए बिना अन्तर्राष्ट्रीय हुआ जा सकता है ? आज का दूसरा प्रश्न ! क्या लोगों की भावना को ठेस पहुँचाकर लोगों के लिए, लोगों को साथ लेकर कोई भी लड़ाई लड़ी जा सकती है ! सांस्कृतिक क्रान्ति लाई जा सकती है ? अपनी अनसुलझी, अनुत्तरित जिज्ञासाओं की पीड़ा लिये कुढ़ते, भुनते विरह की लपटों में झुलसते ही बीती दस दिन की छुट्टियाँ।

पहली मर्तबा मणि को घर में फोन का नहीं होना अखरा। डेढ़ सप्ताह की छुट्टियों के बाद आँखों में उम्मीद के सपने सँजोए हौले-हौले कदम रख रही थी मणि। यदि इन्द्र में कुछ भी लपट बची है तो आज स्टॉपेज के आसपास अवश्य ही मिलेगा वह। आधा घंटा स्टॉपेज पर खड़ी रही थी वह अपने संस्कार के विरुद्ध।

अपने स्वाभिमान के विरुद्ध !

अपनी आशा के विरुद्ध !

नहीं आया वह !

भरी आँखें, थके पाँव और टूटे-अधमरे मन से जैसे ही मुड़ने को हुई, उल्टे रास्ते गहरी नीली शर्ट में तेज-तेज कदमों से आता दिखा इन्द्र ! 'वह मुझे चाहता है पर क्रान्ति को सबसे अधिक।' और मणि को लगा जैसे यह एक ऐसा सत्य था जो उसके अनचाहे भी दिशा-दिशा इन्द्र की ओर से लिख दिया गया था। "आज के आमि खूब व्यस्त··· तूमि आर अपेक्खा करो ना···" (आज मैं बहुत व्यस्त हूँ, तुम और इन्तजार मेरा नहीं करो··· ।)

आते ही इन्द्र ने झाँका था उसकी आँखों में।

एक भरपूर दृष्टि !

एक स्पर्श !

अनकहती आँखों ने शायद और भी कुछ कहना चाहा था। पर पिछले दिनोंवाली वह गहरी भावुकता··· वह समर्थन, वह नफीस मूड सब पर जैसे एक ही रंग पोता हुआ—लाल रंग ! क्रान्ति का नशा !

उस क्षण बिल्कुल ही हार गई थी मणि, कहाँ तो सोचा था कि आज भी शायद

इन्द्र उससे अनुरोध करे···चल बाहिरे (बाहर चलें), अनेक कथा आछे···(बहुत बातें करनी हैं)।

आसपास चलते लड़के-लड़कियाँ। कुछ कह न पाई मणि, सह भी नहीं पाई, आँखों में पराजय के आँसू लिये पाँवों को खदेड़ा कॉलेज के मुख्य द्वार की तरफ और तेज-तेज कदमों से जाते देखती रही इन्द्र को, जो तेजी से उसके गुरुत्वाकर्षण के घेरे से बाहर निकलता जा रहा था।

कक्षागृह !

कक्षा में आधे से अधिक छात्र अनुपस्थित ! इन्द्र की बात कानों में गूँजने लगी, "फॉर योर काइंड इन्फॉरमेशन मणि, मैं अकेला नहीं हूँ, हमारा तो लगभग पूरा बैच ही नक्सलवादी है, कविताएँ लिखना छोड़कर जरा अखबार ध्यान से पढ़ा करो। परसों के 'आनन्दबाजार पत्रिका' में एक पूरा-का-पूरा एडिटोरियल ही अभिभावकों की चिन्ता पर केन्द्रित था। अभिभावकों की चिन्ता कि कहीं उनके लाडले बंगाल में नक्सलवादी न बन जाएँ। इस कारण अधिकांश सामर्थ्यपूर्ण अभिभावक अपने पुत्रों को बाहर या दूसरे सुरक्षित राज्यों में भेज रहे हैं···।"

दूसरा दिन···तीसरा और आज चौथा दिन···पर इन्द्र दिखाई नहीं पड़ा मणि को।

वह कितना मेरा है···या युधिष्ठिर के जुए की तरह पूरी तरह ही हार चुकी है वह इन्द्र को ?

खंड-खंड खंडित और रोम-रोम दुखी मणि बोझिल-बोझिल कदमों से स्टॉपेज़ की ओर बढ़ रही थी कि पीछे से फिर वैसी ही धुन···वैसे ही गीत के बोल···भावुक। अर्थपूर्ण।

वह अवाक। हृदय में कृतज्ञता। आँखों में खुशी की टपकन। शब्द मूक। दो जोड़ी आँखों के मिलते ही दो छवियाँ उतर गईं दोनों के भीतर। कन्धों पर हल्का-हल्का स्पर्श। काश ! इन्द्र पूरी तरह अपने आगोश में ले लेता मणि को तो भी अपने संस्कारों के बावजूद बुरा नहीं मानती वह, बिल्कुल भी नहीं। मुरझाती बेल की तरह मन्द पड़ती मणि में इन्द्र के स्पर्श ने जैसे प्राण जगा दिए थे। भीतर की गुल बत्ती एकाएक दीप्त हो उठी, 'खामोशी प्रेमियों की भाषा' वाले अर्थपूर्ण खामोश कुछ पलों से गुजर जाने के बाद एकाएक फूट पड़ी थी मणि।

"इन्द्र, हर वक्त मुझे तुम्हारी चिन्ता रहती है। अखबारों में जिस तरह हर वक्त नक्सलवादियों की धर-पकड़ एवं मरने-मारने की खबरें पढ़ती हूँ···"

"तो तुम भी आ जाओ हमारे साथ···कितनी तो कॉमरेड महिलाएँ हैं। क्या मेरा सपना, हम सबका सपना तुम्हारा नहीं ? जीवन क्या बार-बार मिलता है ? एक छोटे जीवन के एवज में इतना महान सपना···क्रान्ति का, तुम घाटे में नहीं रहोगी मणि।"

मणि चुप। कैसे समझाए इन्द्र को कि उसकी आँखें उसके जितनी विशाल नहीं कि अपनी निजता की परिधि को अपरिमित बना दे। उसकी आँखों का सपना तो सिर्फ एक है, इन्द्र ! और उस पर कहाँ इन्द्र और कहाँ उसका गोबर सा दिमाग !

"अच्छा काम की बात सुनो," कुछ-कुछ उतावलापन आ गया था इन्द्र में, "मुझे

कभी भी बिहार के छोटानागपुर इलाके में वहाँ के कॉमरेड से मिलने के लिए या धनबाद की कोयला मिलों में मजदूरों के बीच काम करने के लिए भेजा जा सकता है।" तो खतरा उससे भी कहीं ज्यादा था, जितना सोच रखा था मणि ने। इन्द्र उसके रोके रुकनेवाला नहीं था। फिर भी अनचाहे उसके मुँह से निकल गया था, "लेकिन इस प्रकार तुम्हारी पढ़ाई का क्या होगा ?" कुछ-कुछ ढील पड़ते, डरे-डरे-से शब्द !

हँस पड़ा था इन्द्र एक उदास हँसी।

"एक आँख से क्रान्ति और एक आँख से कैरियर का सपना ऐसा नहीं हो सकता है..."

कच्ची पड़ती मणि को देख, पहली बार जाने कैसे वितृष्णा के-से भाव जागे थे इन्द्र में कि बुझे-बुझे स्वरों में कहने लगा था वह, "प्रेम भविष्य की माँग करता है कदाचित मैं तुम्हें कोई भविष्य नहीं दे पाऊँ अच्छा हो ।"

"नहीं इन्द्र नहीं, मेरा मतलब यह नहीं था, मुझे इतना भी कच्चा नहीं समझो। पर तुम्हीं बताओ जिसे दो साल पूर्व तक (बी. ए. में आने से पूर्व तक) यह नहीं पता था कि कम्युनिस्ट शब्द का मतलब क्या होता है, कि सरकारें कैसे बनती-बिगड़ती हैं ? देश कैसे चलता है ? उससे तुम एकाएक इतनी हिम्मत की आशा नहीं कर सकते। जानते हो हमारे परिवार में जब किसी को छोटा या अपमानित करना होता है तो उसके लिए कम्युनिस्ट शब्द का व्यवहार कर दिया जाता है।"

भर-भर आया था इन्द्र।

मणि की निश्छलता चाहकर भी उसे दूर नहीं कर पाती थी मणि से। "पर अब और इन्तजार भी तो नहीं कर सकता मैं जानती हो रवीन्द्रनाथ टैगोर ने एक जगह कहा था, जल के किनारे रहकर और उसे निहारते हुए आप सागर पार नहीं कर सकते, उसके लिए तो लहरों की चुनौतियों का सामना करना ही पड़ेगा।"

"पर तुम टैगोर का नाम क्यों लेते हो ? तुम लोग तो उन्हें बुर्जुआ मानते हो..."

"क्या ?" चौंक पड़ा था इन्द्र, तो तुम भी समझने लगी हो यह शब्द 'बुर्जुआ'—तब तो तुम यह भी समझ गई होगी कि तुम भी वही हो—बुर्जुआ। इस कारण तुमको तुम्हारी भाषा में ही..."

हँस दिए थे दोनों। और काल के उस लघु खंड में उलाहना-भरी दो आँखें फिर स्नेह-भरी आँखों में तब्दील हो गई थीं। और जाते वक्त एकदम करीब आ गया था इन्द्र। झुटपुटे अँधेरे में उसके गालों को किसी बुजुर्ग की तरह गहरी वत्सलता से अपने हाथों से सहलाते हुए कहा था उसने—"जानती हो मणि, गाँवों में दियासलाई नहीं मिलती। ढिबरी और दीपक भी सुबह तक बुझ जाते हैं। वहाँ पर लोग राख में आग की चिनगारी दबाकर रखते हैं। सुबह होते ही वही चिनगारी राख बन जाती है। सदियों से चली आ रही है यह निरन्तरता। कुछ दिनों के लिए क्या हम भी अपनी भावनाओं को हृदय के भीतर राख में दबाकर नहीं रख सकते ? अनुकूल समय मिलते ही उसे मशाल बना देंगे बोलो मणि ?"

मणि मूक। आँखों में उभरती तरलता। पूरे आत्मबल से उस तरलता को भीतर-ही-भीतर सोखने की पुरजोर कोशिश। जानती है--कच्चा पड़ना, आहें भरना बिल्कुल पसन्द नहीं है उसके बहादुर इंकलाबी प्रेमी को।

"बहुत डायलॉग मारने लगे हो आजकल !"

और वही अन्तिम संवाद...उतरती साँझ के झुटपुटे में एक नरम भावभीना पवित्र आलिंगन...दो बँधे हाथ...क्रमशः ढीले पड़े और फिर अपनी-अपनी दिशा की ओर अग्रसर।

मस्तिष्क में विचारों और भावनाओं का झंझावात। प्रचंड। इस कदर रीती-बीती एवं विचलित मणि कि इन्द्र से जुदा होने के उपरान्त बस में चढ़ नहीं पाई वह। उसे एकान्त चाहिए था अपने भीतर उठते भावनाओं के तूफान को सम पर लाने के लिए...उस अकुलाहट को स्वर देने के लिए जो भीतर उसके पल-पल जोर मार रही थी, जो कह रही थी—मेरी दस्तक में कसक होगी तो तुम्हें दरवाजा खोलना ही होगा इन्द्र !

उसने समझने की चेष्टा की स्वयं को। वह क्या चाहती है ? इन्द्र की अन्तरंगता। क्या बाधा है दोनों के बीच ? इन्द्र की देशभक्ति। क्या है देशभक्ति ? कब हुई थी इस भावना की शुरुआत उसके मानस में ? क्या है देश—एक भूगोल ? एक भावना ? एक ही धरती पर जन्म लेने का गहरा रिश्ता ?

जीवन की कैसेट को रिवाइंड करने पर जो स्मृति कैनवास पर सर्वाधिक कौंधी वह थी करीब दस वर्ष पूर्व की एक घटना जब नौ वर्षीया मणि पुरी भ्रमण के लिए माँ-पिता के साथ गई थी। सामने लहराता गरजता आमन्त्रण देता विशालता की प्रतीति कराता समुद्र ! पाँवों की चप्पल और ऊपर के कपड़ों को उतारकर जैसे ही वह 'लहरों के भजाघर' उस समुद्र में डुबकी लगाने को हुई कि बढ़ते कदमों को पिता ने एकाएक रोक दिया था—"ऐसे नहीं, पहले समुद्र को प्रणाम करो।" स्वयं पिता ने पहले समुद्र को प्रणाम किया, फिर उसमें प्रवेश। मणि ने हाथ जोड़कर उस समुद्र को प्रणाम किया और पहली बार उसने महसूसा कि वह सागर के सम्मुख नहीं वरन उस विराट के सम्मुख नतमस्तक हुई थी जिसका नाम था देश, उसका देश !

उसी क्षण संस्कारित हुई थी वह। समुद्र अब आत्मिक शक्ति देनेवाला विराट प्रकृति-मंडल का एक अंश बन गया था जिससे वह जुड़ गई थी और इसी जुड़ाव के कारण अन्तर्मन में कुछ पवित्र स्वीकार भाव जागा...जिसे कुछ और पुष्पित-पल्लवित किया इन्द्र ने।

"आई लव यू इन्द्र।" इसी विराटता के कारण उसके मन में प्रार्थना थी।

साँप की तरह बल खाती उन नीरव सड़कों पर एक लम्बी एकान्त दूरी तय कर लेने पर उसके भीतर का शोरगुल, रक्तपात काफी कुछ ठहर गया था। वह शान्त हो चुकी थी...एक प्रार्थना उसके भीतर उठ रही थी।

घर।

अच्छा भटियारखाना बना घर। इस बार बिजली का बिल कुछ ज्यादा आ गया था। दूधवाले ने भी दाम बढ़ा दिए थे। इस कारण भारी चिख-चिख मची हुई थी। देर रात तक बत्ती जलाने, मणि के ऊटपटाँग पढ़े जाने एवं उसके देर से घर आने को कोसा जा रहा था। मणि को देखते ही गंगाबाई भड़क गई थीं, आरोह होता उनका स्वर अब सप्तम स्वर पर था—"ऐसे ठाठ तो रानी विक्टोरिया के भी क्या होंगे ! हर वक्त रंगा-रंगी। बन-ठन के जाना, शाम बाद घर, खाना डकारना और देर रात तक मस्त किताबों में डूबे रहना, घर न हुआ होटल हो गया।" उस संयुक्त परिवार में मणि और उसके पिता की हैसियत वैसी ही थी जो बहुराष्ट्रीय कम्पनियों के समक्ष मरियल घरेलू लघु उद्योगों की होती है।

अपने ऊपर पड़ते आक्षेपों को अमरनाथ बाबू स्थितप्रज्ञ भाव से सुनते आए थे एक जमाने से। लेकिन मणि पर बरसते आरोपों को वे झेल नहीं पा रहे थे। उन्हें लगता थोड़ी बहुत तेजस्विता एवं सिद्धान्तप्रियता जो कुछ भी थी उनमें, उसी का विस्तार है मणि। इस कारण बहुत दिनों बाद गंगाबाई के रुआब और दमखम को परास्त करते हुए पिता फूट पड़े—"किसी एक को तो पढ़ने-लिखने दो, दो को तो लद्धड़-लक्कड़ बना ही छोड़ा है। जाने कैसी माँ हो, तेजस्वी बेटियाँ नहीं भातीं तुम्हें, तुम्हें तो ऐसी ठोठी ठिकरी चाहिए जो तुम्हारी अंटी में रहे। ठनठनाती रहे तुम्हारी ताल पर।"

तन-बदन फुँकने लगा था गंगाबाई का पति की ऐसी खरी सच्चाई को सुन। भीतर तक करेंट मार गया। कुछ क्षण तड़पीं और फिर चालू हो गईं, "बैठ-बैठकर गद्दा-कुर्सी तोड़नेवाले तुम बाप-बेटी क्यों नहीं बोलोगे, पता तो उसे चले जो खट-खट कर हड्डियाँ गलाए..."

"मैंने क्या कभी हड्डियाँ नहीं गलाईं, चौदह-चौदह घंटे झुक-झुक कर हिसाब करते-करते कमर झुका ली, पर तुम्हारी जैसी मक्कार औरत को मेरी खटनी कभी न सूझी। आज बेटा कमा रहा है तो दिन-भर मुझे ताना मारती है। जिसकी खाए बाजरी, उसकी साजे हाजिरी। पर कभी मेरी भी तो साजी होती हाजिरी, माना होता घर का धनी।"

बोलने और बवाल मचाने में पारंगत गंगाबाई अपने उन्हीं आदिम हथियारों पर उतर आईं, "कह लो, कह लो, तुम भी क्यों बाकी रहो। कोई कमाए मुझे क्या ? धन धनियाँ को, ग्वाल के हाथ लकड़ी। बाँदी की तरह हुक्म बजाई हूँ आक्खी उम्र ! लेकिन जिसे धनी नहीं माने उसे जनि भी क्या माने। जो आए मुझ पर ही गुर्राए। गरीब की लुगाई, गाँव की भौजाई।"

अपना आपा खो, हिचकियाँ ले-ले दहाड़ मार रोने लगी थीं गंगाबाई। दुखी पारसी गंगाबाई की मिन्नत-मनौती में लग गई। खिन्न पिता सामने मैदान में लगी बेंच पर जा बैठे। विरक्त मणि चौके में।

बाद में रार के थम जाने पर पारसी ने गुपचुप शब्दों में बताया था, गंगाबाई के

मिजाज का तापमान उसी समय से चढ़ना शुरू हो गया था जबसे एक और लड़केवालों की मनाही आ गई थी। जब-जब पारसी के सम्भावित घरवालों की तरफ से कोई मनाही आती घर साक्षात कुरुक्षेत्र बन जाता। गंगाबाई अमरनाथ बाबू पर आरोपों की बौछार कर देतीं, उन्हें लगता अमरनाथ बाबू नहीं चाहते हैं पारसी की शादी शीघ्रता से निपटाना। दरअसल गंगाबाई अपनी मेहनत में कम, लड़कियों के भाग्य में ज्यादा विश्वास करती थीं। इस कारण उन्हें 'लड़का' होने से ही मतलब था। खुद उनकी जिन्दगी उनके समक्ष उनका आदर्श थी। मुन्नी के सम्बन्ध में भी वे अक्सर यही कहती थीं, "बेटियाँ आपकरनी होवे हैं, बापकरनी नहीं।" इस कारण अमरनाथ बाबू उन्हें हमेशा टाँग अड़ानेवाले कामबिगाड़ू लक्कड़-लद्धड़ लगते।

भारी पड़ रही थी मणि पर वह शाम। अँधियारी। दिन-भर भीतर होता रक्तपात भावनाओं का और अब यह चिख-चिख बेमतलब की। एक इन्द्र है जो स्वयं को दुनिया से जोड़ रहा है और एक यह परिवार···परस्पर ही उखाड़ने-पछाड़ने और लहूलुहान करने में संलग्न। बुझती जा रही थी मणि।

थका तन और मरा मन। जोर-जबरन बोरसी सुलगाई और जब रात के मेनू के लिए कुछ नहीं निकला भेजे से तो खिचड़ी ही चढ़ा दी सुलगती बोरसी पर। रात अपेक्षाकृत देरी से आया पारस। गुस्से में तोप बनी अम्मा और थाली में परोसी जाती भुसभुस बेजान खिचड़ी देखते ही बिदक गया। ताव खाते फट पड़ा, "मैं रोजी-रोटी के डौल बैठाने में हाड़ गला रहा हूँ और तुम लोगों को एक काम करना है···मिलकर रहना···सो नहीं हो पाता है।" खिचड़ी से खासी विरक्ति उसे। एक कौर, दो कौर फिर निगला नहीं गया तो थाली में ही चुल्लू कर बैठ गया ट्रांजिस्टर पर समाचार सुनने।

पाँच आदमियों की गृहस्थी की मार से टूटे अपने इस मलबा होते शरीर वाले भाई से जबर्दस्त सहानुभूति दोनों बहनों को। भाई के चेहरे पर छाए चिन्ता के मेघ-खंड देख उन्हें लग रहा था कि आज ऑफिस भी भाई के लिए कहर ढानेवाला ही रहा होगा। कुछ दिनों पूर्व ही सुना था दोनों ने कि ऑफिस में नया पदोन्नत हुआ सी.ओ. सभी पुरानों एवं योग्य लोगों को उखाड़ने में एवं ऐसे-ऐसे नए मुर्गों को बैठाने में लगा है जो सिर्फ उसी के लिए बाँग दे सकें।

दो वर्ष पूर्व बी. कॉम. पास करते ही पारस बांगड़ के इसी प्रतिष्ठान में प्रवेश पा गया था। तब का सी.ओ. आदमी भला था, बहुत शीघ्र ही उसने पारस को उसकी अनथक मेहनत और लगन के चलते चीफ एकाउन्टेंट बना दिया था। छः महीने पूर्व ही उसकी अकस्मात मृत्यु के बाद यह नया बना चीफ अफसर मि. जगन्नाथ मेहरा उन सभी लोगों को लुंज-पुंज करने में लगा था जो उसके छिद्रों में झाँक सकते थे, जिनकी पकड़ थी कम्पनी पर। पारस चूँकि एकाउन्टेंट था और मेहरा की नीयत से वाकिफ—इस कारण सेल्स मैनेजर, पर्चेज मैनेजर को हटाने के बाद उसका अगला निशाना पारस ही था।

मणि ने सुना, रात पारस पिता से कह रहा था, "यह सी.ओ. दिनोंदिन अपने डैने

पसार अपने खुरों और नाखूनों को धार देने में लगा है।"

"बाबू लोग कुछ नहीं कहते…?" अमरनाथ बाबू की जिज्ञासा !

"बाबुओं की पुरानी पीढ़ी तो फिर भी देखती-सुनती थी, लेकिन सीधी कुर्सी पर बैठी यह नई पीढ़ी कानों की पूरी कच्ची है। मक्कार मेहरा ने सेल्स मैनेजर के विरुद्ध कान भर दिए थे बाबुओं के। इसका तो सारा ध्यान शेयर मार्केट में फाटका खेलने में लगा रहता है। दिमाग में तो टिस्को, टेल्को, रिलायन्स भरे रहते हैं, कम्पनी के प्रोडक्ट कहाँ से बिकें ? बस, ताव खा गए बाबू और पूरा सेल्स डिपार्टमेंट ही हैंड आवर कर दिया मेहरा को।"

"और पर्चेज मैनेजर ? उसका क्या हुआ ?" अमरनाथ बाबू के स्वर में चिन्ता घुलने लगी थी।

"बांगड़ के लिए कहा जाता है कि उनकी छाती कमजोर और पीठ मजबूत होती है। यानी उनकी पीठ पीछे झूठ-मूठ के बिल दिखाकर उनको जितना चाहे लूट लो लेकिन अपनी छाती के सामने से किसी को देते नहीं बनता है उनसे। मेहरा दोनों हाथों कम्पनी को लूट रहा है, अनदेखा कर रहे हैं उसे, लेकिन पर्चेज ऑफिसर को ढंग का इंक्रीमेंट नहीं दिया बाबू ने, मेहरा से खटपट चल रही थी पर्चेज ऑफिसर की। आदमी होनहार। मिल गया दूसरी जगह अच्छा ऑफर और बस आनन-फानन में ही हाथ हिला दिया मेहरा को।"

परेशानी के कुछ पल...

बात अधूरी ही और अमरनाथ बाबू का कमरे में चक्कर लगाना चालू। यह पुराना ढंग उनका, जिन्दगी के अधिकांश तनावों को इसी प्रकार झेला था उन्होंने। एक बेचैन और बेहद तनाव-भरी रात मणि के लिए भी। यूँ भी इन दिनों उसके दिन दहाड़ थे, रात पहाड़। अर्द्ध-रात्रि के अधजगे पलों में लिखी मणि ने यह डायरी…जिन्दगी के सारे दीप जब एक साथ ही बुझने लगें और मन जब किसी बन्द मुँह की अँधेरी सुरंग में भटकता लगे…तब किसकी ओर ताका जाए जो तोड़ सके उसके भीतर की जड़ता, हताशा, पैसिविटी और निष्क्रियता के तमस को…इन्द्र ! पर वह तो अपने मन के सौंदर्य सुवास को सारी दुनिया में फैलाने में लगा था। अपने पेट और अपने परिवार की सरहद से बाहर बड़ी लड़ाई में लगा कई मोर्चे एक साथ सँभाल रहा था। अभी दो दिन पूर्व ही उसके साथियों ने कैंटीन के अस्थायी कर्मचारियों को स्थायी करने के लिए मुहिम छेड़ी थी एवं मिनर्वा थिएटर में चलनेवाले अश्लील नाटकों एवं पोस्टरों को लेकर तोड़-फोड़ की थी।

डायरी लिखते-लिखते जाने कब टेबिल पर ही आँखें मुँद गईं। देर रात महसूसा उसने, पार्श्व में पड़ी मूँज की खटिया पर लेटे पिता ने नींद टूटने पर टेबिल लैंप को बुझा मणि को हाथों से पकड़ जमीन पर उसका बिस्तर लगा, किसी बालिका के समान ही जतनपूर्वक सुला दिया था नीचे।

डेढ़ कमरे के उस घर में पिता-पुत्री के हिस्से वही आधे कमरेवाली कोठरी जो उनका

सब कुछ—शयनकक्ष, अध्ययन कक्ष और यातना कक्ष।

अन्ततः सुबह !

मणि कृतज्ञ थी अपने कमरे में बनी उस खिड़की की जो भोर की प्रशान्ति में थके-हारे एवं टूट चुके उसके मन को उसके मकान के आँगन के बाहर सामने किसी बंगाली बाबू के आँगन में लगे सुपारी और देवदास के पेड़ों, तुलसी के पौधे एवं इक्के-दुक्के कुछ ऐसे ही पेड़-पौधों से जोड़ देती थी, जिनका नाम भी उसे नहीं पता था। प्रातःकालीन परिदृश्य ब्रह्म मुहूर्त में विहग-वृंदों के कलरव के साथ उदित होते सूर्य के सात्विक ओज के साथ घायल पक्षी-से चोट खाए उसके मानस को सहलाकर उसमें नई ऊर्जा, नई शक्ति भर देते और भोर की उस प्रशान्ति में उसके सोचने की दिशा एकदम पलट जाती। मार्क्स, लेनिन, माओ, चे-ग्वारा के साथ ही उसे स्मरण आते विवेकानन्द जिन्हें परिवार की विपन्नता ने एक समय कितना हताश कर दिया था (उसी की तरह) पर बाद में अपने आत्मबल एवं लौह इच्छाशक्ति ने उन्हें किन ऊँचाइयों तक नहीं पहुँचा दिया था !

ऐसे में मार्क्स और विवेकानन्द उसे कुश्ती लड़ते दिखाई पड़ते···सोच नहीं पाती वह, अन्तिम रूप से कौन सत्य था। मार्क्स जिसने अन्तरात्मा को बुरी तरह नकारकर, वर्ग-शत्रु का सफाया कर बेहतर न्याय और समानता पर आधारित वर्गविहीन समाज की परिकल्पना की या विवेकानन्द जिन्होंने उद्घोषणा की—एवरी सोल इज पोटेन्शिएली डिवाइन··· (हर आत्मा में दिव्यता की सम्भावना है।) नीत्शे, जिसने घोषणा की, ईश्वर मर चुका है या फिर टॉलस्टाय जिसने कहा था, आदमी माँ-बाप के बिना जीवित रह सकता है पर ईश्वर के बिना नहीं।

किस देवता की ओर ताके मणि···कोई है पूरे ब्रह्मांड में जो उसे बस एक बार कह दे कि इन्द्र जो कुछ कर रहा है वह सही है। फिर वह भी सब कुछ छोड़ इन्द्र के साथ चली जाए ?

पर शायद किसी के लिए सब कुछ छोड़ना आसान है किंतु यह निर्णय करना कि वह 'किसी के लिए' क्या सचमुच वही है जिसके रास्तों पर पूरी तरह विश्वास किया जा सके, बहुत कठिन···क्योंकि शायद कोई भी रास्ता ऐसा नहीं होता जो बना-बनाया हो। हर व्यक्ति एवं हर राष्ट्र को अपने सिद्धान्तों, अपने संस्कारों एवं अपने विश्वासों से निर्मित अपने 'स्व' के भाव को पहचानकर अपनी संस्कृति, इतिहास एवं परम्परा के आलोक में अपना रास्ता खुद तय करना होता है। चिन्तन कोई भी आयातित किया जा सकता है पर अपनी भूमि एवं अपने रस से परिपुष्ट करने के बाद ही !

हस्तक्षेप !

उम्र की इस दहलीज पर खड़ी होकर उस समय की मणि नहीं, आज की कथा-लेखिका सोच रही है। मणि उस समय ऐसा सोच पाती तो कदाचित मणि-इन्द्र प्रकरण की तस्वीर कुछ और ही हुई होती।

ताजमहल से लेनिन की समाधि बना इन्द्र

चिन्न-चिन्न उड़ते दिन।

प्रायः हर रोज आँखों में ढेर सारे सपने सँजोए मणि पहुँचती कॉलेज। दीदे फाड़-फाड़ देखा करती उन गलियारों को जहाँ से कभी इन्द्र मणि के आगे-आगे गुनगुनाते हुए गुजरता रहता था।

एक दिन··· दो दिन··· तीन दिन··· आज सातवाँ दिन ! हर गुजरता दिन बेरंग। इन्द्र की झलक-भर पाने के लिए बेचैन मणि। शहर और कॉलेज दोनों की जलवायु तेजी से बदलती हुई। माहौल गरमाता हुआ।

मन करता मणि का हॉस्टल जाने का, शायद वहीं मिल जाए इन्द्र। हॉस्टल जो इन दिनों नक्सलवादियों के भूमिगत आन्दोलनों का छोटा-मोटा ऑफिस ही बन गया था। जब-जब मणि ने हॉस्टल जाना चाहा, इन्द्र ने रोक दिया था। आहत मणि सोचती, क्यों मणि को हॉस्टल जाने से रोका गया ? जबकि उसी की कक्षा की कई साथिनियाँ—पारुल, रमा, सुनन्दा, शुभ्रा··· सभी गाहे-बगाहे जाती रहती थीं। क्या इसलिए कि वे उन सपनों की हिस्सेदार थीं जो इन्द्र और उसके कॉमरेड पाल रहे थे, उस आन्दोलन में उनकी भी कुछ आभा थी, भूमिका थी जो वे चला रहे थे ? क्या इसीलिए रमा, सुनन्दा, शुभ्रा··· अब सभी इन्द्र के करीब सरकती जा रही थीं और इसीलिए मणि अब दूर-दूर··· । क्या क्रान्तिकारियों की प्रेमिका नहीं होती ? क्या प्रेम वर्जित है इस रास्ते··· ? पर उसने तो सुन रखा था—मार्क्स की भी प्रेमिका थी, जेना। पर मार्क्स तो चिन्तक था, क्रान्तिकारी नहीं। तो ? भर-भर आती मणि की आँखें—सूली ऊपर सेज पिया की केहि विधि मिलना होय।

कक्षा में लेक्चर सुनते-सुनते मन विचलित हो उठता। क्या बिहार चला गया इन्द्र ! पूछे किससे ? उसके अधिकांश संगी-साथी ही कक्षा से नदारद। इन्द्र के गुप्त स्थानों की भी उसे कोई जानकारी नहीं। इतना-भर पता मणि को कि पूरे कलकत्ते को ही उन दिनों नक्सलवादियों ने म्युनिसिपैलिटी के वार्डों के अनुसार बाँट दिया था।

एक बार जानना चाहा भी था मणि ने कि इन्द्र एवं उसके साथी किसी गम्भीर निर्णय या मन्त्रणा के लिए कहाँ मिलते हैं ? बात को घुमा दिया चालू छोकरे ने (राजनीति पर बात छिड़ते ही भोला-शरीफ इन्द्र चालू छोकरा बन जाता था।) आड़े-तिरछे एवं घुमा-फिरा कर जो कुछ भी वह उगलवा पाई थी—वह यही कि उन लोगों की सभी गतिविधियाँ एक नं. वार्ड, दो नं. वार्ड, तीन नं. वार्ड··· इसी प्रकार चलती थीं। सिर्फ इतना भर बताया जाता उन्हें कि उन सभी को अमुक जगह मिलना है। फिर अन्तिम क्षण केन्द्रीय या स्थानीय समिति का कोई सदस्य आकर उन्हें अमुक स्थान से नियत स्थान पर ले जाता।

आतंकित करनेवाली खबरें उस दौर की ! घर-घर छापामारी पुलिस की। नक्सलवादी साहित्य और पत्रिकाओं की खोज में जासूसी कुत्तों की तरह कॉलेज जानेवाले छात्रों के घरों को सूँघती-टोहती पुलिस की टोलियाँ। उस पर राजनेता और प्रेस ! जैसे मर्द और घरवाली ! और दोनों की मिलीभगत से पकाई गई अद्‌भुत-अद्‌भुत कहानियाँ। 'नक्सलाइट्स आर आउट टू सेल दि कंट्री टू रेड चाइना।' (नक्सलवादी देश को लाल चीन को बेचने पर तुले हैं।)

'जलपाईगुड़ी एवं उत्तर बंगाल के कुछ इलाकों में सम्भावनाशील नक्सलवादियों द्वारा गुरिल्ला युद्ध का उच्चस्तरीय प्रशिक्षण।' (आसाम ट्रिब्यून–28 अप्रैल '70)

मजे की बात पुलिस और सत्ता जितना आतंक फैलाने की चेष्टा करती···युवाओं की टोली उतने ही वेग से जा जुड़ती इस नई विचारधारा से।

इन्द्र बिहार नहीं गया था !

सूचना उसे सप्ताह-भर बाद ही निश्चित रूप से मिल पाई थी। करीब सात दिन बाद ही इन्द्र एक दिन हॉस्टल के पिछवाड़े से प्रभु की जैसी अपनी झलक दिखाकर फिर गुम हो गया था।

"क्लास करने क्यों नहीं आया वह···?" अपनी सखी सुनन्दा के पूछने पर किंचित हँसकर अर्थपूर्ण ढंग से सगर्व जवाब दिया था उसने, "वह आजकल बड़ी क्लास देने में लगा हुआ है।"

"कहाँ ?" जानते हुए भी पूछ बैठी थी वह।

"यहीं कॉलेज-कैंपस में ही !"

धीरे-धीरे केन्द्रीय समिति का सदस्य भी बना दिया गया था वह···लगभग सब कुछ देख-सुन रही थी मणि। फिर भी इस तथ्य से अनजान थी वह कि अपने साथियों के बीच तेजी से लोकप्रिय होता इन्द्र पुलिस और प्रशासन की काली लिस्ट में शीर्ष स्थान पर जा पहुँचा है। प्राइज कैच !

वह अक्सर कल्पनाशील हो जाती। स्वयं को भुलावा दिए रखती, सब ठीक होगा, बीच की यह आँधी बस कुछ थम जाए···क्योंकि अभी भी जब कभी घड़ी-भर के लिए भी इन्द्र झाँकता उसकी आँखों में तो उसे लगता थक कर चूर इन्द्र के वजूद को अभी भी तलाश है मणि के स्नेहांचल की।

उन्हीं दिनों का एक दिन···

जैसे ही कॉलेज के मुख्य द्वार से शुरू होते बीच के खुले आँगन में कदम रखा मणि ने कि कॉलेज का परिवेश, हवा कुछ ज्यादा ही गरमाई महसूस हुई···गोल-गोल घेरे में गोल-गोल बातों में बतिया रहे थे छात्र-छात्राएँ। कर्मचारी ! लेक्चरर ! सभी की अपनी-अपनी टोली।

'क्या थर्ड ईयर की परीक्षा की तिथि घोषित कर दी गई···?' मन-ही-मन अटकलें

लगाती वह कॉलेज के नोटिस बोर्ड पर पहुँची तो ठेंगा दिखाता नोटिस बोर्ड ! प्रश्नाकुल आँखें लिये कुछ आगे बढ़ी ही थी की खबरें उड़ती हुईं उस तक। रात पुलिस ने कॉलेज कैम्पस एवं हॉस्टल से कई लड़कों को गिरफ्तार किया था।

"क्या ?"

और वहीं सीढ़ियों पर ही धम्म से बैठ गई थी वह।

सामने सीढ़ियाँ गोल-गोल घूमती-सी।

हताशा की वह अवस्था कि यह पूछने तक का साहस नहीं कि क्या इन्द्र भी उन पकड़े गए लड़कों में था। घबराए-बौखलाए प्रिंसिपल ने उस दिन के लिए सस्पेंड कर दिया था कॉलेज। स्वतन्त्र भारत के अब तक के साढ़े चौबीस साल की यह अपनी तरह की प्रथम घटना—जब 123 वर्ष पुरानी चादर ओढ़े इस कॉलेज के पवित्र परिसर में पुलिस ने प्रवेश किया था। कभी इसी कॉलेज के पूर्व छात्र सुभाषचन्द्र बोस ने भारतीयों को गाली देने पर अपने अंग्रेज लेक्चरर को तमाचे जड़ दिए थे।

तो इन्द्र जिस रास्ते पर चल रहा था वह खतरों से खाली नहीं ? यह आत्मबोध अँखुआया पहली बार। उन परिचित सड़कों पर चलते-चलते उसकी अन्तःचेतना में था क्या करे वह ? छोड़ दे इन्द्र को ? इन्द्र जिसने माँ की बन्धक पड़ी उसकी जिन्दगी को चेतना और ज्ञान के नए क्षितिजों तक पहुँचाया। कर दे वह भी आत्मसमर्पण ? बन जाए बैल ? मुन्नी और पारसी की तरह !

भीतर चल रहा था भीषण संग्राम और मन की उसी उद्वेलित एवं ऊहापोह की स्थिति में एकाएक कौंधा एक और नाम जिस पर वह आँख मूँद कर भरोसा कर सकती थी। इस कॉलेज में दाखिला लेने का प्रथम सुझाव भी वहीं से आया था। ये थे करीब पचास वर्षीय नवलकिशोर बाबू, मणि के उस बाड़ी टाइप मकान के दूसरे तल्ले पर रहनेवाले उसके सन्तानहीन पड़ोसी एवं किसी प्रमुख हिन्दी दैनिक के पत्रकार।

पल-पल शताब्दी की तरह लग रहा था मणि को। क्या करे वह ? शाम तक प्रतीक्षा नवलकिशोर बाबू के घर आ जाने की। लेकिन घर पर बात करने के अपने खतरे।...इन्द्र, इन्द्र के साथ अपने सम्बन्धों को मन की कालकोठरी में ही छुपाया हुआ था उसने। अम्मा का 'इसको तो अभी ही छोकरे चाहिए...' आज भी अपनी पूरी विद्रूपता के साथ उसके स्मृति-पट पर अंकित था।

इस कॉलेज में उसका दाखिला भी नवलकिशोर बाबू के सही समय एवं सही हस्तक्षेप के चलते ही सम्भव हुआ था। नवलकिशोर बाबू के कई एहसान थे इस परिवार पर, इस कारण गंगाबाई भी थोड़ी दबती थीं उनसे। लेकिन इन्द्र के बारे में जानकर जाने क्या प्रतिक्रिया हो नवल बाबू की...इन्द्र...कम्युनिस्ट...माओवादी...नक्सलवादी ! और उससे बढ़कर खतरा था कि कहीं नवल बाबू इन्द्र के साथ के उसके 'मीराबाई' के-से भाववाले प्रेम को भी आज के युवक-युवतियों का चलताऊ फिल्मी मार्का 'तू नहीं, तू सही' वाला प्रेम समझ उसे हल्की एवं उच्छृंखल न समझ बैठें। अब जो भी समझें नवल बाबू लेकिन आज इस वक्त कोई चाहिए उसे जो दम घुटते उसके अन्तर्मन को कोई गवाक्ष दे सके।

भीतर लटकते उसके जालों को साफ कर सके।

आधा घंटा बीता-न-बीता कि मणि नवल बाबू के कार्यालय में।

आशंकित एवं हैरान नवलकिशोर बाबू···कहीं अमरनाथ बाबू···।

"कुछ जरूरी परामर्श के लिए···" सुनते ही चेहरे के भाव कोमल-कोमल हो गए थे नवल बाबू के। तो इस तेज-तर्रार नई पढ़ी को भी परामर्श की जरूरत पड़ ही जाती है अधेड़-बूढ़ों के···। हँस दिए थे वे। लेकिन मणि के प्रकम्पित चेहरे, सावन-भादो-सी बहती आँखों एवं अवरुद्ध होते कंठ ने उस पचास वर्षीय निःसन्तान पत्रकार के चेहरे का रंग भी उड़ा दिया था। यद्यपि मणि ने इन्द्र, इन्द्र का···सी.पी.आई. (एम.एल.) पार्टी से गहरा जुड़ाव, उसकी गिरफ्तारी की सम्भावना, पढ़ाई से दिनोंदिन उसकी विमुखता···इन सब घटनाओं के तारों को 'मेरी सहेली के भाई' के साथ ही जोड़ा था।

लेकिन नवल बाबू की उन बुढ़ाती, वत्सल एवं संसार के अनुभवों में पगी आँखों ने ताड़ लिया था 'सहेली के भाई' का यथार्थ क्या था।

हाँ, उनके जड़ विश्वासों की नींव उस दिन हल्का सा झटका जरूर खाई थी···मणि के व्यक्तित्व के परिवर्तित स्वरूप को देखकर।

मणि—मणि के परिवार की पृष्ठभूमि···गंगाबाई जैसी माँ···मुन्नी, पारस और पारसी जैसे भाई-बहन, और लाल-झंडा !

'जिन्दगी कितनी विस्मयकारी है !'···सोच रहे थे नवल बाबू। मणि को पूरे धैर्य एवं मनोयोग से सुना था उन्होंने। पर किसी भी प्रकार का परामर्श नहीं दे पाए थे वे। दे भी नहीं सकते थे। मणि इन्द्र के साथ अपने सम्बन्धों की नौका को कितनी दूर तक ले जाए, यह निर्णय तो अन्ततः मणि को ही लेना था। हाँ, नवलकिशोर बाबू कुछ ऐसे समानान्तर प्रकाश-स्तम्भों से मणि को जरूर मिलवा सकते थे जिनके जीवन के सरोकारों में भी अनन्त सामाजिकता थी और जो अपने अंश-अंश आत्मदान से इस दुनिया को कुछ और सुन्दर बनाने में लगे हुए थे।

पिछले आठ-दस वर्षों से वे बिहार के आदिवासी अंचलों में कार्यरत आदिवासियों के कल्याण के लिए समर्पित एक ऐसी ही संस्था, 'वन बन्धु कल्याण निकेतन' से जुड़े हुए थे। उसी संस्था के संस्थापक श्री आलोकजी भगत नवल बाबू के जीवन के प्रथम प्रेरणा पुरुष ! उनसे जुड़कर नवल बाबू की निःसन्तान जिन्दगी में एक जबर्दस्त सुखद, सुहाना, सार्थक एवं तृप्तिदायक मोड़ आया था। दोनों पति-पत्नी जब-तब निकल जाया करते, बिहार के गुमला-लोहरदगा जैसे आदिवासी अंचलों की ओर।

दो दिन बाद ही नवल बाबू दक्षिण बिहार के आदिवासी अंचल, गुमला और लोहरदगा की यात्रा पर निकलनेवाले थे। दिमाग में सहसा कुछ कौंधा, मणि पर उनका यूँ भी पुत्रीवत स्नेह था और जिस भोले विश्वास के साथ मणि ने उन्हें अपना राजदार बनाया था, उससे उनकी अवरुद्ध ममता वेग से जोर मारने लगी थी। वे जितने चिन्ताकुल थे उतने ही अभिभूत···। "तुम मेरे साथ तीन-चार दिन दक्षिण बिहार चलो, वहीं मैं आलोकजी के साथ परामर्श कर ठंडे दिमाग से कुछ सोच पाऊँगा···यहाँ के माहौल

में दिमाग काम नहीं करता"।"

सहसा कुछ जवाब नहीं दे पाई मणि, गंगाबाई को तो नवल बाबू आश्वस्त कर ही लेंगे उसे ले जाने के लिए, पर अपने मन का वह क्या करे ? जब तक इन्द्र के बारे में निश्चित सूचना नहीं मिल जाती"किस तरह छोड़े वह कलकत्ता ?

दूसरे दिन दोपहर ही निश्चित सूचना मिल पाई थी उसे। इन्द्र उनमें से नहीं था जो पकड़े गए थे, और उसी शाम किसी जादूगर के थैले में से निकले कबूतर-सा इन्द्र उसे कॉलेज स्क्वायर के पीछे के दरवाजे से लम्बे-लम्बे डग भरता, निकलता हुआ दिखाई पड़ा था। चिन्तामग्न, गम्भीर और दृढ़ आँखें।

चेहरे पर झूलता बालों का गुच्छा ! बढ़ी हुई दाढ़ी। कृतज्ञता से हाथ जुड़ गए थे मणि के। हे ईश्वर"तू सचमुच है !

लम्बे-लम्बे डग भरती, खुशी से उत्तेजित, पुलकित हाँफती-काँपती मणि जब तक पहुँचती उस तक, वह जाने किन गलियों में गुम हो गया था।

उसी शाम मणि राँची एक्सप्रेस ट्रेन में नवल बाबू और उनकी पत्नी के साथ !

मनुष्य, प्रकृति और ईश्वर

विंध्याचल पर्वत की हरियालियों से घिरा लाल-लाल माटीवाला बिहार। कूपमंडूक मणि नहीं जानती थी"इतना खूबसूरत दक्षिण बिहार ! नजरों की छोर तक पसरा नैसर्गिक सौंदर्य और उगता केसरिया सूर्य। टकटकी लगाकर देखते हुए भर आई थीं मणि की आँखें। दिशा-दिशा फैली इस पवित्र सात्विक और मनोहारिणी सुषमा के बीच पहली बार उसने वह महसूसा था जिसे ईश्वर कहा जाता है।

सिर के ऊपर चँदोवे की तरह तना स्वर्णिम होता आकाश और विहग-वृंदों का मांगलिक कलरव। आँखें मूँद ली थीं उसने। "ईश्वर तर्क की चीज नहीं है, मेरे दोस्त इन्द्र। काश ! तुम होते मेरे साथ तो मनुष्य, प्रकृति और ईश्वर"इन तीनों के सगुम्फित एवं एकात्म होते क्षणों में ईश्वर और आस्तिकता तुम्हारी स्वयं की अनुभूति बन जाती"किसी की कही सुनाई नहीं। तुम स्वयं साक्षात्कार करते इस आस्तिक अनुभूति का।

भीतर से दरकी, जकड़ी एवं सुराखों से भरी उसकी आत्मा को उस एक दिन में जाने कितनी बार ऑक्सीजन मिला था। शरीर का रोम-रोम, भीतर उठती आवाज के साथ ताल मिलाता कह रहा था, मुक्ति सिर्फ इस सौन्दर्य को बनाए रखने में है। मैं कभी कोई छोटा काम नहीं करूँगी इन्द्र !

सुबह से शुरू हुई उसकी घुमंती तो दिन-भर टोली के साथ वह उड़न-छू। गोबर

से लिपे-पुते छोटे-छोटे घर। हर कहीं अपनी संस्कृति और कला का परिचय देते हुए। प्रायः हर घर के आँगन में पसरा कुछ-न-कुछ, कहीं धान, कहीं मँड़ुआ, कहीं कच्ची मूँगफली तो कहीं सनेही के फूल। कहीं ढेकी चलाती महिलाएँ तो कहीं कुदाल मारते पुरुष। कर्म—सतत कर्म की एक दुनिया !

जीवन की ताल पर नृत्य करती यह आदिवासी दुनिया भीतर इतने अभावों से अँटी पड़ी है इसका पता मणि को उस शाम लगा, जब पहली बार नवल बाबू ने उसे 'वन-बन्धु कल्याण निकेतन' के संस्थापक आलोकजी भगत से मिलवाया।

बिशुनपुर के गाँधी के नाम से लोकप्रिय आलोकजी भगत। घुटनों तक उठंग धोती, गले में पत्थरों की ढेरों-ढेर मालाएँ। रोमों से भरी खुली छाती एवं नंगे पैरोंवाले गठीले आलोकजी को पेड़-पौधों से आच्छादित एवं पत्थरों से बनी उस कुर्सी पर बैठकर मुँडेरी भाषा में बतियाते देख यह विश्वास करना मुश्किल था कि आज से पाँच वर्ष पूर्व 1966 की एक निर्जन दुपहरी में आई.आई.टी. की भारी-भरकम डिग्री के साथ सूटेड-बूटेड, टाईधारी तेईस वर्षीय यही युवक इन आदिवासी अंचलों में अपनी महत्त्वाकांक्षा की पगडंडियों को तलाशता गोबर गैस प्लांट की विराट योजना लेकर आया था। और फिर मुड़कर बाट जोहते अपने शहर लखनऊ की तरफ ताका भी नहीं था। सिर्फ दो घटनाओं के चलते।

भूख ही क्रान्ति

आत्मविश्वास का ओवरकोट लादे ठकठकाते बूटों से प्राकृतिक संसाधनों एवं अपनी गोबर गैस परियोजना की सम्भावनाओं पर विचार करते हुए अपने इंजीनियर मित्र भागीरथ अरोड़ा के साथ चहलकदमी करते-करते उस पखवारे आलोकजी ने कई बातें एक साथ लक्ष्य कीं।

—कला, प्रकृति और ईश्वर के साथ जीवन के तार जोड़ती यह अरण्य-संस्कृति !

—शहरातियों को शक की नजर से इस कदर देखता यह वनवासी समाज कि स्त्रियाँ घरों के बाहर जूतों के निशान देखकर लौट जातीं घरों में कि फिर कोई शहराती आया उन्हें लूटने।

यहाँ बसने के लिए इनका विश्वास जीतना जरूरी—सोचते हुए वे जब-तब यहाँ के स्थानीय बाशिन्दों से मेल-मिलाप करने लगे थे। उन्हीं दिनों एक परिवार में कुछ दिन पूर्व ही आदमखोर भेड़िए द्वारा एक बच्चे की मृत्यु हो गई थी। शोक-संवेदना जताने के लिए आलोकजी पहुँचे तो बिना दरवाजे के कच्चे घर के बाहर ही एक दस वर्षीय बालक ने विनम्रतापूर्वक रोक दिया था उन्हें।

—"रुकअ इहें आव तरी माई...।" (ठहरिए, यहीं आ रही हैं माँ।) कुछ देर पश्चात ही एक युवा स्त्री बाहर आई कुछ क्षण ठहर हाथ जोड़ वापस अन्दर।

औरतें यहाँ हूर-परी नहीं, मात्र ठठरियाँ-भर हैं···सोच रहे थे आलोकजी कि तभी उसी परिवार की एक वृद्धा स्त्री मिलने के लिए बाहर आई। अपनी संवेदना व्यक्त कर उसी रास्ते लौटते हुए मन में कुछ खटक रहा था, उस शहरी युवक के—मुझे भीतर क्यों नहीं जाने दिया, क्या मैं उन्हें चोर-चकार लगता हूँ। जानने को वे मरे जा रहे थे। वापस रास्ता पूछने के बहाने उसी घर के बाहर। पहरा देता वही लड़का। उसे साथ ले कुछ आगे बढ़े और घुमा-फिरा कर पुचकारते हुए पूछ डाला···हमें अन्दर जाने से क्यों रोका ? बेबाक बच्चा। बिना लाग-लपेट के कह बैठा···

"माई घर के भीतर लेंगटे बइठल बारी, तोहके यदि जाए देती त उ गुस्सा हो जइति। कारण बा कि माई और दादी दूनों जानी एक ही साड़ी अदल-बदल के पहिरेली।" (माँ घर के अन्दर नंगी बैठी थी, आपको जाने देता तो बिगड़ जाती—माँ और दादी दोनों के पास तो एक ही साड़ी है न !)

क्या···चेतना को जैसे साँप सूँघ गया। स्वयं ही नहीं देखी होती यह घटना तो विश्वास करना मुश्किल था। तन पर लदा वह कोट पहली बार तन में नहीं, चेतना में गड़ा। दोस्त के साथ बात फिर भी गोबर गैस प्लांट पर चलती रही पर व्यक्तिगत महत्त्वाकांक्षा के पत्ते झर-झर झड़ने लगे थे। जीवन में पहली बार इतने गहरे धँस रहे थे वे। और ज्यों-ज्यों उन अंचलों में बसे जन-जीवन में गहरे धँसते गए, गोबर गैस परियोजना दिमाग से फिसलती गई। पुरानी जमींदारी। घर के एकमात्र पुत्र। माता-पिता की छत्रछाया में बीतता जीवन, यदि घर से कुछ दिनों के लिए भी निकल जाऊँ तो क्या फर्क पड़नेवाला है उस परिवार को !

कहाँ तो तीन दिन बाद ही सर्वेक्षण कर अपनी गोबर गैस प्लांट की योजना को व्यावहारिक स्वरूप देने एवं परामर्श के लिए मित्रों और पिता के पास जानेवाले थे और कहाँ आज अठारहवाँ दिन ! वापस जाने की कोई उतावली नहीं।

उन्हीं दिनों देखा एक और दृश्य। रोंगटे खड़े कर देनेवाला। एक परिवार के नौ वर्षीय बच्चे के दोनों पैर बेकार हो गए थे। वह जानवरों की तरह दोनों हथेलियों और घुटनों को सड़क पर टिकाकर किसी चौपाए की ही तरह चल रहा था। पथरीली सड़क के लगातार घर्षण से घुटने लहूलुहान। खून चमकने लगा था। परिवार इतना भी पैसा नहीं जुटा पा रहा था कि हथेलियों और घुटनों पर चमड़े की पट्टी ही बँधवा दे जिससे हथेलियाँ और घुटने रगड़ नहीं खाएँ। इस प्रकार चलते-चलते जब हार जाता तो उसके साथवाला बच्चा (जो सम्भवतः उसका छोटा भाई था) उसके दोनों पैरों को पीछे पकड़ लेता जिससे लहूलुहान होते उसके घुटने धरती से थोड़ा ऊपर उठ जाते और वह दोनों हथेलियों के बल पर रेंगता रहता।

बहुत कम समय के लिए ही देखा था उन्होंने उस बच्चे को इस प्रकार चलते लेकिन उनकी आत्मा में कील की तरह ठुका हुआ यह दृश्य सारी रात चेतना पर हथौड़ियाँ चलाता रहा। हांट करता रहा इस कदर कि आधी रात में नींद उचट गई तो वे खुद भी उस बच्चे की यातना महसूसने के लिए उस बच्चे की तरह चलने की कोशिश करने

लगे। चौपाए की तरह भूमि पर रेंगने लगे। मुश्किल से आठ-दस कदम भी नहीं चले होंगे कि यातना से आँखों में आँसू भर आए''हे भगवान ! कितना दुःखी है जीवन यहाँ।

गरीबी, भयंकर गरीबी''पत्तियाँ उबालकर खाते लोग, नीम की निमौलिया चबाते लोग। कूड़े के ढेर से अन्न के दाने बीनते लोग। अकाल के दिनों अपनी सन्तानों को बेचते लोग। सब कुछ आज तक सुना-भर था, इस कारण वे उनकी चौहद्दी से दूर उन्हें यह सुनी''वह सुनी सुन-गुन भर लगती पर उस लड़के की पीड़ा ने उन्हें हिला दिया था। बाहर का चोला वही था लेकिन भीतर भयंकर उठापटक। सब कुछ ध्वस्त। उस रेंगते बच्चे की घिसटती चाल में जाने कैसी मूक कशिश''मूक दस्तक दिखी थी कि उसने उनकी आत्मा का बन्द दरवाजा खोल दिया था। चेतना के श्रेष्ठ धरातल पर खड़े होकर सूर्य, कल-कल बहती शंख नदी और विंध्याचल की पर्वत श्रेणियों को साक्षी रखकर प्रतिज्ञा की उन्होंने कि जब तक गुमला-लोहरदगा में बसे इस आदिवासी समाज के लिए कुछ नहीं कर लूँगा''आजीवन सिले वस्त्र नहीं पहनूँगा, चप्पल नहीं पहनूँगा। इनके बीच इनके लिए इनका होकर इनके जैसे ही रहूँगा।

उसी शाम गले में ढोलकी डाल झूम-झूम नाचे वे आदिवासियों के साथ और पहली बार हड़िया (आदिवासियों द्वारा चावल और जड़ी-बूटियों की सहायता से बनाई निजी ताड़ी) गले के नीचे उतारी।

वह दिन और आज का दिन।

लोहरदगा और गुमला उनका मक्का-मदीना बना। पहले छह महीने सिर्फ उन अंचलों में बसे लोगों का विश्वास जीता''परम वैष्णव परिवार में जन्म लेकर मांस भक्षण तक किया। अपने अहं और भारी डिग्रियों को वहीं बहती शंख में विसर्जित कर आए और घर-घर के अन्न में हिस्सेदारी की।

कोई ताऊ, कोई काकी, कोई भाई, कोई भौजी बनी। फिर इन्हीं लोगों को संगठित कर उनमें चेतना जगाई अपने अधिकारों के प्रति। कई जगह जमींदारों एवं जोतदारों के पास बन्धक रखी उनकी जमीनों को भी छुड़ाया। शुरुआती सफलता ने एक आत्मविश्वास का माहौल बनाया और एक शाम सभी आदिवासी कृषकों के बीच नवजागरण का शंख फूँकते हुए बिगुल बजाया—भूमि उसी की हल जिसका''मेहनत जिसकी। गाछ-जमीन और जंगल जंगलवासियों के।

एक व्यक्ति की इच्छा-शक्ति एवं प्रचंड संकल्प द्वारा उठाए गए इस कार्य ने बाद में कलकत्ता, दिल्ली जैसे महानगरों के कई लोगों को प्रेरित किया। कई-कई हाथ लगातार जुड़ते गए''स्वयं नवल बाबू ने कलकत्ता के कई-कई सम्भावनाशील लोगों को पिछले दस सालों में करीब 150 गाँवों तक फैले बंग-बन्धु कल्याण निकेतन द्वारा चलाए गए विभिन्न प्रकल्पों—चिकित्सा केन्द्र, निवेदिता शिक्षा केन्द्र, सत्संग केन्द्र, सिलाई प्रशिक्षण केन्द्र, श्रद्धा केन्द्र, उद्बोधन केन्द्र, पशुपालन केन्द्र, मधु संचय केन्द्र, एकलव्य केन्द्र आदि को दिखलाकर प्रचुर धन एकत्रित किया था।

ह्वेयर इज द एक्शन पार्ट ?

'जीवन सम्पूर्णतः देय रहे' वाले जीवन-दर्शन में विश्वास करनेवाले आलोकजी भगत के छात्रावासों के छात्र सुबह खेत में कुदाल उठाते एवं शाम को विद्यालयों में कलम। कुदाल और कलम—जीवन की पाठशाला के पाठ और किताबों के पाठ, साथ-साथ। नवल बाबू भाव-विभोर होकर दिखा रहे थे मणि को यह सब।

'क्या अन्तर है आलोकजी भगत और इन्द्र में...' सोच रही थी मणि। दोनों के सरोकार एक...पूरी तरह न्याय और समानता पर आधारित एक ऐसा समाज जहाँ कोई दाता बनने का श्रेय ही न ले सके। दोनों के शत्रु एक—जमींदार, जोतदार...शोषक। दोनों के फील्ड वर्क एक।

फिर भी एक बहुत बड़ा अन्तर था।

वर्तमान व्यवस्था के प्रति इन्द्र पूरी तरह आस्थाहीन हो चुका था। इस कारण वह नकारात्मक एवं मूर्तिभंजक ज्यादा था। वह और इन्तजार नहीं कर सकता था। एक बार उसने कहा था मणि को, "जहाँ सिर्फ कुछ बोरी धान के लिए किसी कुँवारी को अपने गर्भ में पलते अवैध शिशु का समझौता करने को बाध्य होना पड़े वहाँ और इन्तजार नहीं किया जा सकता..."

समझ गई थी मणि, नवल बाबू क्यों लाए थे उसे। यह भी जानती थी वह कि पूरी तरह माओ के 'क्रान्ति बन्दूक की नली से आती है' वाले क्रान्ति-दर्शन में रँगे इन्द्र को यदि किसी प्रकार आलोकजी भगत से मिलवा भी दिया जाए तो भी वह यही कहेगा...पाँच साल में 200 गाँव तक का ही सफर...इस प्रकार तो क्रान्ति लाने में युग निकल जाएँगे मैडम।

अपने पिता का हवाला देते हुए एक बार कहा था मणि ने इन्द्र को—"पाँच हजार वर्ष पुरानी हमारी संस्कृति में ऐसी कोई भी चीज नहीं है जो दूसरी संस्कृतियों में हो और हमारे यहाँ न हो...और तो और साम्यवाद के बीज जैसे 'सर्वे भवन्तु सुखिनः तेन त्यक्तेन भुंजिथः' मार्क्स और लेनिन के चिन्तन से कम उन्नत अवस्था में यहाँ नहीं मिलेंगे।"

मज़ा लेते हुए कहा था इन्द्र ने, "है तो सभी कुछ यहाँ मैडम पर कहाँ है उन उन्नत विचारों और आदर्शों का एक्शन पार्ट ?"

आज मिले इन्द्र तो आलोकजी भगत को दिखाकर कह सकेगी वह—देखो ये है एक्शन पार्ट।

चलती जा रही है मणि भोर के धुँधलके में। नजरों के छोर तक फैली हरीतिमा के बीच...भीतर होती आत्मा की प्रतीति, मस्तिष्क के अन्दर चिन्तन-मन्थन। इन्द्र और आलोकजी भगत कुश्ती लड़ते, एक-दूसरे को उखाड़ते-पछाड़ते।

बड़ी विचित्र अवस्था मणि की...जब इन्द्र के विश्वासों के आलोक में सोचती तो कितना सही लगता इन्द्र...पूरी तरह से डिहाइड्रेटेड, भ्रष्ट एवं संवेदनाहीन हो चुकी इस व्यवस्था में बन्दूक की नली ही कुछ कर सकती है क्योंकि यहाँ लोगों को धर्म और भाग्य

की अफीम की गोली देकर सुला दिया गया है।

आज इन्द्र के प्रभाव से दूर जब वह पूरी तरह आलोकजी भगत के गुरुत्वाकर्षण में है तो कितना सही लगता है उसे आलोकजी का चिन्तन, धार्मिक संवेदनाओं से अभिभूत, भाग्य में अटल विश्वास रखनेवाली इस भोली-भाली जनधारा के विश्वास एवं मान्यताओं के विरुद्ध तैर कर आप कुछ भी हासिल नहीं कर सकते जहाँ के उच्च शिक्षित डॉक्टर तक छींक आ जाने पर या बिल्ली के रास्ता काट जाने पर ठिठक जाते हों, ग्रहों को शान्त करने के लिए अँगूठियाँ पहनते हों, वहाँ देवी-प्रतिमाओं का भंजन कर या ईश्वर को पूरी तरह नकार कर आगे नहीं बढ़ा जा सकता है, लोग आपको ही गलत समझेंगे। एकदम शुरू में जाने किसके बहकावे में आकर ये ही लोग आलोकजी के विरुद्ध भी अपने तीर-कमान लेकर तन गए थे पर निहत्थे आलोकजी की आँखों में जाने क्या पढ़ा उन्होंने कि फिर वापस उनमें जा मिले। अपने पिछले दस वर्षों का निकष आलोकजी ने यही थमाया था। इनके साथ रहते हुए बहुत-बहुत धैर्य के साथ इन्हें जागरूक, शिक्षित एवं संगठित कर पहले इनके जीन्स बदलने की जरूरत है। और तब आप नहीं, ये स्वयं ही अपने वर्ग-शत्रु का सफाया कर देंगे वर्गहीन समाज की कल्पना तभी सम्भव हो सकेगी।

"इस देश में माओ भी पैदा हो जाता यदि, तो वह भी बन्दी बना लिया जाता।" बोलते-बोलते आलोकित हो उठा था आलोकजी का चेहरा। "और चीन में गाँधीजी पैदा हो गए होते तो वे ठेल दिए जाते सलाखों के पीछे" अधूरे वाक्य की उतराई को पूरा करते और अपनी बात पर स्वयं ही मुग्ध हो रहे थे नवल बाबू !

मणि की चेतना के दो ध्रुवों पर खड़े दो युगपुरुष ! आलोकजी भगत और इन्द्र !

दोनों के मध्य गौतम बुद्ध की तरह सोचती वह—क्या कोई मध्यम प्रतिपद नहीं हो सकता ?

क्या दोनों ही अर्द्धसत्य हैं—क्या एक का सत्य दूसरे से मिलकर कोई व्यापक सम्पूर्ण सत्य नहीं बन सकता ?

दूसरे दिन नवल बाबू और स्थानीय कार्यकर्ता व्योमकेशजी के साथ वह फिर जंगलों की ओर। वहाँ की सभी उपजातियों—हो, उराँव, मुंडा, आसुर, खिखार, नगेसिया, कोरवा, खड़िया एवं गिरहोर के बीच। एक सामान्य विशेषता सभी में। सभी महिलाओं के हाथ-पैर यहाँ तक कि कइयों के गाल और ललाट तक गुदे हुए।

क्यों ?

बताते जा रहे हैं व्योमकेशजी। यदि हाथ-पैर गुदे हुए नहीं हों तो लोग उन्हें आदिवासी ही नहीं मानते उनके हाथों का पानी तक नहीं पीते।

अपना अलग चिन्तन नवल बाबू का। बहुत सम्भव है मुसलमानों से अपने बचाव के रूप में शुरू हुई हो यह परम्परा। गुदवा कर स्वयं को सौन्दर्य से मुक्त कर देने की चेष्टा के रूप में।

एक उपजाति में महिलाएँ अपने चेहरे को तीन जगह से गोदवाए हुए थीं। दोनों गाल और एक बिन्दी की जगह।

क्यों ?

जवाब आया—उन आदिवासियों के पूर्वज तीन युद्ध हार चुके थे, उसी जख्म को आज भी इस रूप में ढो रही हैं वे।

महिलाओं की ही तरह सन्थालों में मणि ने देखा था—युवकों के बाएँ हाथ की कलाई पर चवन्नी और अठन्नी के बीच के आकार के चिकने निशान। क्या यह भी अपने होने की पहचान ? पूछने पर बताया व्योमकेशजी ने—"बचपन में ही रुई को तेल में भिगोकर कलाई पर रख दिया जाता है, फिर उसे अग्नि से प्रज्ज्वलित कर दिया जाता है। जलती हुई चमड़ी की वेदना को सहन करना पुरुषार्थ की निशानी समझा जाता है। यदि कोई इसे सहन नहीं कर पाए तो इसे लज्जा की बात समझा जाता है।

"नहीं, अब धीरे-धीरे उठ रहा है। मैंने अपने लड़के को नहीं करवाया···" आश्वस्त करने में लगे थे व्योमकेशजी।

साथ चलते-चलते नवल बाबू कह रहे थे, "अपने विश्वासों, रूढ़ियों और परम्पराओं में जकड़े हर समाज ने अपने-अपने ढंग से लोगों को क्रूरता का निशाना बनाया हुआ है। शायद शौर्य-प्रदर्शन की मिथ्या भावना के चलते···"

'तुम क्या कहते हो इन्द्र ?' बाहर से चुप-चुप लेकिन भीतर हर पल इन्द्र से संवादरत मणि ने नवल बाबू की बातों का कुछ भी ज़वाब नहीं दिया था।

जादू-टोना-क्रोसिन और क्रॉस

खमढा, अरेया, तेतरडाँह, हिसरी, जुरिया, तिसिया, तुरपा, सलैया आदि गाँवों ने मणि के किताबी ज्ञान पर पोंछा लगाते हुए नए भारत के नए रूप, नए दर्शन एवं उसके अचरज एवं अचम्भों की दुनिया को एक सर्वथा नया विस्तार दिया था।

उसने पढ़ रखा था···भारत मन्दिरों का देश, भारत चाय पीनेवालों का देश। लेकिन इन आबाद जंगलों में दूर-दूर तक कहीं कोई मन्दिर नहीं था। अधिकांश आदिवासियों ने तैंतीस करोड़ हिन्दू देवी-देवताओं में तो सिर्फ एक या दो का नाम सुन-देख रखा था—वह भी किसी मन्दिर या शिवालय में जाकर नहीं वरन कहीं भूले-भटके लटके किसी कैलेंडर से। अधिकांश आदिवासियों ने अपने सम्पूर्ण जीवन में सिर्फ दो या तीन बार चाय पी थी, वह भी कहीं कस्बे में लगे किसी मेले में।

प्रकृति और श्रम पर पूरी तरह आश्रित, सरना धर्म को माननेवाली, पाता बाहा और

छाऊ नृत्य में पूरी तरह डूबी, हड़िया (निजी ताड़ी) में जीवन ढूँढ़ती अपनी जातीय स्मृति पर गर्वित यह अरण्य-संस्कृति अपने जादू-टोनों, लोक-संस्कृति, लोक-गीतों एवं रीति-रिवाजों की एक अद्‌भुत दुनिया थी। जहाँ आज भी अधिकांश आदिवासी एकलव्य परम्परा का पालन करते हुए तीरन्दाजी में अपने दाहिने अँगूठे का इस्तेमाल नहीं करते थे।

इतना प्रेम प्रकृति से कि इनके नाम एवं उपनाम तक किसी पेड़-पक्षी के नाम पर रखे जाते। तिरकी (चिड़िया का नाम), मीन्डी, लकड़ा (जानवर), कुकुर (काजू के पेड़ का नाम), तिम्बु (तिम्बू का अर्थ कुजुर), इमली बाई, तोताराम आदि इनके प्रचलित नाम-उपनाम।

इनके प्रमुख त्यौहार--सरहुल और करमा भी वृक्ष-केन्द्रित। सरहुल में सखुआ वृक्ष की पूजा करते आदिवासी त्यौहार के उन दिनों न जमीन खोदते हैं और न ही वृक्ष काटते हैं। इस विश्वास में कि ऐसा करने पर पूरे गाँव का ही अनिष्ट हो जाएगा। इसी प्रकार करमा त्यौहार से भी करम वृक्ष की तीन डालों को लाकर अखाड़े में गाड़कर पूजा जाता है।

''अपनी संस्कृति और प्रकृति-प्रेम में पूरी तरह डूबे एवं अपनी जातीय स्मृति पर गर्वित इस समाज के बारे में मिशनरियों द्वारा धर्मान्तरण की जो इतनी बातें आए दिन सुनने को मिलती हैं, क्या है आधार इनका¨ ?'' हर चीज की गहराई से जाँच-पड़ताल में विश्वास करनेवाले नवल बाबू पूछ रहे थे व्योमकेशजी से।

तीखे चाकू की तरह बात शायद मर्मस्थल पर ही जा लगी थी व्योमकेशजी के। कुछ-कुछ आक्रोश के साथ अपना बचाव करते-से कहने लगे वे¨''हाँ धर्मान्तरण की ढेर सारी घटनाएँ यहाँ मिल जाएँगी आपको, लेकिन इतना बता देता हूँ, किसी आर्थिक प्रलोभन या शैक्षिक प्रलोभन के चलते आदिवासी अपना धर्म नहीं छोड़ते हैं। बड़ा स्वाभिमानी है यह समाज लेकिन मृत्यु-दुख, जानलेवा व्याधि, सन्तान या पत्नी की मृत्यु जैसे चरम टूटते क्षणों में ही होता है यह धर्मान्तरण। कहीं-कहीं महज एक क्रोसिन की टेबलेट के चलते एक पूरे परिवार ने गले में क्रास पहन लिया क्योंकि पास में रहते हुए भी आप लोगों ने कभी सुध नहीं ली वरन हर तरह से उन्हें लूटा। उनकी सुध ली सात समुन्दर पार से आए उन विदेशी मिशनरियों ने।

''भले ही अपने विश्वासों के आधार पर किन्हीं भी कारणों से ली हो उन्होंने सुध लेकिन ली तो। आप लोगों ने तो उन्हें उनके अपने परम्परागत किसानत्व से भी दूर कर उनके वनों को काट उन्हें भारी संख्या में खेतिहर मजदूर या कारखानों के कैजुअल मजदूर बना डाला है।''

आक्रोश एवं उत्तेजना से चेहरा प्रकम्पित होने लगा था व्योमकेशजी का। तेज चाल से चलते-चलते, कई मोड़ों और घुमावों के बाद ठिठक जाते हैं एक ऐसे घर के सामने जो डेढ़-दो वर्ष पूर्व ही सरना (आदिवासी धर्म) से मिशनरी बन चुका था।

''नाम ?''--सोना मुंडा, अब ईसाई होकर परिवर्तित नाम--डामिनिक मुंडा।

''सुना है आप मिशन में चले गए हैं¨कोई कारण ?''

"जब भी कोई धर्म छोड़ता है" तो किसी विपत्ति में ही न। मेरा एक मझला लड़का था। उसको छह दिन तक बुखार रहा। हम सोचे कि ठीक हो जाएगा, सूई-दवा के बाद लेकिन उसका 'डेट' (डेथ) हो गया। फिर एक लड़की थी (हाथ के इशारे से बताते हैं, कितनी छोटी थी), उसकी भी वही हालत हुई। छह दिन तक बुखार" सूई, दवा-दारू सब किया। लेकिन वही हालत। उसकी भी 'डेट'। फिर मेरी औरत को टीबी पकड़ लिया। उसकी साँस उखड़ जाती।"

हाथों के इशारे से पत्नी की ओर दिखाते हुए बताते हैं डामिनिक मुंडा, "दर्द की लहर पूरे बदन में दो साल तक रही। पैसों की कमी से बाहर नहीं ले जा पाए। हम जड़ी-बूटी देते रहे। इस बीच दूसरे लड़के को भी मिरगी का दौरा पड़ने लगा। दो बच्चे पहले ही मर चुके थे और बाकी बचे हुए सभी बीमार, पत्नी बीमार। उन्हीं दिनों पादरी जेवा कुमार (केरल मूल के) ने हमारे लिए प्रार्थना की। और हमें कुछ दवाई भी दी। हम दोनों ठीक हो गए तो हम लोगों ने सोचा कि हमें भी इसी रास्ते पर चलना है। क्योंकि जब तक हम सरना में रहेंगे हम पर भूत-प्रेत का कोप रहेगा। और तभी से जेवा कुमार के समझाने पर हम सभी ईसाई हो गए। कुछ नहीं बस पानी में डुबकी लगाकर साक्षी देकर लेना होता है। डुबकी लगाकर निकलते ही फादर सामने खड़े होते हैं। शपथ खाकर बोलना होता है कि पहले जो कर रहे थे" अब नहीं करेंगे।"

बोलते-बोलते चुप हो जाते हैं डामिनिक। नवल बाबू देखते हैं—आम घरों जैसा ही थका-उदास एवं दरिद्र घर। चतुर्दिक फैले अँधेरे को चुनौती देती मात्र एक ढिबरी। छोटे साफ मिट्टी के घर के बीचोंबीच टँगी एक मूँज की रस्सी पर लटकते कुछ कपड़े। सामने माटी से लिपे चूल्हे के पास पड़े कुछ अल्यूमिनियम एवं स्टील के चार-पाँच बर्तन। वैसे ही अर्द्धनग्न बच्चे। घुटनों तक की उठंग धोती में डामिनिक। तांबई रंग के।

मणि की नजर डामिनिक के गले में क्रास को ढूँढ़ने लगती है।

"आपने क्रास नहीं पहना है"?"

"नहीं, हम लोग पेंटी कास्टल हैं, क्रास पहनना हमारे लिए जरूरी नहीं है। हाँ, हड़िया पीनी हमने छोड़ दी है।"

"क्या आप अभी भी अपने लोगों में उठते-बैठते हैं"?" जाते-जाते पूछ बैठते हैं नवल बाबू।

मुँह से कुछ नहीं कहते, सिर्फ गर्दन-भर हिला देते हैं वे। भीतर उठता एक हाहाकार, एक द्वन्द्व, शायद कुछ पा जाने का पर साथ ही बहुत कुछ खो देने का भी।

ईशु ने भगाया भूत

हस्तक्षेप !

उम्र की इस ऊँची पाटी पर खड़ी कथा-लेखिका ने एक बात लक्ष्य की थी कि इन

वर्षों में जितने भी धर्मान्तरण हुए उनमें आदिवासियों के नामों को नहीं बदला गया था। सुखना उराँव, लिढु उराँव, तिम्बु मुंडा आदि कुछ आदिवासी ईसाई परिवर्तित आदिवासी हैं। इनमें से कोई भी ईसा मसीह के करुणा के उपदेश या टेन कमांडमेंट्स पढ़कर प्रेरित नहीं हुए थे। अधिकांश धर्मान्तरण के पीछे एक ही सबब···जब तक सरना में रहेंगे··· रोग-शोक, आधि-व्याधि, जादू-टोना-टोटका से निजात नहीं। ईसाई होते ही ईशु भूत भगा देगा।

"नामों को अब क्यों नहीं बदला जाता है ?" जवाब—इस धर्म-निरपेक्ष राष्ट्र में नाम बड़ी पहचान है। नाम बदलने से आदिवासियों के नाम पर मिलनेवाली सुविधाओं से कहीं ये वंचित न रह जाएँ, इस कारण इन वर्षों में इनके नाम नहीं बदले गए।

बहरहाल, आज से सत्ताईस वर्ष पूर्व की मणि को इन घटनाओं से गुजरते हुए सिर्फ एक बात याद आ रही थी···उसके साथी इन्द्र की कही एकमात्र उक्ति···'भूख ही क्रान्ति है'···पेट की भूख, निरोगी काया की भूख···सम्मान की भूख···मानवीय गरिमा की भूख··· जब तक भूख जिन्दा है, क्रान्तियाँ होंगी—होती रहेंगी।

बिहार वन-यात्रा के अन्तिम, तीसरे दिन नवल बाबू दम्पति, उनके कुछ साथी एवं मणि को वहाँ ले जाया गया जहाँ बिरसा मुंडा की स्मृति में आलोकजी ने एक भाव-भरा उद्घोष किया था। बिरसा मुंडा, जिसने चाहा था जंगल और जीने का अधिकार। अपने शुरुआती वर्षों में आलोकजी ने आदिवासियों के ज्वलन्त नेता बिरसा मुंडा एवं जतरा भगत को ही प्रेरणा का स्रोत बनाकर वहाँ के लोगों को संगठित किया था। शायद इसी कारण कि वही राष्ट्र जीवित रहता है जो चुनौतियों का मुकाबला करता है तथा जातीय स्मृति, संस्कृति एवं इतिहास की धारा को प्रवहमान रखते हुए आगे बढ़ता है।

वहीं के एक स्थानीय आदिवासी प्राध्यापक सोमा मुंडा ने नवल बाबू एवं उनके साथियों को बताया था कि 'पहले हमारी अपनी स्वायत्त सरकारें थीं। अपने कानून थे। अपनी सामाजिक पद्धति थी। यानी एक सम्पूर्ण आत्मनिर्भर ग्राम्य जीवन-पद्धति। इस स्वायत्त व्यवस्था पर पहला हस्तक्षेप हुआ मुगल शासन में राजपूत नरेशों द्वारा। फिर धीरे-धीरे अंग्रेजों ने इन्हीं नरेशों और जमींदारों के मार्फत हमारे सारे अधिकार छीन हमारी व्यवस्था को तहस-नहस कर दिया। महात्मा गाँधी ने हमें वचन दिया था कि अंग्रेजों के यहाँ से जाने के बाद हम अपना शासन स्वयं करेंगे। लेकिन आज तक ऐसा नहीं हुआ। आज हमारी जमीन की एक-एक इंच इनके नियन्त्रण में है। हमारे पास अपनी जमीन का कोई सरकारी पट्टा भी नहीं है क्योंकि हमने स्वयं को प्रकृति-पुत्र माना। इस कारण दूसरे किसानों की तरह हमें मुआवजा तक भी नहीं दिया जाता।'

बोलते-बोलते चुप हो जाते हैं सोमा मुंडा।

बिरहोर, बिरजिया एवं कोरमा जैसी जनजातियों के दिनोंदिन विलुप्त होते एवं तेजी से छीजते वनों की पीड़ा लहरा रही थी उनकी आँखों में। अनेक गाथाओं के वीर नायकों

के तीर, तेवर और जंगल तेजी से बढ़ते उद्योगीकरण की आँधी में किस प्रकार गिरते जा रहे थे।

बिहार की वह वन-यात्रा मणि के जीवन की वह प्रथम यात्रा थी जिसने उसकी चेतना को न केवल नया आयाम दिया वरन उस सीमा-रेखा को भी बहुत कुछ मिटा दिया था जो इन्द्र और उसके दरम्यान थी। इन्द्र को उसने बेहतर, इन्द्र से दूर रहकर इस बिहार यात्रा के दौरान ही समझा था।

याद आ रहा था उसे⋯कितना सही कहा था इन्द्र ने उसे⋯मानव-सभ्यता के इतिहास के वे क्रूर पृष्ठ, उत्तरी अमेरिका और अफ्रीका के वे घिनौने इतिहास-पृष्ठ जहाँ कई प्रजातियों को ही कपड़ों में कीड़े मिलाकर नष्ट कर दिया गया था। अफ्रीका, जहाँ के काले नीग्रो आदिवासियों को झुंड-के-झुंड जानवरों की तरह जहाजों में भरकर गुलामी के लिए भेज दिया गया था। वे पृष्ठ अब कभी नहीं दोहराए जाएँ इसके लिए एकमात्र रास्ता है⋯व्यवस्था को ही आमूल परिवर्तित कर इस कदर सामूहिक बना दिया जाए, इस तरह सार्वजनिक कि व्यक्ति-विशेष की भेड़िया-प्रवृत्ति के लिए कोई जगह ही न बचे।

रात—एक बेचैनी भरी रात !

इन्द्र और आलोकजी भगत⋯फिर आमने-सामने। गुत्थम-गुत्था। इन्द्र तुरन्त नतीजा चाहनेवाला, विध्वंसक, आस्थाहीन, नकारात्मक, मूर्तिभंजक⋯आक्रोश-भरा। आलोकजी भगत अँधेरे के बीच सावधानीपूर्वक अपना रास्ता टटोलते, दीप जलाते।

शायद इसीलिए आलोकजी का रास्ता खतरों से दूर निर्विघ्न⋯सोच रही थी मणि।

पर बिहार-यात्रा की अन्तिम रात वह भ्रम भी कई जगह से दरक गया था जब वह आते वक्त मिल नहीं पाई थी, आलोकजी से।

"पटना हाईकोर्ट के लिए निकल चुके हैं आलोकजी⋯अजी यूँ ही नहीं, पाँच-पाँच फौजदारी मुकदमों में फँसा रखा है बदमाशों ने उनको⋯कातिलाना हमला तो कई-कई बार हुआ है उन पर⋯।"

बालेश्वरजी बता रहे थे नवल बाबू को। खतरा सभी ओर⋯सोच रही थी मणि⋯ शायद उन सभी के लिए जो सत्य को जान चुके हैं और सत्य जानकर चुप नहीं बैठे हैं, वरन शंख फूँक रहे हैं नवजागरण का।

विदा के वक्त मिलना नहीं हो सका था आलोकजी से। मलाल ही रह गया था मणि को इसका।

रात ट्रेन में। कलकत्ता वापसी की उस रात बारी-बारी से इन्द्र और आलोकजी धावा बोलते रहे उसकी निद्रा-हीन पलकों पर। पिछले दिनों मणि के पिता अमरनाथ बाबू ने उसे अमेरिका के पूर्व राष्ट्रपति अब्राहम लिंकन के एक ऐतिहासिक पत्र के बारे में बताया था⋯वह पत्र जिसे लिंकन ने अपने बच्चे के प्राध्यापक को लिखा था—'सिखा सको तो मेरे पुत्र को यह सिखाना कि हर दुष्ट के मुकाबले एक शूरवीर भी होता है। स्वार्थी

राजनेता के सामने एक समर्पित नेता भी।' इन्द्र और आलोकजी के सन्दर्भ में कितनी सही थी यह बात !

कलकत्ता के लिए राँची से ट्रेन में बैठते हुए मणि फिर उदासी के शिकंजे में। क्या हुआ होगा, बीच के इन चार दिनों में ? क्या मिलना चाहा होगा इन्द्र ने मणि से ? मणि को नहीं लगता इन्द्र ने इन दिनों चाहा होगा ऐसा''जिस प्रकार सपने बदल रहे थे इन्द्र के। यथार्थ की कठोरता से घबराकर मणि अक्सर कल्पनाशील हो यौवन के सपनों में खो जाया करती। कल्पनाएँ''सतरंगी सपनों के इन्द्रधनुष''किसी मध्ययुग के वीर नायक सा इन्द्र''एक दिन बहुत शीघ्र ही लौटकर फिर आएगा उसके आँचल की कोमल छाया में जहाँ यौवन के तमाम रहस्य अपनी इन्द्रधनुषी आभा में परत-दर-परत कमल की पँखुड़ी से ही खुलते जाएँगे।

इधर मणि अपनी स्वप्नीली उम्र की उन्नीसवीं मुस्कान बिखेरते हुए उधर उम्र के पचासवें अध्याय को पलटते हुए नवल बाबू किसी पास के सहयात्री से उलझे हुए—"जनवरी से जून तक का आदिवासियों का सीजन पत्थर तोड़ने, चटाई बुनने, टोकरी बुनने, बकरी-मुर्गी एवं सूअर पालने जैसे कार्यों में ही बीतता है।"

"सूअर पालन ?"

सूअर शब्द की शब्द-शक्ति अन्तर्जगत की रेशमी गुहा से खींच लाई मणि को बाहर की तरफ। ध्यान आता है उसने भी देखे थे कई सूअर किसी घर के बाहर।

हर चीज को इतिहास के सन्दर्भ से जोड़ते हुए कहते हैं नवल बाबू, "एक समय सूअर पालन रक्षा-कवच बना था आदिवासियों का, पर आज यह परम्परागत धन्धा बन गया है। जिस गाय को पहले सूअर छू देता था, मुसलमान उसे नहीं काटते थे।"

दौड़-दौड़कर पीछे की ओर भागते पेड़। मन को सात्विकता की ओर ले जाती प्रकृति। दक्षिण बिहार के अद्भुत-अपूर्व प्राकृतिक सौंदर्य के बीच पहली बार कुछ-कुछ नीले आकाश को लाल माटी और चौतरफा पसरी हरीतिमा के बीच देख आनन्दातिरेक से चीख पड़ी थी वह। शायद ऐसे ही सौन्दर्यपूर्ण एवं सात्विक क्षणों में ध्यानावस्थित होकर हमारे ऋषि-मुनियों ने वेदों की रचना की होगी और बौद्ध भिक्षुकों ने हाईकू की। यहीं रहकर हुई होगी उनकी आत्मा की सफाई।

ट्रेन की खिड़की पर बैठी, सरसों के खेतों से गुजरते हुए आत्मलीन मणि को प्रकृति बड़ी मनभावन लग रही थी पर बीच-बीच में एक कतार में खुले में शौच करते पुरुष, बच्चे ! मन ग्लानि से भर गया। कलकत्ते में एक बार सार्वजनिक नल के नीचे खुले में स्नान करती किसी कुँवारी कन्या की लज्जा-भरी आँखों को देख मन पसीज गया था उसका। पेटीकोट से अपने खुलते यौवन और लाज को ढाँपे आसपास घूरती आँखों को किसी योगिन की-सी सिद्धता से अनदेखती नहा नहीं रही थी वह, अपनी लज्जा और शरीर में प्रवेश करते विष को अपनी तेजस्विता एवं बुदबुदाते मन्त्रों से काट रही थी

जैसे। स्टॉपेज पर खड़ी मणि ने कुछ दिन पूर्व ही इस दृश्य को देखा था। इन्द्र की बात दसों दिशाओं से उसके कानों में गूँजने लगी थी, "भंगी और कम्युनिस्ट जन्म से पैदा नहीं होते, जीवन की मार खा-खाकर बना दिए जाते हैं..."

उसके घर के बाहर थोड़ा खुला सा मैदान। मैदान नहीं दरअसल वह कारपोरेशन की खुली सी सड़क है जो सालों पूर्व किसी स्कूल के लिए आवंटित की गई थी...पर स्कूली इमारत की अधूरी नींव पर ही उसमें दुनिया-भर के जंगली पेड़-पौधे उग आए थे। मणि के मकानवालों को इन उगते पेड़-पौधों से बड़ी शिकायत थी। "यहाँ चोरों ने अपना अड्डा जमा लिया है"—जैसे जुमले प्रायः उगले जाते। एक सुबह अपने कमरे की उसी प्राचीन कुर्सी पर बैठ मणि कुछ पढ़ रही थी कि सामने उसे लाल रंग की साड़ी में लिपटी हुई सी कोई आकृति दिखाई दी...अवश्य ही वह चोरी करने के उद्देश्य से छिपी होगी। मणि कुर्सी से उठकर कमरे की बत्ती बुझाकर ऊपर जँगले से उसे झाँकने लगी। चौकन्नी एवं सतर्क। वह युवती खासी सुन्दर। करीब बीस-बाईस वर्षीया। वह अपने लिए किसी निरापद जगह की तलाश में थी। चारों तरफ बने घने मकानों की पंक्ति के बीच कुछ इंच भूमि की जुगाड़ में जहाँ पेड़-पौधों की ओट में छिपकर वह मल-मूत्र विसर्जित कर सके।

कई बार दिखी थी वह युवती मणि को। लेकिन एक बार पूरे मकानवालों के सामूहिक आरोप 'चोरी के इरादे से घरों की ओर ताकती रहती है वह, पुलिस को पकड़वा देंगे...' के बाद दिखाई नहीं पड़ी थी उसे वह।

'अब क्या करती होगी वह ?' सोच रही थी मणि। अभी कुछ दिन पूर्व ही पढ़ा था उसने, इस देश में सिर्फ तीस प्रतिशत लोगों को ही उपलब्ध है शौचालय की सुविधा।

बाकी के सत्तर प्रतिशत इसी प्रकार शरीर में उठती प्राकृतिक पुकार को भी चोरी का इलजाम सहन करते भयंकर अपराधबोध के साथ छुपते-छुपाते, दबा-दबाकर पूरा करते हुए।

अपने खयालों में डूबी मणि को तन्द्रा से बाहर खींचा नवल बाबू की पत्नी दुर्गा देवी ने, "हावड़ा आने ही वाला है, सामान बाँध लो।"

घर !

अपेक्षाकृत शान्त और सकून देता सा। सभी कर्मशील। जीमते पारस को बूँदी का रायता परोसती पारसी। अपनी पुरानी चप्पल पर नई पट्टी लगाकर उसे नई शक्ल देने के कौशल में लगे पिता। एक कोने में हमामदस्ते पर बाजरे की खिचड़ी कूटती अम्मा।

चार दिनों के बाद आई मणि को देख सभी प्रसन्न। अम्मा भी।

"चाय चढ़ा दे मणि के लिए..." अम्मा थीं।

"तुम रहने दो...मैं कूट दूँगी बाजरा दोपहर को," मणि।

बहुत दिनों बाद एक स्वाभाविक संवाद बना था घर में, घरवालों के बीच, घर जैसा।

एक सुर और लय में बँधा-सा पूरा परिवार।

और उसी समय ऊपर नवल बाबू के यहाँ फोन। भागा-भागा पारस ऊपर।

मीठी खबर। किन्हीं लड़केवालों का फोन था। पारसी उन्हें पसन्द आ गई है। नेग--कल शाम।

मणि को भी पसन्द था यह लड़का। देखने में भी ठीक-ठाक। स्वस्थ और पारसी के योग्य।

पूरे ग्यारह रुपए का प्रसाद बोल रखा था गंगाबाई ने। मिठाई लाने गया पारस। अम्मा ने हाथ जोड़ भगवान को मत्था टेका। पिता की मुँदी आँखें भी अश्रुयुक्त। सूरजमुखी की तरह खिली पारसी फुर्र से उठी और चौके के पीछे जा अपने लाल इमरती बने चेहरे को मलमल के लाल दुपट्टे में छुपा लिया।

मणि गुदगुदाने लगी थी, "बहारो फूल बरसाओ, मेरा महबूब आया है।"

रविवार का दिन। कॉलेज बन्द। घर की खुशी को पूर्णता तक पहुँचाने के लिए उस दिन अम्मा और पारसी को भी कुछ नहीं करने दिया था मणि ने। सारी दोपहर उसने स्वयं को काम में उलझाए रखा था जिससे भीतरी उथल-पुथल और इन्द्र का ख्याल बेचैन न करे उसे। उस पूरी रात पानी बरसा था। पूरी रात सोई थी मणि। बहुत दिनों बाद एक गहरी, शान्त नींद।

अन्ततः सुबह !

अन्ततः कॉलेज !

एक रहस्य की सृष्टि करता-सा पूरा वातावरण, चतुर्दिक फैली निःशब्दता एवं नीरवता के बीच रेंगती सी एक ठंडी दहशत। चारों ओर। पहली बार कॉलेज के इतिहास में कॉलेज कैम्पस में लगाई गई थी धारा 144। उजड़े बियावान से साँय-साँय करते उस कॉलेज में घुसते समय पहली बार काँपा था मणि का मन। जाने क्या सुनने को मिले ! नोटिस बोर्ड पर सिर्फ सूचना थी--उस दिन कोई पीरियड नहीं होगा। धारा 144 को भंग करनेवालों के विरुद्ध कड़ी कार्यवाही की जाएगी...

हिम्मत करके कैंटीन की तरफ मुड़ी मणि। कैंटीन के शिबू दा से दोस्ती थी इन्द्र की। शिबू दा और उसके साथियों को स्थायी करने की मुहिम भी छेड़ रखी थी इन्द्र और उसके साथियों ने।

शिबू दा ने ही बताया था उसे...कॉलेज के ही दो गुटों--सी.पी.(एम.) और सी.पी.(एम. एल.) के बीच खुली तलवार चल गई थी पिछली दोपहर। एक नक्सलवादी लड़का गम्भीर रूप से घायल हुआ था। अभी अचेत पड़ा है कलकत्ता मेडिकल हॉस्पिटल के इमरजेंसी वार्ड में। उसके बाद ही पुलिस आई और कॉलेज कैम्पस और हॉस्टल के कई लड़कों को गिरफ्तार कर ले गई।

इन्द्र को कुछ न हो...हे करुणामय ! प्रार्थना...।

"वह घायल लड़का इन्द्र नहीं था।" शिबू दा इतना-भर बता पाया था।

"क्या गिरफ्तारों में इन्द्र भी...?"

नहीं, इसकी कोई निश्चित सूचना नहीं दे पाया था शिबू दा उसे। एक जानलेवा अन्दरूनी बेचैनी ने सुन्न कर रखा था मणि को। कुछ नहीं जान पाने की पीड़ा और अज्ञात भय पके बालतोड़ की तरह नस-नस को तड़का रहा था। कुछ जान पाने की आशा में जाने कितनी देर तक बैठी रहती वह वहीं, कि शिबू दा ने सचेत किया था उसे। गुपचुप शब्दों में समझा दिया था—इस प्रकार उसका वहाँ बैठना इन गम्भीर परिस्थितियों में ठीक नहीं है। पुलिस को बहाना मिलना चाहिए। युवक-युवतियों के पीछे हाथ धोकर पड़ी है। कल जब कॉलेज खुल जाएगा और धारा 144 हटा ली जाएगी तब पता चल जाएगा।

अपने अवशिष्ट 'मैं' और बची-खुची हिम्मत, हौसले और उम्मीद को सहेजती, बटोरती, आशा के विरुद्ध आशा करती मणि उस शाम कफन पड़े अपने मन को जबर्दस्त सामान्य दिखाने की चेष्टा में लगी थी। उसी शाम पारसी की सगाई का नेग था और उसे पारसी का शृंगार भी करना था। भीतर के तूफान को जबर्दस्ती थामे रखने की चेष्टा में उसने बिन्दी की जगह काजल का दीठा लगा दिया था पारसी के ललाट पर।

अम्मा चिंहुक उठी थी, "कैसी पढ़ी-लिखी बैल, बिन्दी भी कहीं काले रंग की होती है ? शगुन ही बिगाड़ दिया···"

रस्म। आवाजाही। स्त्री। पुरुष। बच्चे। हँसी। ठिठोली।

रात किसी काम से महेन्द्र के घर में फोन करने गई मणि तो नवल बाबू ने आग्रहपूर्वक उसे रोका था। कुछ इधर-उधर की बातें कीं—पारसी की सगाई की बधाई देने के बाद बेहद संकोच के साथ झिझकते हुए आगाह किया था उसे, "इन्द्र को कहो बहुत सावधानी से रहे···अपने पास क्रान्ति-साहित्य बिल्कुल भी न रखे। सरकार के इरादे खतरनाक मालूम पड़ रहे हैं, अभी कुछ दिन पूर्व ही इन्दिरा गाँधी ने राज्यसभा में कहा था, 'नक्सलाइट वुड बी फोट टु दि फिनिश।' पुलिस को भी उनसे निपटने के लिए 'फ्री हैंड' दे दिया गया है।"

मणि की अदम्य इच्छा हुई थी कि नवल बाबू को बता दे, कॉलेज में धारा 144 लगा दी गई है; कई नक्सलवादियों को कॉलेज एवं हॉस्टल से रात को गिरफ्तार कर लिया गया है। बहुत सम्भव है इन्द्र भी गिरफ्तारों में से हो···या किसी हाइड-आउट में हो।

लेकिन ऐसा कुछ भी बोल नहीं पाई थी मणि। नवल बाबू को कदाचित अंदेशा नहीं था, इन्द्र इस मार्ग पर कितना आगे बढ़ चुका है···इन्द्र को कहना कि वह पास में क्रान्ति-साहित्य न रखे···इन्द्र तो स्वयं क्रान्ति-साहित्य रच रहा था।

सोच रही थी मणि, नवल बाबू को कुछ और बता देना उचित होगा कि तभी वे फिर बोले, "···रेडियो पीकिंग से मालूम हुआ, नक्सलवादी गतिविधियाँ जबर्दस्त बढ़ गई हैं। शहर के कुछ क्षेत्रों में जबर्दस्त दबदबा बढ़ गया है इनका। जानती हो, टालीगंज, बी. के. पाल, हाथीबागान, बेलियाघाटा, दमदम, बारासात एवं बेलघरिया आदि में लोग-बाग पुलिस एवं नक्सलवादियों के आतंक से मुहल्ले छोड़ दूसरे शान्त मुहल्लों में बस

रहे हैं। इन मुहल्लों में सम्पत्ति के मूल्य ह्रासमान हो गए हैं। अपनी सम्पत्ति के मूल्यों को घटता देख व्यापारियों में भी इन नक्सलवादियों को लेकर जबर्दस्त आक्रोश है।"

मणि के अशान्त मन की धारा में कुछ और नए वृत्त पैदा कर दिए थे नवल बाबू ने। वृत्त···वृत्तों से निकलते वृत्त। दिनोंदिन घटता प्यार इन्द्र का। पर जो दिया इन्द्र ने, वही क्या कम था ! रसोईघर से लाल सलाम तक का विस्तार पाती उसकी चेतना···क्या छोड़ दे वह इन्द्र को ? पर तब क्या बचेगा उसके पास ? सिर्फ शरीर का एक चोला भर···जिसे लिये डोले वह, जैसे अधिकांश डोलते हैं ?

उस रात मणि ने बहुत दिनों बाद डायरी लिखी थी। खुद को समझने के लिए। यह साफ करने के लिए कि आखिर वह चाहती क्या है।

डायरी की अन्तिम कुछेक पंक्तियाँ—

"15 सितम्बर, 1971। क्या करूँ···सब कुछ को छोड़ दूँ प्रारब्ध के नाम ? काटूँ चक्कर ज्योतिषियों के, गंगाबाई और पारसी की तरह ?

"किस देवता को पूजूँ ? कस्मै देवाय ? कौन है जो मुझे समझाए जीवन का अर्थ ? किसमें खोजूँ मैं जीने की सार्थकता—प्रेम में, देश में, कर्त्तव्य में, सृजन में या फिर ईश्वर में ?"

यूनियन जैक और लाल सलाम

अन्ततः सुबह।

नींद में डूबी पारसी बड़ी भली लग रही थी मणि को। सुन्दर। सन्तुष्ट। शायद इसलिए कि उसके जीवन में न कोई छटपटाहट थी, न बेचैनी और न ही सपनों के चटकने की कोई पीड़ा ! शान्त, समतल, वेगहीन जीवन···।

छटपटाहट और बेचैनी में पूरी सुबह ही उस कोठरी में चक्कर काटते गुजारी मणि ने। न कटने पर आमादा समय और उफनते दूध-सी बेचैनी। तनाव की उस अवस्था में इस कदर गड़बड़ाई वह कि सुबह स्नान कर वापस उतारे हुए अन्तर्वस्त्र ही पहन लिये उसने, जब ऊपरी वस्त्र डालने लगी तो ख्याल आया। हे भगवान ! मैं तो पागल ही बन जाऊँगी। हे भाई, थोड़ा काबू···दिमाग को फिर ठोंका उसने। राम-राम करती घड़ी ने जैसे ही दस टंकारे लगाए, हड़बड़ाते चप्पल पहन वह ड्योढ़ी से बाहर। पीछे से टन्नाई गंगाबाई, "शाम जल्दी आ जाना, पारसी को लेकर जाना है दर्जी के पास।"

कॉलेज।

रोज की चहल-पहल, शोरगुल एवं आवाजाही से मुक्त निर्जीव सी खड़ी एक इमारत। साँय-साँय करती। अपशकुन सी। आते-जाते, सतर्क, सहमे और आशंकित कुछ छात्र-छात्राएँ। मुख्य दरवाजे पर पुलिस। बाहर नोटिस बोर्ड पर लगी नोटिस···'कॉलेज इज क्लोज्ड फॉर साइन डाई।' (अनिश्चित समय के लिए कॉलेज बन्द है।)

गम्भीर रूप से घायल थर्ड ईयर के उस नक्सलवादी छात्र ने पिछली रात इमरजेंसी वार्ड में दम तोड़ दिया था। छात्र-छात्राओं की नक्सलवादी गतिविधियों को रोकने के लिए कॉलेज अनिश्चित समय के लिए बन्द कर दिया गया था।

आशा का अन्तिम तन्तु भी टूट गया था मणि का। 'कॉलेज इज क्लोज्ड फॉर साइन डाई' जैसे कुछ शब्द नहीं, भारी-भरकम मुक्के थे जो भरपूर वेग से पड़े थे उसकी छाती पर !

कैसे पता चले इन्द्र का ? क्या वह बिहार में है ? या बेलियाघाटा, स्कॉटीच चर्च, कॉलेज स्क्वायर, बारासात, बरानगर, सिकदर लेन, हेदुआ स्थित उनके किसी गुप्त स्थान पर। इन्द्र के साथी-साथिनियाँ भूले-भटके ही दिखते थे और दिखते भी तो कन्नी काट लेते थे क्योंकि उनकी नजरों में वह 'बुर्जुआ' थी। 'डंडी मारनेवालों की जमात' की थी।

शिबू दा ने ही बताया था उसे, कॉलेज के बड़े-बड़े नक्सलवादियों ने इन दिनों पुलिस की अन्धाधुन्ध धर-पकड़ से बचने के लिए हॉस्टल छोड़ दिया था और अधिकांश भूमिगत स्थानों से नेतृत्व कर रहे थे।

काफी सोच-समझकर एक नाम उभरा मणि के जेहन में···अंजलि सेन। इन्द्र से सम्पर्क के पूर्व काफी अन्तरंग थी वह मणि से। इन दिनों कई बार उसने अंजलि को कॉलेज स्क्वायर एवं हॉस्टल के पीछे से इन्द्र के साथ आते देखा था। शायद वह कुछ बता सके।

मन को मजबूत कर 34-बी बस पकड़कर वह अंजलि सेन के घर की तरफ रवाना हो गई थी।

बस···। मणि को उस समय तक नहीं पता था कि कभी सिमन स्ट्रकंसी ने कहा था, यदि आप किसी देश के लोकतन्त्र को समझना चाहें तो जरूरी है कि कम समय उस देश के पुस्तकालय में या प्लेटो के साथ बिताएँ और अधिक समय उस देश की बसों में लोगों के साथ। फिर भी मणि को लग रहा था कि कलकत्ता की बसें कलकत्ता के राजनीतिक, सामाजिक एवं सांस्कृतिक जीवन का अच्छा-खासा नमूना पेश करती हैं। क्रिकेट टेस्ट मैचों के दिनों में सुनील गावस्कर के चौकों एवं चन्द्रशेखर की गुगली पर मुग्ध होते लोग, महँगाई को कोसते लोग···अपने ही लोगों की जड़ों को खोदती श्रीमती इन्दिरा गाँधी की कार्य-संस्कृति···शर्मिला टैगोर के गालों के गड्ढे और राजेश खन्ना की बदलती प्रेमिकाओं के चर्चे···लाखों की तादाद में सरकारी खर्चे पर बना सिद्धार्थ शंकर राय का निजी बाथरूम···क्या नहीं सुना था मणि ने ! कलकत्ता की इन्हीं जीवन्त बसों में।

विंडो सीट पर बैठी मणि और बातचीत के कुछ टुकड़े उड़ते हुए से उसकी ओर···

''सब जगह लाल सलाम···लाल सलाम, अरे अब तो इस लाल झंडे के साथ यूनियन जैक भी मिल गया है··· ?''

''यूनियन जैक ?''

''जानिस ना कालके जमशेदपुर इलाकाय काछ थेके जे 56 जन के धरा पेए गिएछे

और मध्ये एक जन ब्रिटिश महिला—मेरी टाइलर।" (जानते नहीं, कल जमशेदपुर इलाके के जिन छप्पन लोगों को गिरफ्तार किया गया है उनमें से एक महिला नक्सलवादी ब्रिटिश युवती मेरी टाइलर है।)

"ब्रिटिश युवती नक्सलवादियों के साथ¨ ?"

कॉलेज के उन छह-सात लड़कों के साथ मणि भी चौंकी थी। यूनियन जैक से लाल-सलाम तक गूँजती गूँज क्रान्ति की। पहली बार कोई जिन्दा चीज जैसे फड़फड़ाई थी मणि के मुर्दा मन में¨पहली बार वह ब्रिटिश युवती मेरी टाइलर छोटा कर गई थी मणि को, खुद की ही नजर में।

'जब मैं तुम्हारे सपनों की ही हिस्सेदार नहीं बन सकी तो जीवन की हिस्सेदार कैसे बन पाती इन्द्र ! मुझसे अच्छी तो मेरी टाइलर जिसने अपने प्रेमी के सपने को अपना सपना बना लिया।' सोच रही थी मणि। अपने भीतर की गहरी बावड़ी में पूरी तरह उतर चुकी थी वह¨उस चीज को तलाशने के लिए कि मेरी टाइलर के बारे में सुनकर वह एकाएक खुश और एकाएक उदास क्यों हुई थी। 'क्यों ?' उन क्षणों वह अपने में, सिर्फ अपने में थी कि उसकी तन्द्रा टूटी। हल्का सा हल्ला उठा बस में। सभी बैठे यात्री एकाएक उठ खड़े हुए। बस ने अपना रोज का तयशुदा रूट बदल लिया था।

हेदुआ के पास स्कॉटीच चर्च कॉलेज के पिछवाड़े में नक्सलवादियों ने एक पुलिस कांस्टेबल को मार डाला था और बम फोड़े थे। शहर उथल-पुथल था।

स्टेच्यू ऑफ लिबर्टी और लाल झंडा

मणि कृतज्ञ थी, अपने घर में बनते जा रहे शादी के उस माहौल के प्रति जिसके चलते कुछ समय के लिए ही सही, घरवालों का ध्यान, विशेषकर गंगाबाई की टोहती निगाहों की रडार उस पर से हट गई थी। दहेज के एक-एक सामान के लिए पसीना-पसीना जुगाड़ करती गंगाबाई, अतिरिक्त धन की व्यवस्था में अपनी सुबह-शामों को झोंकता पारस। निर्णय-प्रधान और नीति-प्रधान कामों को छोड़, योग्यतानुसार जो भी कार्य घर के 'दोनों' द्वारा थमा दिया जाता अमरनाथ बाबू को, उसी में दत्तचित्त लगे वे।

अपने अन्तर्मन में किसी बन्दी चिड़िया सी फड़फड़ाती, रेत पर तड़पती किसी मछली-सी मणि। पूरा पहाड़-सा दिन जब राह ताकते-ताकते बीत जाता और इन्द्र की कोई निश्चित सूचना उसे नहीं मिल पाती और सामने फिर एक दीर्घ अँधियारी रात दिखती तो ऐसे क्षणों उम्मीद और आशा का उसका सूर्य टुकड़े-टुकड़े हो जाता। 'जीवन कैसे जिया जाए ? इन्द्र की तरह ? आलोकजी भगत की तरह ? या पारसी-मुन्नी की तरह ?' जैसे प्रश्नों से टकराते-टकराते उस भयानक ऊहापोह, बेचैनी एवं बिजली-सी तड़पवाले दौर में¨जाने कितनी अश्रुओं से भीगी रातें ! ये रातें उसने कभी रात की निस्तब्धता में घड़ी की टिक-टिक सुनते तो कभी आकाश के तारों को देखते, तो कभी

यह देखते-देखते काट दीं कि दीवार पर रेंगती छिपकली ने एक रात में कितने मच्छरों पर झपट्टा मारा। और ऐसे क्षणों दिन-भर की अखबारी खबरें पूरी भयावहता के साथ उसके दिमागी क्षितिज पर मँडराने लगतीं।

इन दिनों अखबार के आते ही वह उसी प्रकार झपट पड़ती उस पर जैसे बिल्ली चूहे पर। हाथ आते ही अखबार के, उसकी नजर सबसे पहले उन पंक्तियों पर पड़ती जहाँ लिखा होता 'नक्सल'।

कुछ दिनों पूर्व ही इन्दिरा गाँधी के नेतृत्व में बनी सरकार की उद्घोषणा—आतंकवादियों का पूर्ण उन्मूलन ! शूट टु किल इफ नेसेसरी।

'अब क्या होगा…' और घबराकर बिस्तर छोड़ देती वह। अँधियारी रात पूरी दहशत एवं भयावहता के साथ हावी हो जाती उस पर और उसके देखते-ही-देखते दीवाल पर रेंगनेवाली छिपकली कई-कई खुरों और खूनी पंजोंवाली एक ऐसी सत्ता बन जाती जो सब कुछ कर सकती थी, सिवाय सत्य-कथन के।

सत्य को जान चुकी और चुप नहीं बैठी रहनेवाली हजार-हजार वोल्टाज की ऊर्जा से उर्जस्वित इस जाँबाज पीढ़ी का क्या होगा ? क्या होगा ? क्या होगा ? और सोचते-सोचते उसे लगता, उसके माथे की नसें फट जाएँगी यदि उसने सोचना बन्द नहीं किया तो और कई बार ऐसी भीषण तनाव की स्थिति में वह सड़क पर आ जाती। सड़क पर लोगों का सैलाब उसे तनाव से कुछ राहत देता…कुछ देर के लिए ही सही, उसका ध्यान बँट जाता। एक बार दिमाग की उसी पागल एवं नस चटका देनेवाली अवस्था में वह पिता की आलपिन से जोड़ी टूटी चप्पल पहन कर ही सड़क पर आ गई थी। पता तब चला जब पाँवों के एक असावधान झटके ने दाएँ पाँव को बीच सड़क चप्पल की जकड़न से मुक्त कर दिया। टूटी चप्पल पीछे और खुला कदम आगे…दम तोड़ती खुली आलपिन एक तरफ ! किसी प्रकार रूमाल से चप्पल की पट्टी को बाँध-बूँधकर राम-राम जपते, पाँवों को घसीटते-घसीटते ही घर आ पाई थी वह।

इन्द्र का क्या होगा ? क्या मार डाला जाएगा वह भी ?

कई बार उसके दरकते आत्मबल और धक्का खाती जिजीविषा को सिर्फ दो ही चीजें थामकर रख पाती थीं—उसकी प्रखर कल्पनाशीलता और नियतिवाद का मानसिक दुर्ग जिसमें वह जब-तब घोंघे की तरह घुसी रहती।

त्वदीयं वस्तु गोविंदम्, होनी होत प्रबल, डू दि बेस्ट एंड लीव दि रेस्ट, जाके राखे साइयाँ…हारिए न हिम्मत, बिसारिए न राम ! हानि-लाभ, जीवन-मरण…जैसे जुमलों की प्रविष्टियाँ दिन-प्रतिदिन बढ़ती जा रही थीं उसकी डायरी में।

उसकी दुविधा थी, कौन सही, इन्द्र या आलोकजी भगत ?

उसकी दिक्कत थी—अपने 'स्व' के भाव एवं अपने कुछ विश्वासों के चलते न तो वह पूरी तरह इन्द्र के मार्ग पर चल पाती थी और न ही उससे विलग हो पाती थी।

अपनी इस असामर्थ्य और अनिवार्यता को वह झेल नहीं पाती थी। सह भी नहीं पाती और रह भी नहीं पाती थी। और यह भीतरी खींचतान जानलेवा होती जा रही

थी उसके लिए।

वह गोर्की के पॉवेल की प्रेमिका भी बनना चाहती थी और ठोस उपलब्धियों से युक्त आलोकजी भगत भी। उसे स्टेचू ऑफ लिबर्टी से भी प्यार था और लाल झंडे से भी।

ऐसे में प्रार्थना से शान्ति मिलती उसे और आत्मा की मुक्तावस्था में अक्सर उसकी प्रार्थना का अन्त एक ही वाक्य से होता, 'सर्वे भवन्तु सुखिनः' (पृथ्वी पर सब सुखी हों)। कुछ समय शान्त-शान्त गुजरता लेकिन प्रार्थना की भाव-समाधि के भंग होते ही वह फिर अस्थिर हो जाती और उसे लगता कि बहुत शीघ्र ही कोई भयानक संग्राम छिड़नेवाला है क्योंकि सब कोई तब तक सुखी नहीं रह सकते जब तक उन्हें आपस में मिल-बाँटकर खाना नहीं आ जाता और वह शिद्दत से मनाती कि इन्द्र और उसके साथियों को कामयाबी मिले।

रात में यह सबकुछ होता पर दूसरी सुबह ज्यों ही अखबार पर दृष्टि जाती—नक्सलवादियों द्वारा एक और जोतदार की हत्या···पुलिस मुठभेड़ में पुरुलिया में मारे गए चार नक्सली···बुर्जुआ आदर्शों के प्रतीक महापुरुषों की मूर्तियों की तोड़-फोड़ एवं स्कूलों पर आक्रमण।

भीतर के अँधेरे से घबराकर वह फिर फड़फड़ाती अपने चेतना-गुरु नवल बाबू के पास जैसी, जिस हाल में, ऊपर चली जाती।

नक्सलवादियों में जबर्दस्त रुचि और सहानुभूति रखनेवाले नवल बाबू भी इन दिनों कुछ-कुछ निराश होने लगे थे। वे हर घटना को रेशा-रेशा उधेड़कर देखने के आदी थे। इस कारण बहुत हद तक वे मणि के अन्दर उठते प्रश्नों के ज्वार को थामने में कामयाब हो जाते। उस दिन जब मणि ने पूछा था, "वे इतने हिंसक क्यों हैं ?" तो काफी तौल-तौल कर ही जवाब दिया था नवल बाबू ने इसका—

"अठारह से पच्चीस तक की यह पीढ़ी···इनसे बहुत समझदारी की उम्मीद नहीं की जा सकती। इनमें जोश है, होश नहीं। इन्हें अपने 'गुरुओं' द्वारा एक ही मन्त्र दिया गया है—वर्गशत्रु का खात्मा—इनडिविजुअल-एनिहिलेशन; पर यह समझ उनमें नहीं कि वर्गशत्रु है कौन ? एक जोतदार या पुलिस हवलदार को मार भी डाला गया तो उसकी जगह दूसरा आ जाएगा। बुराइयों के पत्ते काटने से कुछ नहीं होगा। अरे, चोर को खत्म करना है तो उसके लिए जरूरी है कि चोर की माँ को खत्म किया जाए।"

कुछ चिन्तनशील और अवसादपूर्ण पल···।

एक समर्पित युवा पीढ़ी के दिग्भ्रमित होने की पीड़ा परिलक्षित होती है उनके चेहरे पर। मणि को देख वह चिन्ता जैसे उनकी निज की चिन्ता बन जाती है।

'चारमीनार' मार्का सिगरेट का पैकेट खोल दो-एक सुट्टे लेते हैं। अपनी ठंडी, ठस्स, बेजान-सी काया में थोड़ी हरकत सी महसूसते वे फिर अपने ही सोच में डूबे-डूबे से कहने लगे थे—

"लेकिन इन अखबारी खबरों को भी पूर्ण विश्वसनीय और सम्पूर्ण सत्य नहीं समझ

बैठना। जो सीधा सामने और साफ-शफ्फाफ दिखता है उसे भी ये अपने प्रचार की कटार से धाँय-धाँय काटे जा रहे हैं। हिटलर के प्रचार-मन्त्री गोयबल्स के पुरखे बैठे हैं यहाँ, जिसका विश्वास था कि एक झूठ को यदि सौ बार सच कहा जाए तो वह सच ही दिखने लगता है। नक्सलवादियों की हिंसक एवं तोड़-फोड़वाली गतिविधियों को काफी बढ़ा-चढ़ाकर एवं विकृत बनाकर पेश किया जा रहा है।

"पर क्यों ? ऐसा वे क्यों करेंगे... ?"

कुछ क्षण गौर से देखते हैं नवल बाबू मणि के चेहरे के विस्मय को ! उन्नीस-बीस वर्षीया इस युवती के मासूम हृदय में इस क्रूरता का आरोप करना भी कितना दुष्कर ! कितना क्रूर है किसी अनुभवहीन और यथार्थ के टुच्चेपन से अछूते किसी को आँखों में अँगुली डालकर सयाना बनाना।

"क्योंकि बिफोर किलिंग ए डॉग, इट हैज टु बी गिवेन ए बैड नेम। (किसी कुत्ते को मार डालने के पूर्व उसको बदनाम कर दिया जाता है।)

"अब यही देख, जो कल के अंग्रेजी दैनिक में था कि नक्सलवादियों ने शान्तिनिकेतन के पाँचों स्कूलों को जला डाला जबकि सच्चाई यह है कि वहाँ पाँच स्कूल हैं ही नहीं, वहाँ सिर्फ एक ही स्कूल है।"

कहते-कहते नवल बाबू उठ खड़े होते हैं बाहर जाकर अपने बिगड़े मूड का जायका बदलने। मणि रोकना चाहती है, पर वे नहीं रुकते; जब तक रहेगी मणि, कुछ-न-कुछ कड़वा मुँह से निकलता ही रहेगा उनके, और नहीं चाहते हैं वे, साढ़े उन्नीस वर्षीया मणि के मन में धुआँ-ही-धुआँ भर देना।

घर !

पूरी सुबह नवल बाबू के साथ गुजारकर नीचे आती मणि को देख कलेजा फुँक गया गंगाबाई का। और भी दो-दो बेटियाँ हैं जिन्होंने बिना उससे पूछे कभी ड्योढ़ी लाँघने की जुर्रत नहीं की और एक यह ढींगड़ी। पाँव टिकता ही नहीं घर में। आज सुबह से ही शुरू हो गई घुमक्कड़ी। मणि को सांगोपांग खुफिया नजर से टोहती, दाँत पीसती झाग उगलने लगीं, "बेहया ऐसी न देखी, नासकरनी घर की...दीदा नहीं लगे घर में...।"

भीतर नीचे फ़र्श पर अमरनाथ बाबू पुरानी कापियों से खाली पन्ने फाड़-फाड़ शादी के खर्चे के लिए खाता तैयार कर रहे थे...पत्नी की फुँफकारती आवाज को सुन हाथ का काम छोड़ बाहर आ गए। बेटी के बचाव में उन्हें आते देख गंगाबाई का रक्तचाप बेहिसाब बढ़ गया। नजरों की सूई मणि से अमरनाथ बाबू की ओर घुमाती शेरनी की तरह गुर्राने लगीं, "देख लिया रंग-ढंग महारानी का, खूब शह दे रखी है। जब नाक कटाएगी तब अक्ल आएगी इस आदमी को...।" और अपनी दुर्दान्त बलबलाती नफरत को उगलते हुए नवल बाबू को घुड़कते हुए अपनी जूतामार भाषा से वाक्य का उत्तरार्द्ध पूर्ण किया, "कहने भर का आदमी !"

मणि जो इन दिनों घर में सिर उठाकर चलने की अभ्यस्त हो चुकी थी, गंगाबाई के 'कहने भर का आदमी' को सुन सहम गई थी। गुस्सा उस पर और गाज गिरे अमरनाथ बाबू पर...। अम्मा के वारों को खुद झेलने की कूव्वत पैदा कर ली थी उसने लेकिन वारों को अमरनाथ बाबू की ओर मुड़ते देख बहुत दिनों बाद पहली बार अम्मा की बातों के जहर को कैप्सूल की तरह गटक लिया था। जिराफ की तरह इन दिनों तनी रहनेवाली उसकी गर्दन किसी बिगड़ैल स्प्रिंगदार खिलौने की गर्दन की तरह एकदम लटक गई थी।

इन्तजार जीवन की खुशबू है। मणि ने सोचा था कि यह खुशबू उससे इन्तजार के लम्बे कोस तय करवा लेगी और अपनी प्रतीक्षा-शेष पर वह फिर प्रेम के अपने उस क्षितिज को देख पाएगी जो कभी झिलमिलाता था इन्द्र की आँखों में।

पर इन्द्र फिर कभी नहीं मिल पाया था उसे।

कालपात्र में गड़े सत्य की तरह इतिहासपुरुष इन्द्र और किसी जंगली फैलाव से घिरी कथा-लेखिका दूर कहीं किसी झाड़ी पर टिमटिमाती किसी रोशनी को छू लेने की उम्मीद में...इन्द्र की खोज-यात्रा कब जीवन-यात्रा बन जीवन की खोज बन गई...भान तक न हुआ उसे। दिशा-दिशा, ठौर-ठौर, थाना-कचहरी, जेल-कार्यालय, पुलिस-कार्यालय, मन्त्रालय, राष्ट्रपति-भवन सभी कुछ हुआ...सिर्फ यह जानने के लिए कि इन्द्र का आखिर क्या हुआ था ! और इसी सत्य को जानने की प्रक्रिया में भटकती लेखिका के हाथों सेंसर किए वे निषिद्ध दृश्य हाथ लग गए जिन्हें ऐतिहासिक सत्य से आँखें चुरानेवाले इतिहास की रील घुमाते वक्त फास्ट फारवर्ड कर देते हैं ताकि सियासत का आततायी, दमनकारी एवं नृशंस चेहरा उघड़ न पाए।

कथा-लेखिका न कोई इतिहासवेत्ता है और न ही कोई निर्णायक। वह तो वही कह रही है जो उन गरम-गरम लाल दिनों काशीपुर, बरानगर, बेलियाघाटा एवं बारासात में हुआ था।

जो हुआ वह यह था

जिस शाम नवल बाबू ने मणि से कहा था, 'बिफोर किलिंग ए डॉग, इट हैज टु बी गिवेन अ बैड नेम'—उस शाम कदाचित नवल बाबू ने भी नहीं सोचा था कि वे अनायास ही एक ऐसे सियासती सत्य का उद्घाटन कर रहे हैं जो आनेवाले दिनों का सत्य बन जाएगा।

उस रात आशा के विपरीत मणि को बहुत दिनों बाद हल्की-हल्की नींद आई थी। एक बार नींद उचटी तो देखकर उसे सकून मिला था। पारसी महेन्द्र की तस्वीर को

एकटक निहार रही थी। चौतरफा हिंसा, अराजकता एवं तोड़-फोड़ के मध्य पारसी की नजरों में प्यार के फैले क्षितिज को देख मणि का झुलसा अन्तर्मन भी कुछ समय के लिए नम हो आया था।

दूसरे दिन घर में एक छोटा सा समारोह था। अढ़ाई महीने बाद सम्पन्न होनेवाली शादी के कार्यों की मंगल शुरुआत के रूप में गंगाबाई ने अपनी जैन परम्परा के अनुसार मांगलिक गीतों एवं भजन का आयोजन रखा था।

गीतों के बोल¨बोलों से टपकते उल्लास, उमंग एवं मंगल-भावना ने मणि के धचका खाए अन्तर्मन को बहुत सहलाया था। महिलाएँ गा रही थीं, "हम घर मांगलिक, तुम घर मांगलिक, मांगलिक चतुर्दिक संग में हौजो," मणि सोच रही थी—पहले जीवन में कितना मंगल था क्योंकि हमारे सोच में मंगल था।

वह भी अब शुभ-शुभ ही सोचेगी¨पिता भी अक्सर कहा करते हैं—"जैसी मनसा वैसी दशा¨।" उसी को अम्मा अपने ढंग से कहती हैं—"रोता जाए जो मरे की खबर लेकर आए।"

और इन सोचों के साथ ही उसके तने स्नायु-तन्त्र ढीले पड़ते गए थे और बहुत दिनों बाद उसने एक शान्त, मीठी और गाढ़ी नींद ली थी।

अन्ततः सुबह !

15 अक्टूबर, 1971। सदैव की तरह उस सुबह भी अपने भीतर बहते इन्द्र को महसूसा था मणि ने¨जाने कितने अदृश्य उड़ते हुए भाव-भरे चुम्बनों से अपनी आत्मा के रस को उड़ेल देना चाहा था मणि ने। बस एक बार इन्द्र मिल जाए उसे¨ हे करुणानिधि, क्या यह नहीं होगा ? जहाँ निजी दुख ने द्रष्टा बना दिया था उसे, वहीं प्रेम ने श्रेष्ठ को उभार दिया था उसके, इस कारण गंगाबाई भी इन दिनों उतनी बुरी नहीं लगतीं उसे।

उस दिन सुबह चौके का सारा भार स्वयं के ऊपर लेकर उसने पारसी और गंगाबाई को जबर्दस्ती बाजार करने के लिए भेज दिया था।

लहसुन की चटनी, बेसन भर बनाई मिस्सी रोटी, साँगरी की सब्जी, दाल—सभी कुछ पूरी लगन के साथ तैयार कर अमरनाथ बाबू और पारस को जिमा कर अपनी कोठरी के एकान्त में बैठी मणि पारसी और माँ का इन्तजार कर रही थी कि पूरे वेग के साथ बजाई गई बाहर के दरवाजे की कुंडी पूरी कर्कशता के साथ झनझनाई।

सामने कृष्णा—इन्द्र की कॉमरेड। किसी अपशकुन सी। बदहवास। जीर्ण-शीर्ण। अस्त-व्यस्त। कन्धे पर एक पुराना शान्तिनिकेतनी झोला।

अपने धड़कते दिल को घुड़का मणि ने¨खामोश। और शुरुआती त्वरित "केमन आछो¨?" (कैसी हो¨?) के बाद वह पूछ डाला जो उसे देखते ही स्वाभाविक रूप से उसके शून्य में उपजा था।

"तोमाके कि इन्द्रो पाठिएछे ?" (तुम्हें क्या इन्द्र ने भेजा है ?)

"नहीं।"

अन्दर कुछ बुझ गया था उसके 'नहीं' सुनते ही। फिर भी कृष्णा किसी दूसरे सौरमंडल की जीव ही लगी थी उसे। काफी जानकारियाँ मिली थीं कृष्णा से उसे।

सारे सम्पर्क-सूत्र विच्छिन्न हो गए हैं। 'युगव्रती' पेपर के ऑफिस को पुलिस ने सील कर दिया है। सभी सम्पादक पकड़ लिये गए हैं। कॉलेज के अधिकांश नक्सलवादी शुभेन्दु, मृत्युंजय, शुभाशीष, अमलेन्दु, सन्दीप, निरंजन, राणा आदि गिरफ्तार हो चुके हैं। बिहार में भारी पैमाने पर गिरफ्तारियाँ हुई हैं। कई शेल्टर हाउसों पर भी पुलिस ने छापा मारा है। घर-घर गिरफ्तारियाँ जारी हैं। बिना अरेस्ट वारंट के काग्नीजेबल अपराध के अन्तर्गत नक्सलवादियों को अन्धाधुन्ध गिरफ्तार किया जा रहा है और पुलिस-एनकाउंटर के नाम पर शूट। सादे वेश में जगह-जगह पुलिस घेरा डाले हुए है। वह स्वयं गली-गली से होकर आई है।

एक साँस में बोलती जा रही थी कृष्णा जैसे समय कम पड़ रहा हो और शब्द बहुत ज्यादा हों। कृष्णा को नहीं मालूम था इन्द्र और मणि की मुलाकात कॉलेज बन्द हो जाने के बाद से ही नहीं हुई थी। मणि के प्रति एक अनजानी डाह अनजाने ही उसके अन्दर पलती रही थी। लेकिन आज यह जानकर कि इन्द्र के क्रान्ति-प्रेम ने मणि-प्रेम को तिनके-सा उड़ा दिया था, वह आश्चर्यचकित थी। इन्द्र के प्रति कॉमरेडी भाव गहराया था उसकी आँखों में। वह आई थी अपने कुछ जरूरी पैम्फ्लेट मणि के पास रखवाने ताकि मौका मिलते ही वे इन्द्र तक पहुँच जाएँ।

मणि ने उसे निराश किया था। बिना अधिक समय नष्ट किए किसी अग्नितारिका-सी वह चली गई थी। वापस अपनी राह! उसकी दस मिनट की उपस्थिति ने मणि के जीवन में भूचाल ला दिया था। सामने दीवार पर टँगा श्रीकृष्ण का मक्खन खाता हुआ कैलेंडर उसे घूमता हुआ लगा। मन की उस भीषण तनावग्रस्त अवस्था में उसने खाना खाया था और बिना नमक की दाल पी गई थी, उसे पता भी नहीं चला था।

बाद में गंगाबाई ने मजा लेते हुए टहोका लगाया था उसे, "ब्याही जा रही है पारसी, होश खो रही है मणि, तेज नमक खानेवाली अलूणी (नमकहीन) दाल पी गई।" गंगाबाई नहीं जानती थीं कि जिस पल कृष्णा ने मणि के घर में कदम रखे थे उसी क्षण मणि की दुनिया उन यहूदियों की दुनिया-सी हो गई थी जो पल-प्रतिपल फासिज्म के आतंक में जीते थे।

घिरते देखा बादलों को

नवलकिशोर बाबू देख रहे थे—मेघ-खंड इकट्ठा हो रहे थे। ऋतु बदल रही थी। अदृश्य खतरे और षड्यन्त्र मँडरा रहे थे हवा में।

पचास वर्षीय उस निःसन्तान पत्रकार के सूने, खामोश एवं सपाट जीवन में मणि ने पिछले महीनों कुछ हलचल, कुछ कौतूहल और कुछ स्नेह-वृत्त पैदा कर उन्हें भी

मानसिक रूप से जोड़ दिया था इस आन्दोलन से। इस कारण नक्सलवादियों को लेकर उनकी चिन्ता और उनकी उत्सुकता किसी भी आम बौद्धिक व्यक्ति से कहीं अधिक थी। मणि का भविष्य जलता-बुझता दिखता था उन्हें इस आन्दोलन में।

वे पत्रकारिता के पुराने चावल थे, इस कारण उन्हें कई ऐसी बातों की भी जानकारी थी जो आम लोगों को नहीं हो सकती थी। बहुत ही गोपनीय सूत्रों से उन्होंने जाना था कि पैदल चलकर गए नक्सलवादियों की एक प्रतिनिधि से चीन के चाऊ-एन-लाई ने मुलाकात की थी और नक्सलवादियों की एक प्रकार की अनियोजित व्यक्तिगत हिंसा की लाइन से जबर्दस्त असहमति जताते हुए उसे अराजकतापूर्ण कदम बताया था।

वे जानते थे, तेजी से बढ़ते इस आन्दोलन में वैचारिक दरारें पड़ना शुरू हो गई थीं। पार्टी के शीर्ष नेता दो भागों में विभाजित थे। ध्रुपद मजूमदार 'इनडिविजुअल-एनीहिलेशन' (वर्गशत्रु की हत्या) के रास्ते पर चलना चाहते थे जबकि दूसरे कई शीर्ष नेता चाऊ-एन-लाई की चेतावनी एवं गाँवों में हुए अपने निराशापूर्ण अनुभवों के चलते चाहते थे कि पहले लोगों को संगठित एवं शिक्षित किया जाए और फिर व्यक्तिगत वर्गशत्रु-हत्या की लाइन पर चला जाए। कई चाहते थे दोनों लाइनें—संगठन शिक्षा और व्यक्तिगत हत्या, साथ-साथ चलें।

वे देख रहे थे। वे समझ रहे थे कि नक्सलवादियों की व्यक्तिगत हिंसा एवं सांस्कृतिक क्रान्ति के नाम पर किया जा रहा मूर्ति-भंजन, स्कूलों पर आक्रमण, पुस्तकालयों पर आक्रमण (बुर्जुआ शिक्षा के विरोध में उन्होंने टाऊन हॉल की लाइब्रेरी एवं स्कॉटीच चर्च कॉलेज की प्रयोगशाला भी जला दी थी।) आदि उन्हें जनता से तेजी से विछिन्न कर रहा है। और इसी का लाभ पुलिस, प्रशासन-प्रेस एवं सत्ता के भड़ुए उठा कर उन्हें तेजी से बदनाम कर रहे हैं, ताकि वे लोगों की सहानुभूति खो बैठें।

हुआ भी यही। वे अलग-थलग पड़ गए थे।

अखबारों के पृष्ठ रँगे रहते।

'नक्सलाइट किल्ड इन एक्शन, एटैक ऑन पुलिसमैन, पुलिस अटैक्स इन सेल्फ डिफेंस'—आम शब्दावली उन दिनों के अखबारों की।

बरानगर के इलाके में घूमते हुए एक गिरफ्तार नक्सलवादी के पिता ने अपने काँपते नीले ओठों से बताया था कि वे चाहते हैं कि किसी प्रकार उनका लड़का पुलिस लॉकअप से निकलकर जेल में चला जाए, भले ही वह जेल में कितने ही साल रह जाए क्योंकि उन्हें डर है कि पुलिस लॉकअप में वह या तो पूछताछ के बहाने यातना दे-देकर स्थायी रूप से विकलांग बना दिया जाएगा या मार डाला जाएगा।

पुलिस कस्टडी—साक्षात काल नक्सलवादियों के लिए !

जेल कहीं ज्यादा सुरक्षित पुलिस लॉकअप से !

लेकिन यह भ्रम भी कुछ ही वक्त के लिए रहा क्योंकि बाद में देखा गया कि नक्सलवादियों का उन्मूलन करना ही एकमात्र सरकारी नीति थी। जेल में भी जेल से

भागने के आरोप के बहाने तो कभी उनके द्वारा वार्डन पर आक्रमण के बहाने उन्हें अन्धाधुन्ध मारा जाने लगा था।

उन्हीं दिनों (14 मई 1971) दमदम जेल में एक जेल-भाग की दुर्घटना में 150 नक्सलवादियों को लोहे की छड़ों से मदखाए लम्बी सजा पाए कैदियों एवं सन्तरियों द्वारा इस कदर पिटवाया गया था कि उनमें से 32 नक्सलवादियों ने दम तोड़ दिया था और उनके शव भी इस कदर क्षत-विक्षत हो गए थे कि उनमें से सिर्फ सत्रह शवों की ही शिनाख्त हो पाई थी।

उनमें से किसी भी शव पर गोलियों के निशान नहीं थे। सबकी मौत अत्यधिक पिटाई के कारण हुई थी। जेल के नाइट शिफ्ट के डॉक्टर और कंपाउंडर ने भी इसका विरोध किया था पर उनके मुँह भी धमकियों से बन्द कर दिए गए थे।

कृष्णनगर के कार्तिक हालदार के लिए *स्टेट्समैन* के कृष्णनगर संवाददाता ने लिखा कि रायपाड़ा के जंगलों में अचानक हुई पुलिस पर गोलियों की बौछार के जवाब में चलाई गई जवाबी गोलियों के फलस्वरूप कार्तिक हालदार मारा गया।

जबकि दूसरे ही दिन उसी अखबार ने संक्षिप्त रिपोर्ट दी थी कि कार्तिक हालदार के पिता ने डिस्ट्रिक्ट मैजिस्ट्रेट के समक्ष एक पिटीशन दी है जिसमें आरोप है कि कार्तिक हालदार को बाकायदा 15 सितम्बर '71 को 9.30 बजे सुबह उसके घर से गिरफ्तार किया गया था।

यही कहानी कलकत्ता की भवानीदत्त लेन में अनूप बोस एवं अजय सान्याल के साथ दोहराई गई।

अजय सान्याल के पिता ने भी कोर्ट में अपील की थी कि उनके पुत्र को घर से घसीट कर रास्ते में ले जाकर गोली से उड़ा दिया गया था।

नक्सलवादी वीरेन देवनाथ को सादे कपड़ों में तैनात पुलिस ने उस समय पाँवों से घसीट कर पुलिस वैन में ढकेला था जिस समय वह श्रोताओं के साथ एक संगीत कार्यक्रम का आनन्द ले रहा था। कई दर्जन लोग इसके प्रत्यक्षदर्शी गवाह थे। पर इस घटना का पुलिस वर्सन यह था कि वीरेन को उस समय मार डाला गया जब वह किसी पुलिसमैन से रिवॉल्वर छीनने का प्रयास कर रहा था। डिफेंस ऑफ डेमोक्रेटिक राइट एवं सिक्योरिटी की तरफ से दी गई पिटीशन में जब यह कहा गया कि वीरेन को पब्लिक में सैकड़ों लोगों के सामने मार डाला गया तो पुलिस कमिश्नर ने उद्दंडतापूर्ण धृष्टता से कहा था कि कोई कारण नहीं है स्थानीय पुलिस वर्सन पर अविश्वास करने का।

प्रसिद्ध नक्सलवादी नेता सुमन दत्त को बंगाली अभिनेता उत्तम कुमार ने मारे जाते देखा था।

पुलिस सफल हो रही थी। सत्ता का शीर्ष पायदान उसके साथ था। रोटी के लिए उठी एक लड़ाई को रुतबे की लड़ाई के लिए कुचल दिया गया था। परवान चढ़ते पूरे रुआब पर पहुँचे एक जनवादी आन्दोलन की रीढ़ की हड्डी महज चार-पाँच सालों में तोड़ दी गई थी, जिसका चरम था वर्ष 1971-72।

बरानगर-काशीपुर किलिंग ऑफ अगस्त 12-13, 1971

बिना चार्जशीट, बिना अरेस्ट वारेंट के घर में घुस जाना, बाल पकड़कर बाहर निकालना, बिना किसी जवाबदेही के दूसरे दिन अखबार में न्यूज छपवा देना…नक्सलियों द्वारा बम-फोड़ और परिणामस्वरूप सेल्फ डिफेंस (आत्मरक्षा) में उसकी मृत्यु…जैसी घटनाएँ तो शहर का रिवाज ही हो चुकी थीं। हत्याओं की इस धीमी गति को एक शाट में टॉप गियर में पहुँचा दिया गया 12-13 अगस्त को जब सिर्फ दो दिनों—शुक्रवार और शनिवार के भीतर 150 नक्सलवादी युवाओं को मार डाला गया और उनकी लिस्ट कुटिघाट रोड (बरानगर पुलिस स्टेशन और दूसरे भागों को जोड़ता मेन रोड) पर टाँग दी गई थी। प्रत्येक घंटे उस लिस्ट में नए नाम दर्ज कर दिए जाते थे।

जो मौत के घात उतार दिए गए वे सभी नक्सलवादी नहीं थे। सक्रिय तो बहुत ही कम थे। कई तो उनके मित्र थे, कई सम्बन्धी और कई तो महज ऐसे ही थे जिनकी दुआ-सलाम, हैलो-हाई सिर्फ रास्तों तक ही थी, जिन्होंने कभी इकट्ठा होकर चाय तक नहीं पी थी। सुनियोजित एवं ठंडे दिमाग से बनाया गया यह एक कार्यक्रम था जिसके तहत शुक्रवार की अर्द्ध-रात्रि को ही पूरे इलाके को बिजली के कँटीले तारों से सील कर दिया गया था। 44 पुलिस गाड़ियों में करीब 1500 पुलिसवालों ने लगभग 556 फ्लैटों पर एक साथ धावा बोला था। पुलिस की इस सफलता के पीछे स्थानीय गुंडे थे। उनकी इंटेलिजेंस सेवाएँ ली गईं। पुलिस की वह पे-रोल थी जिनमें स्थानीय गुंडों के नाम दर्ज थे। कुछ मफलर थे जिन्हें कुछ पुलिसवालों ने इन इलाकों पर धावा बोलने के पूर्व अपने चेहरों पर ढाँप रखा था। सगापन दिखाता मीडिया था जो पुलिस के साथ 'एक-दूजे के लिए' हो चुका था।

इसी कारण शहर के किसी भी प्रतिष्ठित राष्ट्रीय समाचार-पत्र में इस घटना का तत्काल कोई भी उल्लेख नहीं था। किन्तु शनिवार की शाम को ही बरानगर-काशीपुर में हुई हत्याकांड की भनक नवल बाबू को रेडियो पीकिंग एवं शाम के समय निकलनेवाले स्थानीय बंगाली वामपन्थी पत्र 'नवचेतना' से मिल गई थी। महीने-भर पूर्व ही उनके कार्यालय में कलकत्ता के श्मशान में रहनेवाले किसी संन्यासी ने 'पाठकों के लिए स्तम्भ' में सम्पादक को लिखा था कि हर रात अर्द्ध-रात्रि और भोर के बीच वह पुलिसवालों को श्मशान में चौदह से तीस वर्ष तक के युवकों की लाशों को जलाते हुए देखता है।

कलकत्ता के ही लालबाजार के किसी बाशिन्दे ने लिखा था कि हर रात लालबाजार से इतनी भयानक चीखें, पीटे जाने की आर्त्तनादें एवं हवा में तैरती लाठियों-छड़ों की आवाजें वह सुनता है कि वह और उसके पत्नी-बच्चे मारे दहशत के सो नहीं पाते हैं।

नवलकिशोर बाबू ने मणि को नहीं बताया था यह सब। पर क्या काशीपुर-बरानगर की घटना से वाकिफ है मणि ? इतना तो जानते थे नवल बाबू कि मणि रेडियो पीकिंग नहीं सुन पाती थी क्योंकि उनके यहाँ जो ट्रांजिस्टर था वह सिर्फ सिंगल बैंड का था और कलकत्ता के किसी भी प्रतिष्ठित पत्र में मध्य-रात्रि और भोर के झुटपुटे

में किए गए पुलिस के इस कुकृत्य को उजागर करने का मनोबल न था।

लेकिन जिस भीतरी चीज से स्वयं को मुक्त नहीं कर पा रहे थे नवल बाबू, वह थी प्राणों को व्याकुल कर देनेवाली उत्कंठा—क्या घरों से खींचकर एक कतार में बाँधकर मार डाले गए युवकों में इन्द्र भी था ?

जिस समाचार प्रतिष्ठान से वे जुड़े थे, स्वयं उस समाचार पत्र ने 14-15 अगस्त की घटना का उल्लेख तक नहीं किया था।

अपने भीतर के पत्रकार से जब मुक्त नहीं हो पाए वे तो रविवार की सुबह किसी बहाने मणि को ऊपर बुलाकर चल पड़े उस गुजरे हुए कारवाँ के गुबार को देखने के लिए जिसने कानून और लोकतन्त्र—सभी की धज्जियाँ रात के अँधेरे में उड़ा दी थीं।

नेपथ्य का यथार्थ

चन्द घंटों में ही जिनके सपूतों को भून डाला गया—उन सैकड़ों परिवारों में से सिर्फ दो परिवारों की घटना। उन्हीं के आत्मीय जनों के मुख से।

श्री अनूप कुमार दास। उम्र 18 वर्ष। फ्लैट नं. 315। पिता श्री नृपेन्द्र दास। मैं एक छोटी सी फैक्टरी में काम करता हूँ। मेरा पुत्र यादवपुर विश्वविद्यालय में तृतीय वर्ष का विद्यार्थी। रात्रि दो बजे अचानक पुलिस की दस्तक। दरवाजा खोलते ही पुलिस ने अनूप की तरफ इशारा करके पूछा, "क्या यही आपका पुत्र है ?" मैंने कहा—"हाँ।" मेरे चौदह वर्षीय छोटे पुत्र असीम को भी सोते हुए पलंग से घसीटा उन्होंने। यह देख उनकी माँ रोने-गिड़गिड़ाने लगी। वे दोनों को हथकड़ी लगा ले गए। कहते गए—"थाने में पुत्र से मिल सकते हैं।"

दूसरे दिन शनिवार था। मैं कोर्ट में दौड़-धूप कर रहा था जमानत के लिए। शाम को पुलिस की गाड़ी आई। सिर्फ छोटा बेटा था असीम। अनूप नहीं था। दो घंटे बाद उसकी मौत की खबर प्रेस की न्यूज आइटम में मिली। मैं बदहवास सा तुरन्त मोर्ग में गया। डोम ने उसके चेहरे से चादर हटाई। पाँच गोलियों के निशान थे उसके शरीर पर। एक ललाट पर, एक बाएँ फेफड़े पर, एक लोअर अब्डोमिन पर, एक पाँव पर और एक पसली की तरफ। पुलिस ने एक शब्द भी नहीं कहा कि वह कैसे मारा गया। मुझे कुछ पेपर्स दे दिए गए। मुझे उसका शव भी नहीं दिया गया। मुझे बताया गया कि मेरे बेटे के शव को पुलिस की गाड़ी में ही श्मशान घाट ले जाया जाएगा।

एक और घटना। घटनास्थल के एकदम पास रहनेवाली महिला श्रीमती लक्ष्मी बनर्जी के मुख से। सुबह करीब साढ़े चार बजे उसने एक जालीदार काली पुलिस जीप देखी। थोड़ी ही देर बाद फिर दूसरी जीप, जिसमें से चार लड़कों को उतारा गया। वे हमारे ही मुहल्ले के थे। हाँ, मैंने उन्हें पहचाना था। बाद में उन्हें मन्काचू वृक्ष के नीचे खड़ा कर दिया गया। मैंने अपनी आँखों से देखा। कुछ समय बाद एक पुलिस ऑफिसर

ने उन पर निशाना साधा। करीब सत्रह राउंड गोलियाँ चलाई गईं। उस समय अच्छी रोशनी थी। असीम दास और स्वप्न मुखर्जी को मैंने साफ पहचाना। असीम दास गिरने के पहले चिल्लाया था, 'नक्सलबाड़ी लाल-सलाम' और स्वप्न मजूमदार के मुँह से निकला था—"ओह माँ !" पुलिस के जाने के बाद मैं अपने पति के साथ घटनास्थल पर गई थी। वहाँ अभी भी ताजा खून के निशान थे जिसे पुलिस ने बालू से ढँकने की कोशिश की थी।

लोगों से मिलते हुए उन्हीं के मुख से उनकी कुचली हुई सन्तान के बारे में सुनते हुए मणि न रोई थी, न कलपी थी। सिर्फ वह बीच-बीच में स्वयं को झिंझोड़ देती थी, 'क्या मैं जिन्दा हूँ ? क्या मैं सोचने की स्थिति में हूँ ?' उसने तो एक बार भी नहीं पूछा था कि क्या दो दिन पूर्व जो 150 मारे गए उनमें से इन्द्र भी कोई था ? रविवार की उस सुबह उसे सिर्फ यही लग रहा था कि एक भयानक विस्फोटक शून्य उसके अन्दर समा गया है और वह किसी भी क्षण हजारों टुकड़ों में छिन्न-भिन्न हो उठेगी।

कुछ लाशें तो उस सुबह तक चीख-चीखकर अपनी दरिन्दगी का शोर कर रही थीं। स्वयं मणि ने देखा था। कुछ मरे हुए लड़के। किसी का सिर उड़ा हुआ, किसी का कुछ अंग गायब। किसी की आँखें निकाली हुईं। बरानगर में दिन-दहाड़े रखे हुए क्षत-विक्षत शव। कई शव ऐसे जिनके शरीर पर इंच भर चमड़ी नहीं। एक शव की अँतड़ियाँ बाहर निकली हुईं।

एक 60 वर्षीय वृद्ध को इसलिए जिन्दा जला दिया गया था कि वह अपने भतीजे का ठिकाना नहीं बता सका जो कि नक्सलवादी था। एक स्कूल जानेवाली लड़की के हाथों को उड़ा दिया गया था क्योंकि वह अपने नक्सलवादी भाई के बारे में कुछ भी नहीं बता पाई थी।

उन्हीं रास्तों गुजरते हुए मणि ने एक अधेड़ा को अर्द्धविक्षिप्त हालत में सड़क पर बैठे देखा था। किसी ने बताया था नवल बाबू को कि इसके दोनों ही पुत्रों को नक्सलवादी होने के आरोप में इसके सामने ही गोली से भून दिया गया था। उन रास्तों से लौटते हुए लगातार कुछ-न-कुछ बोलते जा रहे थे नवल बाबू। जिससे सन्तुलन बना रहे मणि का—"साला आज तक बलात्कारियों, हत्यारों, खूनियों और डकैतों को इस प्रकार पशुओं की तरह लोहे की छड़ों से और नुकीले बूटों से रौंद-रौंद कर नहीं मारा गया, जिस प्रकार आजाद देश में इस पीढ़ी को रौंदा गया है। आखिर कुछ न हो, एक ठोस नैतिकता तो थी उनमें। अरे, ये तो उन लोगों के बीच उन परिस्थितियों में भी काम कर रहे थे, जहाँ तुम पाँच मिनट नाक पर बिना रूमाल रखे नहीं बैठ पाओ। किसी ने समझा उनको ? किया उनसे संवाद ? जवाब दिया उनके सवालों का ? था तुम्हारे पास कोई जवाब ? बस सीधा सा हल निकाल लिया—मार डाला उन्हें। जाने ऐसे पुलिसवालों को जनने में कितने खसम बनाने पड़े होंगे माँओं को।"

कन्धा पकड़कर झिंझोड़ रहे थे नवल बाबू कि मणि कुछ तो बोले पर मणि कुछ भी नहीं बोल रही थी। बूँद-बूँद होते अपने क्षरण को भी नहीं देख पा रही थी वह।

वह सिर्फ महसूस कर रही थी—एक भीतरी विस्फोट, एक तोड़फोड़ जो उन क्षणों उसके भीतर हो रही थी—एक भीतरी रक्तपात !

बहुत दिनों से वह एक जवाब चाह रही थी जो आज अकस्मात उसे मिल गया था। वह इन्द्र से मानसिक संवाद कर रही थी, "जानते हो इन्द्र, मेरे पिता कहा करते थे, यदि ईश्वर का डर नहीं हो तो आदमी कोई भी कुकर्म कर सकता है। पर इस देश में तो ठौर-ठौर पर ईश्वर था, फिर यहाँ ऐसा कैसे हुआ ? तो शायद तुम्हीं ठीक थे इन्द्र ! कम्युनिस्ट पैदा नहीं होते, बना दिए जाते हैं—जैसे आज मैं। आश्चर्य जो तुम नहीं बना सके, इन घटनाओं ने बना दिया मुझे आज।"

घटनाएँ...अन्तहीन घटनाएँ। आनेवाले दिनों और महीनों में नवल बाबू ने और मणि ने ऐसी सैकड़ों घटनाएँ देखी-सुनी थीं। कल्याणी यूनिवर्सिटी के स्टाफ क्वार्टर की घटना जहाँ तीन यूनिवर्सिटी लेक्चरर और एक स्टूडेंट को पुलिस यातनागृह में मार डाला गया। शवों को जलाकर यातनाओं के सारे चिह्नों को नष्ट कर दिया गया। कॉमरेड कृष्णमूर्ति का फायरिंग स्क्वायड के सामने किया गया अन्तिम उद्घोष, "तुम हमें मारकर क्रान्ति को रोक नहीं सकते।"

त्रिवेन्द्रम में पाँच नक्सलवादियों को सात महीने तक लगातार हाथों और पाँवों से बाँधकर रखना...

क्यों हो रहा था ऐसा ? एक पुलिस अधिकारी ने स्पष्ट बताया था नवल बाबू को—"कानूनन नक्सलवादियों को कोर्ट से सजा दिलवाने में बहुत समय लग जाएगा; तब तक चूहों की तरह बढ़ती इनकी फौज हालात को बदतर बना देगी इसीलिए इनसे निबटने का एक ही उपाय है—इनका सफाया।" कुछ रहस्यमय ढंग से मुस्कुराते हुए उसने एक वाक्य और जोड़ा था, "ये नक्सलवादी छोकरे ऐसे-ऐसे प्रश्न और सवाल उठा रहे हैं कि जिनका जवाब सत्ता, प्रशासन किसी के भी पास नहीं है—और एक पुरानी कहावत है कि जिन तालों की चाबियाँ नहीं होतीं, उन्हें तोड़ दिया जाता है।"

उम्र के पचासवें अध्याय से गुजरते हुए नवल बाबू इतनी दरिन्दगी और पाशविकता को देख एक बलबलाते आक्रोश से भर उठे थे, 'सबेर ऊपरे मानुष सत्य' वाले देश में मनुष्य की इस दुर्गति ने उनके विश्वास के परखच्चे भी उड़ाए थे। पर उनके लिए उससे भी जानलेवा था साढ़े उन्नीस वर्षीया मणि की लगभग अछूती आत्मा में सत्तर के दशक के इस क्रूर सत्य को स्थापित कर दिया जाना कि अकेले बंगाल में करीब दस-ग्यारह हजार युवक सिर्फ इस कारण मार डाले गए थे कि वे उन लोगों के लिए बेहतर सपना देख रहे थे जिनके पीठ और पेट सदियों से पिचककर एक हो गए थे। जिनकी आशाएँ बाँझ हो चुकी थीं। कई महीनों बाद जब कलकत्ता और आसपास के बेलियाघाटा, काशीपुर, बरानगर, यादवपुर, कल्याणी, बारासात, एमहर्स्ट स्ट्रीट, कॉलेज स्ट्रीट के साथ-ही-साथ नवल बाबू ने मणि के मानसिक क्षितिज को बढ़ाते हुए उसे केरल, बिहार,

उड़ीसा, पंजाब, आसाम एवं आन्ध्रप्रदेश की घटनाओं से भी अवगत कराया था, तब तक वह आँख में अंगुली डालकर सयाने बनाए गए किसी बच्चे की तरह सयानी बन एकाएक काफी यथार्थवादी बुजुर्ग बन चुकी थी और मन की उसी विस्फोटक अवस्था में उसने पूछा था, ''संसार में इतनी क्रूरता क्यों है ?''

यही बात तो इन तमाम महीनों नवल बाबू स्वयं से पूछते रहे थे।

''संसार में अच्छे और बुरे दोनों ही लोग हैं, हमेशा से रहे हैं, बस उनका अनुपात घटता-बढ़ता रहता है। पर निराश होने की कोई बात नहीं क्योंकि मानवीय सभ्यता के इतिहास में ऐसा कोई भी काल-खंड रहा ही नहीं जिसमें मनुष्य उदास, बेचैन और अशान्त न रहा हो ! पर इस सबके बावजूद मनुष्य ने सत्य और सौंदर्य को खोजा है और सत्य और सौन्दर्य के आलोक में जीवन को प्रतिष्ठित करने के लिए संघर्ष किया है क्योंकि मुक्ति इसी में है।''

''मुक्ति ! सुन्दर और सत्य बने रहने में ? क्या कह रहे हैं नवल बाबू ? इतना सब देखने सुनने के उपरान्त भी ?'' मणि की चौंकती निगाहों का सामना कर रहे हैं नवल बाबू, ''हाँ-हाँ, पर मुक्ति इतनी स्थूल एवं ठोस वस्तु नहीं जो हाथी की तरह जमीन पर चलती दिख जाए। जानती हो नागासाकी पर बम गिराने के बाद अस्सी हजार लोगों के मारे जाने की सूचना एक अधिकारी ने अपने ऊँचे अधिकारी को सिर्फ दो शब्दों में सुनाई थी—'गुड रिजल्ट'। लेकिन इसी सूचना को सुनकर एक दूसरा अधिकारी ईथरली, जो स्वयं भी इस बम के लिए जिम्मेदार था, विक्षिप्त हो गया था क्योंकि इस अमानवीय कर्म ने उसकी आत्मा की मुक्ति के सारे रास्ते अवरुद्ध कर दिए थे। जानती हो, हक्सले का कहना था कि, मनुष्य कुछ बना ही ऐसी धातु का है कि वो एक साथ नैतिकता-शून्य एवं बुद्धिशून्य नहीं हो सकता है। तुमने भी देखा होगा कि नीच-से-नीच व्यक्ति भी जब तक अपने कुकर्म और अनैतिक कर्मों को अपनी कपट-बुद्धि से उचित नहीं ठहरा लेते, उन्हें चैन ही नहीं पड़ता है।''

पर मणि के भीतर उठता हाहाकार एक और सवाल की भारी-भरकम नोकें चुभो रहा था। इन्द्र और उसके साथियों में उसने सर्वहारा वर्ग के लिए जो करुणा और सहानुभूति का बहता हुआ सैलाब देखा था, वह इतनी शीघ्रता से परास्त कैसे हो गया ? क्यों वे चुपचाप मार डाले गए ?

''क्योंकि आज हमें उदासीनता का महारोग लग गया है।''

''उदासीनता का महारोग ?''

मणि की आँखों में झाँकते सवालों का जवाब दे रहे थे नवल बाबू—''क्या यह घोर उदासीनता नहीं कि जिस रात अकेले काशीपुर-बरानगर में अड़तालीस घंटों के अन्दर डेढ़ सौ नक्सलवादियों को मार डाला गया उसी सुबह, उसी शहर के दूसरे इलाके, बड़ाबाजार, पार्क सर्कस, पार्क स्ट्रीट, न्यू अलीपुर, साल्ट लेक, कैमक स्ट्रीट, थिएटर रोड, हावड़ा आदि रोज की ही तरह एकदम सामान्य प्रशान्त और खुशहाल थे—गर्भाशय में सोए पिंड की तरह। वह सभ्य-भद्र लोगों का इलाका था। जहाँ लोग रोज की तरह चेकों

के लेन-देन में लगे थे, सिनेमा, गाने और शीतल पेय की मस्ती में थिरक रहे थे। गृहिणियाँ उसी प्रकार लगी थीं अपने पतियों-बच्चों को सँवारने में। उन्हें बरानगर-काशीपुर से कुछ भी लेना-देना नहीं था क्योंकि उन्हें यह बात परेशान नहीं करती थी कि बरानगर में उन्हीं की जैसी एक माँ के दोनों युवा बेटों को ऐन उसकी आँखों के सामने नक्सलवादी होने के आरोप में गोली से उड़ा दिया गया था।"

जलते रोम के सामने बाँसुरी बजाते नीरो की तरह शहर का यह दूसरा गाल--इन तमाम चार-पाँच सालों में सुख की नींद सोता रहा जबकि इसी शहर के एक गाल को पुलिस, गुंडे और सत्ता के शरीफजादों की मदद से कत्लगाह बना दिया गया था। जहाँ सोलह से चौबीस वर्ष की एक पूरी पीढ़ी का ही सफाया कर दिया गया था।

शहर के सामान्य नागरिकों के अलावा शहर के स्वाधीनता-सेनानियों, पत्रकारों, कलाकारों एवं बुद्धिजीवियों तक को—जो शहर की अन्तरात्मा कहलाते थे, इस बात में कोई बर्बरता एवं पाशविकता नजर नहीं आती थी कि पाँच गोली खानेवाले नत्थू को प्राण रहते लावारिस कहकर कलकत्ता रिलीफ सोसाइटी के मुर्दाघर में जमा करवा दिया गया था लेकिन दूर वियतनाम में होनेवाली अमेरिकी बर्बरता से उनका खून खौल जाता था। उसी साल बुद्धिजीवियों ने अमेरिकी एम्बेसी के सामने जमकर प्रदर्शन किया था।

अन्याय, दमन और जुल्म की आँधी में क्या इन्द्र को भी तिनके की तरह उड़ता हुआ मान लिया जाए ? मणि का यह प्रश्न बहुत भारी पड़ रहा था नवल बाबू को ? उनकी सारी पत्रकारिता, सारे सम्पर्क-सूत्र, सारी उच्चस्तरीय पूछताछ, दौड़-धूप सब मिलकर भी जब इन्द्र के सत्य का पता नहीं लगा पाए तब तसल्ली देते हुए कहा था उन्होंने मणि से, "प्रतीक्षा करो, काल स्वयं सब बातों का जवाब देगा।"

काल ? पर कौन रखेगा काल के इस खंड का, इस दौर का लेखा-जोखा ? क्या आनेवाली पीढ़ी कभी यह जान पाएगी कि यदि यह समय अराजकता, तोड़-फोड़, आतंक और हत्याओं का स्वर्णिम काल था तो एक साथ ऐसे पहाड़ी कैंडों के जमावड़े का भी स्वर्णिम काल था जो जीवन के मामले में इतने हिसाबी-किताबी नहीं थे, जो प्राणों से लबालब, संसार को बदलने में विश्वास करनेवाले एवं अपने विश्वास के लिए अपना सब कुछ दाँव पर लगा देनेवाले ठोस नैतिकतासम्पन्न युवक थे।

वह समय आज बीत चुका है। नवल बाबू भी अपनी राह चलते गुजरने वाले हैं। लेकिन बीसवीं सदी के इन आखिरी वर्षों में बीते वक्त को जिन्दा करते कॉलेज स्ट्रीट, बी.के.पाल. हेदुआ आदि की चौड़ी दीवारों पर रँगे हुए नारे—'नेपाल का जन आन्दोलन लाल सलाम,' 'नक्सलबाड़ी, लाल सलाम' कथा-लेखिका को यह विश्वास दिलाने में समर्थ हैं कि वह आन्दोलन सिर्फ पराजित हुआ था, जड़हीन नहीं। आज भी नवल बाबू के शब्द अक्षरशः उसके कानों में गूँजते हैं—"इस देश की जनता में बड़ी ताकत है मणि। भगतसिंह और आजाद को किसने जिन्दा रखा है ? इस देश की जनता ने। पान-बीड़ी की दुकानों में, ट्रकों के दरवाजों पर, दर्जी की दुकानों में उन्हें टाँग-टाँग कर आज तक जीवित रखा है। आज माचिस की डिब्बियों पर भगतसिंह की तस्वीर है। इंग्लैंड में

ब्रिटेनिया बाक सड़क का नाम भगतसिंह के नाम पर रखा गया है। आजादी के पूरे 24 वर्ष बाद आज पहली बार फिर महसूस हो रहा है कि भगतसिंह की एक पूरी पीढ़ी से क्रूरतापूर्वक दूसरी बार सत्ता और पुलिस ने मिलकर छुट्टी पाई है। पर तुम देखना, इन्द्र और उसके साथी कभी भुलाए नहीं जाएँगे।''

अमर्त्य सेन–एक नक्सलवादी ?

मानव-मुक्ति के ज्वलन्त इतिहास के रूप में, अपने तमाम अन्तर्विरोधों, अनुभवहीनता, उतावलेपन, दिशाहीनता एवं शहरों के भूमिगत होने के बावजूद आज भी कथा-लेखिका को जब-जब इस बात का प्रमाण मिलता है कि वह आन्दोलन ऊपर से झुलस जाने के बावजूद विरूपित नहीं हुआ था, इन्द्र के शब्द उसके कानों में गूँजने लगते हैं–क्रान्ति कभी मरती नहीं। यही कारण था कि नोबेल पुरस्कार विजेता प्रो. अमर्त्य सेन के बारे में जिस दिन बंगाल के भूतपूर्व इन्सपेक्टर जनरल ने यह रहस्योद्‌घाटन किया कि उसे अमर्त्य सेन को नक्सलवादी होने के आरोप में गिरफ्तार करने का ऑर्डर दिया गया था पर उन्होंने इस ऑर्डर को नहीं माना; इस कारण नहीं कि वे दिल्ली स्कूल ऑफ इकोनॉमिक्स के होनहार प्राध्यापक थे, वरन इस कारण कि वे मेरी पत्नी के पहले कजिन थे–मणि को कोई आश्चर्य नहीं हुआ था। अमर्त्य सेन ही क्या, उस दौर के बंगाल के हर प्रतिभासम्पन्न, परपीड़ा में चूर-चूर, संवेदनशील, मानवीय एवं चेतनासम्पन्न युवक के लिए एक ही विशेषण था–नक्सलवादी।

तभी तो उन्हीं दिनों कलकत्ता की एक गली में एक नक्सली पोस्टर के पास एक लड़के को खड़े पाया गया। पुलिस ने उसे नक्सलवादी होने के सन्देह में गिरफ्तार कर लिया, मगर जब उसका नाम-पता पूछकर उसका शैक्षिक रिकॉर्ड साधारण किस्म का पाया गया तो उस सी.आई.डी. इन्सपेक्टर ने उसे यह कहकर रिहा कर दिया कि नक्सलवादी नौजवान तो प्रथम श्रेणीवाले विद्यार्थी रहे हैं, यह लड़का वैसा नहीं है।

गुजरे हुए कारवाँ के बाद

मणि नहीं जानती थी कि कभी ब्रेख्त ने कहा था–'जिस जुल्म के बारे में आप चुप हैं, उसमें आप भी शामिल हैं।' पर बरानगर-काशीपुर, बारासात आदि की घटनाओं के कई महीनों बाद कॉलेज खुल जाने पर मणि के लिए कक्षा में चुपचाप बैठकर क्लास-नोट्स लेना दुश्वार हो जाता¨एक जानलेवा हूक कलेजे से उठती। उसका अंग-अंग जैसे प्रतिहिंसा-प्रतिशोध की भावना से जलने लगता और वह चलते लेक्चर को छोड़कर, बीच कक्षा से उठकर बाहर सड़कों पर भटकने लगती। 'इतना कुछ देखकर भी चुपचाप बैठ

जाना, ईमानदारी नहीं'—उसकी आत्मा कलप उठती।

इन अधजले फड़फड़ाते-छटपटाते क्षणों में कभी उसकी आँखों के आगे अँधेरा छा जाता, कभी उन्मत्त आक्रोश से मुट्ठियाँ भिंच जातीं। क्या करे वह, किससे बदला ले इन्द्र, सन्दीप, निलय, शैवाल, शान्तनु, ऋत्विक, पारुल आदि का। वे कुछ जो उसी की कक्षा में आगे-पीछे, दाएँ-बाएँ बैठे रहते थे, जिनकी खाली कुर्सियाँ आज दहशत-भरा सन्नाटा भर रही थीं उसके अन्दर। जिनमें से कई मारे जा चुके थे, कई पुलिस-यातना भुगत अब कारागार में थे, और कुछ अज्ञातवासी बना दिए गए थे।

तूफान थम चुका था। आन्दोलन की रीढ़ की हड्डी टूट चुकी थी। अधिकांश लाल सितारे टूट चुके थे और जो बचे रह भी गए थे वे सब अलग-थलग अपने-अपने क्षितिजों में थे जिनमें मध्याह्न के सूर्य की प्रखरता अब नहीं बची थी। और, मणि को लगता कि अब वह बन्द कमरे में फड़फड़ाती किसी बन्दी चिड़िया की तरह छटपटाने एवं फड़फड़ाने के सिवा कुछ भी नहीं कर सकती। उसके जले घावों पर नमक छिड़कने के लिए ही जैसे गर्दो-गुबार के थम जाने पर शहर अब तेजी से सामान्य हो रहा था। लोथड़ों जैसी शान्ति तेजी से भर रही थी शहर में। उद्योगपति, व्यापारी, पूँजीपति सभी चैन की वंशी बजाने लगे थे। जिस सख्ती के साथ अराजक तत्त्वों से निपटा गया था उससे, उनका अरबों का निवेश जो आन्दोलन के उफान में बहता नजर आ रहा था, अब सुरक्षित था। मकान-मालिक खुश थे, उनकी सम्पत्ति के मूल्य जो उन दिनों देश की करेंसी की ही तरह लुढ़कने लगे थे, अब धीरे-धीरे सामान्य हो रहे थे। अभिभावक खुश थे, उनके पढ़ाकुओं का कैरियर अब सुरक्षित था। पुलिस खुश। बहुतों की चाँदी हुई। दुखी थीं तो सिर्फ कुछ हजार माँएँ जिनके हजारों-हजार लाड़ों, यत्नों से पाले, अपनी जवानियों से घर को गुलजार बनाते लाल और वीर धरती से उठ गए थे। जिन हाथों ने कभी अपने लालों पर घरवालों तक की नजर न पड़ने दी थी और काजल के दीठे लगाकर उन्हें बचाए रखा था वे ही माँएँ आज हाथ मल-मल उन्हें याद कर रही थीं।

जिन माताओं को पता तक नहीं चला था कि कब उनके स्कूल जाते पुत्र बड़े होकर नक्सलवादी बन गए, जो अभी कुछ वर्ष पूर्व तक अपने पुत्र को धूप-बरसात से बचाए रखने के लिए छाता ताने उनके साथ-साथ चलती थीं, वे ही आज बता रही थीं कि उनके 'सोनार छेले' ने कितनी-कितनी लाठी-गोलियाँ खाईं।

वक्त का मुखड़ा देख सयाने मार्क्सवादी नेता श्री ज्योति बसु ने भी पटरी बदल ली थी। टर्र-टर्र बोलते चुप हो गए थे। (कभी वे नक्सलवादियों को भयंकर आतंकवादी कहते नहीं थकते थे।) उन्होंने भी आन्दोलन को ठंडा पड़ा देख काशीपुर-बरानगर में मारे गए किसी एक नक्सलवादी का स्मारक बनवाकर उन सभी मारे जानेवालों के प्रति राजनैतिक श्रद्धांजलि अर्पित कर जोर-शोर से अगले चुनावों की तैयारियाँ शुरू कर दी थीं।

और मणि ? उसके लिए जीना जैसे सुलगते हुए अंगारों पर चलना। आसपास का संसार, सन्दर्भ और वह स्वयं—सभी बदला हुआ। राह चलते वे रास्ते यदि टकरा जाते

जो इन्द्र की स्मृतियों से जुड़े हुए थे तो मन में यह मरोर उठती कि आगे चलना दुश्वार ! हवा की लहरियों पर मचलती किसी प्रेमगीत की कोई कड़ी कानों से टकरा जाती तो वो हूक उठती कलेजे से कि आत्मा खून-खच्चर ! आँखों में आँसू नहीं, खून की बूँदें निकल आतीं। मन-प्राण सभी टुकड़े-टुकड़े ! हे भगवान ! ऊँचाइयों की खोज में निकलने के बाद यह लूलों-सी कैसी वापसी ? 'मैं जीना नहीं चाहती हूँ'—वह प्राणों के भीतर रो पड़ती। मीरा का दर्द—'पिय बिन सूनो है म्हारो देस' विष बन उसकी शिरा-शिरा में बहने लगता। सूखे खेत-सी सूनी उसकी निगाहें ताका करतीं दूर-दूर तक, कहीं से आता दिख जाए इन्द्र !

चित्त की ऐसी विस्थापित एवं ऊहापोह की स्थिति में वह गीता एवं उपनिषद के सूत्रों में मन की शान्ति ढूँढ़ती। कई बार उसे लगता कि अब एकमात्र प्रार्थना ही बचा सकती है उसे। प्रार्थना के आसन पर बैठकर भी उसे शान्ति नहीं मिलती तो वह डायरी उठा लेती।

उस रात लिखी यह डायरी··· टुकड़ो-टुकड़ों में।

5 फरवरी '72 : देर रात।

जी-भर तुम्हें देखा भी न था कि जी भारी कर और आधी बात कर तुम चले गए। अब बिन बरसे उस प्यार का मैं क्या करूँ इन्द्र जो मुझ भटकैया को भटका रहा है गली-गली कि असम्भव का सम्भव हो जाए और तुम दिख जाओ।

मुझे शान्ति नहीं इन्द्र, बिना यह जाने कि जाते वक्त क्या आवाज दी थी तुमने··· तुम चट्टान की तरह दृढ़ थे या यातनाओं ने तुम्हें डरा दिया था ? अपने अन्तिम क्षणों में सुकरात ने कहा था, 'लाइट, मोर लाइट।' भगतसिंह ने कहा था--'इंकलाब जिन्दाबाद।' कॉमरेड शुभेन्दु, शान्तनु, शैवाल, सन्दीप ने नारा दिया था, 'नक्सलबाड़ी, लाल सलाम।' तुम्हारी अन्तिम साँस ने क्या कहा था ? कैसे थे तुम्हारे मन के भाव ? तुम्हीं बताओ इन्द्र, यह सब जानने के लिए क्या मैं भी सुकरात की तरह गली-गली भटकूँ जो जानना चाहता था—सत्य क्या है ?

तुम्हें मृत भी कैसे मान लूँ इन्द्र, क्योंकि किसी ने भी अधिकृत तौर पर इसकी पुष्टि नहीं की है कि पुलिस-यातना के दौरान ही प्राण छोड़े थे तुमने। तुम्हारी गिरफ्तारी तक की कहीं किसी भी थाने में कोई प्रविष्टि तक नहीं। सम्भवतः यह क्षीण आशा ही मेरे जीवन का सबसे बड़ा सम्बल है और मुझे लगता है कि इन सभी तमाम बातों को झुठलाते हुए तुम भी किसी दिन जादूगर के थैले से निकाले गए कबूतर की तरह एकाएक प्रकट हो जाओगे।

तुमसे एक बार पूछा था मैंने, 'कहाँ से मिलती है तुम्हें इतनी बलबलाती हिंसा की प्रेरणा ?' तुमने कहा था, 'जितने हमारे कॉमरेड मारे जाते हैं, उतना ही बढ़ता जाता है हमारा दुःख और हमारा यही दुःख हमारी शक्ति, हमारी प्रेरणा बनता जाता है और उतने ही वर्गशत्रु और पुलिसिए हमारी गोलियों के निशाने बनते जाते हैं।'

मैं अपने दुःख को अपनी शक्ति कैसे बनाऊँ इन्द्र ? मेरे अन्तर में पराजय, प्रतिहिंसा और प्रतिशोध का जो ध्वज पल-प्रतिपल फड़फड़ाता रहता है, उसका मैं क्या करूँ ? जो मुझे सोने नहीं देता ? जिस आन्दोलन को तुम लोगों ने तूफानी गति से आगे बढ़ाया, वह क्या सम्पूर्ण सत्य था ? अन्तिम विवेक था ? मुझे जवाब चाहिए। यदि वह सम्पूर्ण सत्य था तो उसका वर्तमान न सही, भविष्य अवश्य होगा...और मैं तब उससे जुड़ूँगी अवश्य...अवश्य क्योंकि तभी शायद मुझे नींद आए।

खुली डायरी। झुकी-झुकी वह। मुँदी आँखें। भोर के अधजागते पल, चेतन-अवचेतन के बीच कहीं। चेतना का झुटपुट सा आलोक, आभास-सा देता कोई एक चेहरा झुका हुआ उस पर करीब...और करीब। उसकी आत्मा का अंश बना...वे ही बोल, वही धुन और वही कसकती जादुई आवाज, वही हल्का मद्धिम चुम्बन...भीतर उतरता, चौकन्नी, आँखें खोल देती वह। इन्द्र नहीं था। दूर-दूर तक नहीं। वहाँ भी सिर्फ एक गूँज...एक बीत चुके गीत की। टप-टप टपकते निःशब्द अश्रु...उन्हें पोंछने का भी प्रयास नहीं किया मणि ने।

पराजय नहीं, तुम्हारी याद

भोर के सितारे की तरह ओझल हो जाने के पूर्व एक बहुत बड़ी बात सिखा गया था इन्द्र, अपनी इस मासूम माशूका को कि 'जीवन मजाक की चीज नहीं है।' कितनी गहरी पैठी थी यह सीख कि दुःख के प्रथम वेग के कुछ थम जाने के बाद, भीतरी अंधड़ के कुछ ठहर जाने के पश्चात मन की पूरी ताकत से जुट गई थी वह, अपने बचे-खुचे मैं के साथ खुद को उठाने एवं बाहर-भीतर के अपने संसार को प्राणांतक तरीके से लयबद्ध करने में।

इसके लिए अपनी जीवन-शैली में भी तब्दीली की थी उसने। स्वयं को अपने भीतर की स्व-निर्मित एकान्त गुहा से निकाल खड़ा किया अपने परिजनों के बीच। दुःख ने उसे द्रष्टा बना मन में विराट भाव भर दिया था...इस कारण गंगाबाई भी इन दिनों उतनी बुरी नहीं लगती थीं उसे।

इस कारण उस सुबह कॉलेज के लिए निकलते वक्त जब अम्मा ने कहा था, "वारे-न्यारे तुम बाप-बेटी के...आज भी कॉलेज ! चार दिन बाद घर में बारात आनेवाली है और महारानी को कुछ होशो-हवास ही नहीं। जाने कहाँ खोई रहती है।" तो उसे बिल्कुल भी बुरा नहीं लगा था।

"बस आज भर...और कल से सप्ताह-भर की छुट्टी।" बहुत दिनों बाद उसने देखा था अम्मा की तरफ भरपूर आँखों से, नेह और लाड़ से। अम्मा के चेहरे की खाल...ढीली पड़ती, तेजी से सफेद होते अम्मा के बाल...एक पूरी जिन्दगी खपा दी अम्मा ने परिवार

के इस वृक्ष को सींचने में···

अपनी धुन में मणि। अम्मा अलग अपनी रौ में··· "कहाँ खो गई मरी···आते वक्त मेहँदी का तेल लेती आना···पाँच रुपए में आती है एक शीशी, लक्ष्मीजी के छाप की। बेशी पैसा मत दे देना···तेरे तो सभी सगे, सिवाय इस माँ-बेटे के···"

"कभी-कभार मीठा भी बोल लिया करो अम्मा, सेहत के लिए अच्छा रहता है।" मणि छेड़ रही थी अम्मा को। पर भीतर से जानती थी वह भी, जिसके ऊपर चिन्ताओं का पहाड़ हो, वह मीठा नहीं बोल पाता है।

तार-तार साड़ी में अम्मा और घर में बढ़ते आर्थिक दबावों को उसने सब्जी में बढ़ते झोल, पतली होती चाय, पतली होती दाल, और मोटे होते चावल में महसूसा था। हर शादी घर पर नया कर्जा नए सिरे से ला देती।

खुद मणि अपनी अति सीमित व्यक्तिगत जरूरतों के लिए, पैसे-पैसे के लिए भारी किल्लत झेल रही थी। गंगाबाई से माँगने की हिम्मत नहीं पड़ती। कुछ महीनों पूर्व उसने अपनी एक सहेली से कुछ रुपए शीघ्र लौटा देने के आश्वासन पर लिये थे। शर्म से मणि उस सहेली से मिलना चाहकर भी उसके घर नहीं जा पाती थी। पैसे हों लौटाने को, तभी न जाए !

बस छह महीने और बच्चू नौकरी में···ढंग का जुगाड़ न हुआ तो बेढंग का ही सही···कौन रोकेगा···देख लिया जाएगा···बहुत दिनों बाद मणि आज फिर अपने भविष्य के लिए योजना बना रही थी और उसे अच्छा लग रहा था यह सोचकर कि एक अरसे बाद उसने अपनी रीढ़ की हड्डी को तना हुआ और अपने गले को खुलता हुआ महसूसा था।

और, उस शाम को तो उसने झूम-झूम, नाच-नाच कर विस्मित-विमुग्ध ही कर दिया था सबको। दोपहर कई रस्में थीं। शादी के मांगलिक कार्यों की शुरुआत के रूप में मूँग हाथ लेने की रस्म, साथ ही मामा पक्ष के लोगों की आवभगत के रूप में मायरा की रस्म। कुँवारेपन की गमक लिये यौवन के सतरंगी सपनों में खोई पारसी को देख बड़ा लाड़ उमड़ा था उसके मन में। बालों में फुंदे और कानों में बुंदे डाल, घुँघरुओं को पाँवों में बाँध झूम-झूम नाची थी वह—

म्हारी हथेलियाँ र बीच फालो पड़ गया म्हारा मारूजी
मैं पाला क्याँ काटूँगी।

हर हाल में सुख ढूँढ़ लेनेवाली लाल चूनर में लिपटी मुन्नी ने भी उस दिन एक गीत उठाया था—

थारी घूँघटिया में सोलह सूरज, उग गया म्हारी रजवन,
घूँघटिया हीरा जड़्या मोतिया लड़्या, थान वनड़ों देख लुभाव म्हारी रजवन।

भरी-पूरी गृहस्थी के मान-भरे गुमान में गमकती अम्मा ने भी उस दिन पुराने गोटे की झालरवाली ओढ़नी ओढ़ रखी थी। मुस्कराता-झिलमिलाता घर। रिमझिम बरसती खुशी। परिवार सुख का सबसे बड़ा स्रोत; आदतन नाचते-नाचते सोच रही थी मणि।

दूसरे दिन सुबह मणि को फिर कॉलेज के लिए चप्पल पहनते देख गंगाबाई बिदक

गई थीं—"कल कहा था आज से कॉलेज की छुट्टी ले लूँगी" क्या हुआ ? देखती हूँ तेरा घर में जी एकदम नहीं टिकता" लाख पढ़ लो, औरत की जड़ रसोईघर में ही रहती है। काम प्यारा होवे है, चाम नहीं"।"

गंगाबाई बात पूरी भी नहीं कर पाई थीं कि मणि ने लड़ाते-पुचकारते हुए अम्मा को मना लिया था, "बस घंटे-भर में गई और आई, लाइब्रेरी से कुछ जरूरी किताबें लेनी हैं, वैसे भी अम्मा आलसियों पर इतना गुस्सा न किया करो। आलसी व्यक्ति सबसे अधिक बुद्धिमान और रचनाशील होते हैं। जानती हो रेलगाड़ी के सिगनल का आविष्कार किसने किया था ? किसी आलसी ने ही। बेचारे को बार-बार उठना पड़ता था तो उसकी खोपड़ी से यह मौलिक सूझ निकली थी।"

"जा-जा बोलना तो कोई इन बाप-बेटी से सीखे"" अमरनाथ बाबू को उधर ही आते देख गंगाबाई ने वाक्य की उतराई उन्हें ही समर्पित कर दी थी।

स्टॉपेज।

एकान्त उदासी ने फिर धावा बोल दिया था मणि पर और दो दिन पूर्व का उसका संकल्प, 'मैं खुश रहने की आदत डालूँगी' रेत के किले-सा ढह गया था। और वह फिर अपने खालीपन और एक अन्दरूनी छटपटाहट के साथ आती-जाती बसों को देख रही थी।

पहली बस अपेक्षाकृत खाली-खाली। सामने ही लिखा मध्यमग्राम, जिसे पढ़ते ही विकल-विकल हो उठा उदास मन मणि का।

मध्यमग्राम। इन्द्र के माता-पिता का घर। मणि जानने को बेचैन थी कि इन्द्र की माँ जो पिछले महीनों माँ दुर्गा की प्रतिमा के आगे बैठ-बैठ पत्थर हो गई थी, वहाँ से उठी या नहीं। मणि व्याकुल थी, यह जानने को कि कलकत्ता एवं बरानगर के इतने थानों में से जिनमें से कुछेक में वह स्वयं इन्द्र के पिता के साथ गई थी, इन्द्र की गिरफ्तारी की कोई प्रविष्टि मिली या नहीं ?

अपनी आकुलता, व्याकुलता, दुख और उत्कंठा को सँभाल नहीं पाई मणि और तेज कदमों से चढ़ गई बस में, जैसे कि यदि क्षण-भर भी देरी कर दी उसने तो कहीं दिमाग उसके हृदय पर काबू न पा ले" क्योंकि चार दिनों बाद होनेवाली शादी के घर में मणि का इस प्रकार गैर-जिम्मेदाराना ढंग से घर से प्रायः हर दिन निकल जाना स्वयं मणि को ज्यादती नहीं, बहुत ज्यादती लग रहा था।

घंटे-दो घंटे, बहुत संभव तीन घंटे। फिर मुन्नी तो है ही काम सँभालने के लिए, विशेष फर्क नहीं पड़ेगा। मन-ही-मन हिसाब-किताब चल रहा था मणि के।

"टिकट।" तन्द्रा तोड़ी कंडक्टर ने।

"एक टिकट—मध्यमग्राम।"

"कि ? आपनि उल्टो बसे बोसे गिएछेन।" (क्या ? आप उल्टी बस में बैठ गई हैं।)

हे भगवान ! मणि ने माथे को ठोंका। दिमाग भी कितना तनावग्रस्त, किस कदर

उलझा हुआ···यह भी ध्यान न रहा कि यह बस मध्यमग्राम से आ रही है। क्या होगा प्रभु !

घबराहट में मणि ने मध्यमग्राम जाने का विचार बदल दिया उस दिन। कदम वापस घर की ओर।

पस्त-पस्त और पराजित चाल से कुछ कदम बढ़ी कि फिर जेहन में बिजली-सी कौंधी—न्यू मार्केट के पिछवाड़े में बैठे दर्जी से शादी के कुछ जरूरी कपड़ों को लाने के लिए कहा था गंगाबाई ने। झल्लाकर अपने को कोसते वह फिर स्टॉपेज की ओर।

दर्जी। प्रायः-प्रायः तैयार कपड़े। कुछेक में बटन लगाना बाकी था। खड़ी रहकर बटन लगवाकर सारे कपड़ों को अच्छे से पैक करवाकर वापस घर। निगाह पड़ी घर पर। पूरे ढाई घंटे बीत चुके थे इस बीच।

नए-नए आए मेहमानों से मिलने की उत्कंठा में तेज-तेज चाल से सीढ़ी पार करते ही घर के दरवाजे की ओर दृष्टि गई तो आँखों को कुछ खटका—अलीबाबा की कहानी के दरवाजे की तरह घर के कपाट एकदम खुले। धड़धड़ाती अन्दर पहुँची तो पाया कि घर के सभी सदस्य नदारद एवं तख्ते पर छटपटाते, कराहते पिता। ध्यान आया मणि को कि सुबह भी पिता को हल्का ज्वर था। माथे पर हाथ रखा तो पिता तेज ज्वर से पीड़ित। ''चाय बनाऊँ ?'' मणि के पूछने पर पिता ने बताया, ''तुम्हारे जाने के तुरन्त बाद ही बत्ती चली गई थी। मुन्नी को अपने सन्दूक में रखे कुछ चाँदी के सिक्के नहीं मिल रहे थे, घर में बहुत अँधेरा था, इस कारण पारसी ने पेट्रोमैक्स को जलाकर ऊपर आले में रख दिया था। पारसी और मुन्नी नीचे बक्सा टटोल रही थीं कि ऊपर हवा से दीवार में टँगा कैलेंडर हिला और उसके धक्के से टेढ़ा रखा पेट्रोमैक्स सीधा पारसी के सिर पर। उसके मुँह-गर्दन जल गए हैं। उसे लेकर सब कोई कलकत्ता रिलीफ सोसायटी के इमरजेंसी विभाग में गए हैं।''

''क्या बहुत जल गई है ?''

''जली तो बहुत नहीं है, लेकिन चेहरे की चमड़ी उड़ गई थी, मांस निकल आया था गाल से।''

''हे भगवान !'' और आनेवाले कई क्षणों तक मणि वैसे ही बैठी रही थी—अडोल, पस्त, कीलित एवं मूक।

रेगिस्तान की तरह फैले हुए कुछ जीवन ऐसे होते हैं जो जीए नहीं जाते बस काट लिये जाते हैं—घर से अस्पताल की ओर बढ़ते मणि ऐसा ही कुछ सोच रही थी। हर बढ़ता हुए कदम उसे रह-रहकर यही सलाह दे रहा था कि जीवन जब निरन्तर अमंगल दे तो जरूरी है कि अमंगल को ही मंगल मान लिया जाए···

अस्पताल। बर्न डिपार्टमेंट। मच्छरदानी के अन्दर झुलसी हुई एक काया। आसपास जले मांस की गन्ध को रोकने के लिए लगाई गई अगरबत्तियाँ। पारसी तीस प्रतिशत जली थी, पर अग्नि का सारा प्रकोप उसके बाएँ गाल और गर्दन पर पड़ा था जो फफोले पड़ जाने के कारण बुरी तरह फूल गया था।

गंगाबाई, पारस, बाहर से आए मामाजी, बुआ, मासी—सभी चिन्तामग्न। खतरा पारसी की जान को नहीं था, खतरा था उसके अरमानों के लाक्षागृह के धू-धू कर जल उठने का। प्रश्न था—अकस्मात विरूपित हुई कन्या को आज से तीन दिन बाद क्या वह पक्ष उन्हीं 'ट्रर्म्स एंड कंडीशन्स' पर स्वीकार कर लेगा जो उसके विरूपित होने के पूर्व तय हुई थीं ?

आपातकालीन बैठक चल रही थी पारसी के सामने ही। एक मत—पारसी के भावी श्वसुर को सूचित कर दिया जाए और उनसे अनुरोध किया जाए विवाह को पन्द्रह दिनों बाद सम्पन्न करने के लिए। दूसरा मत--पारसी के श्वसुरजी को सिर्फ खबर भेज दी जाए और फिर जानी जाए उनकी मंशा। मणि का मन था सीधी महेन्द्र से बात की जाए, क्योंकि अब पारसी महेन्द्र की वागदत्ता थी और तीन दिनों बाद ही उसकी पत्नी बननेवाली थी।

बहरहाल, देर रात पारस जाकर पारसी के श्वसुर कामतानाथ बाबू को लिवा लाया था। पारसी को क्षणांश-भर के लिए देखा था उन्होंने। कठोर-कठोर विरक्तिपूर्ण भाव चेहरे के और 'पुष्प समर्पयामि' की मुद्रा में उठे कई हाथों को नकारते हुए एवं बिना कोई आश्वासन दिए, वे बाढ़ग्रस्त इलाके के मुआयने के लिए आए भावहीन नेता की तरह पाँच-दस मिनट के अन्दर ही सपाट चेहरा लिये चले गए थे। उनका जाना और उस क्षीण आशा के अन्तिम तन्तु का भी टूट जाना कि शायद यह शादी बच जाए—एक ही वजन की दो घटनाएँ थीं।

बेचैन, विकल मणि सोच रही थी सप्ताह-भर पूर्व 'तेरे मेरे सपने' फिल्म को साथ-साथ देखने और जीनेवाला महेन्द्र क्या इन परम दुख के क्षणों में पारसी से मिलने आएगा ? नहीं ? मणि से यह सवाल कई बार पूछ डाला था पारसी ने।

"आज उसे बताया ही नहीं गया होगा...कल जरूर आ जाएगा ?" मणि के फुस-फुस से आश्वासन से भी कुछ-न-कुछ जीवन मिल गया था पारसी को।

मणि ने उस रात पारसी को अकेला नहीं छोड़ा था। पारसी के लिए रात—जैसे एक बिना मुँह की अँधेरी सुरंग। थाली-भर आसमाँ उसका...क्या वह भी जल जाएगा ?

स्वयं मणि बर्न डिपार्टमेंट के बाहर लगी उस टेबिल पर लेटे-लेटे रात की आक्रामकता से भयभीत सिहर उठी थी। रात की निस्तब्धता, भयावहता और भविष्यहीनता में झुलसा हुआ चेहरा पारसी का। नर्स, पर्दे, अमरनाथ बाबू का ज्वरग्रस्त कँपकँपाता शरीर, पारस का मलबा होता शरीर, गंगाबाई के सूखे नीले ओठ, जलते मोम सी टप-टप करती इन्द्र की स्मृतियाँ और कामतानाथ बाबू का भावहीन कठोर चेहरा...लग रहा था कि जैसे युगों से सब कुछ इसी प्रकार चलता आ रहा है—अमानवीय, निर्मम और क्रूर। और जैसे वह इस सदी की शुरुआत से ही अस्पताल के बेड पर अधजले मुँहवाली पारसी की काया को छटपटाते-कराहते एवं भय से नीली पड़ते देखती आ रही है।

रात, पूरी रात मणि के भीतर प्रार्थना थी और पारसी के भीतर जीवन को समाप्त

कर डालने की एक दुर्दान्त आकांक्षा।

दूसरी सुबह···तीसरी सुबह, निर्निमेष एवं पलकहीन पलकों से बाट जोही थी पारसी ने महेन्द्र की। एक झलक-भर पाने के लिए। उसी प्रकार तड़पी थी वह—डूबता-मरता व्यक्ति ज्यों तड़पे एक अदद साँस के लिए।

तीसरे दिन घर से अस्पताल की ओर जाते हुए पारस ने बताया था मणि को, "सुन-गुन है कि महेन्द्र तो देखने आना चाहता था पारसी को···आखिर इतनी बार जो घूमा है पारसी के साथ, लेकिन उनके पिता ने एकदम रोक दिया था उसे।"

मणि कुछ नहीं बोली थी। यूँ बोलने को था भी क्या ! वह सिर्फ देखती जा रही थी पारस के निचुड़े हुए चेहरे को। सामने उगते रुपहले बालों को। पारस के दफ्तर के जानलेवा तनाव, पारसी की जानलेवा चिन्ता और कर्जे की दुहरी मार से मार खाए अपने भाई को। मणि ने सान्त्वना देना चाहा था पारस को, "हौसला रखो, सब दिन यकसाँ नहीं रहते।"

पर वह अपने ही दुःख से ज्वालामुखी-सा फूट पड़ा था, "जानती हो मैं किसी भी दिन ऑफिस से छँटाई किया जा सकता हूँ। आसार स्पष्ट हैं, मुझे एकाउंट्स से निकाल स्टोरकीपरी दे दी गई है। जिसे निकालना होता है, ऐसे ही करता है वह हरामी। सीधा नहीं निकाल कर कद से बहुत छोटा काम दे देता है उसे जिससे अपमानित होकर या तो वह खुद ही निकल जाए या फिर उसकी अयोग्यता के आधार पर निकाला जा सके उसे। अब तुम्हीं बताओ, जन्म से एकाउंट्स में रहा, स्टोरकीपरी का 'अ' नहीं जानता, और उसके बाद भी बास्टर्ड जरा-जरा सी बात के लिए फैक्टरी से ऑफिस और ऑफिस से फैक्टरी दौड़ाता रहता है ताकि दिमाग हमेशा गड़बड़, भड़का हुआ और अशान्त रहे; ऐसे में कहीं भी चूक हो सकती है। बस अपने ठंडे ऑफिस में घाघ की तरह बैठा वह इन्हीं चूकों की ताक में रहता है और ऐसी किसी भी चूक के हाथ आते ही, 'मत चूको चौहान की तरह' बड़े बाबू के पास शिकायत पहुँच जाएगी—'आदमी नहीं भूसा है, फैक्टरी ऑफिस भूसों से नहीं चलते।' जिस दिन यह शिकायत पहुँची नहीं बड़े बाबू के पास समझो अपनी घंटी बज गई।"

"तुमने कहा क्यों नहीं कि स्टोरकीपरी का तुम्हें कोई अनुभव नहीं ?"

"हजार काँइयों के मरने के बाद जन्मा वह एक अलग ही तरह का काँइया है। पूरा सैडिस्ट···आदमी के आत्मविश्वास को तोड़कर जब तक उसे दुम हिलानेवाला कुत्ता नहीं बना लेता, उसे चैन नहीं पड़ता। जानती हो मेरे विरोध करने पर उसने क्या जवाब दिया ? 'अभ्यास कीजिए, स्टोरकीपरी भी सीख जाएँगे। प्रैक्टिस मेक्स अ मैन परफेक्ट। हमारे यहाँ एक नौकर जब नया-नया आया था तो ऐसे रोटियाँ बेलता था जैसे ऑस्ट्रेलिया का मैप। पर आज रुमाली रोटी तक बनाने में उसकी कोई बराबरी नहीं।' ब्लडी बास्टर्ड, कुत्ता कहीं का ! मेरी तुलना घर के नौकर से कर रहा था।"

बोलते-बोलते पारस का चेहरा बुरी तरह से कुरूप दिखने लगा था, चेहरे पर तीन दिन की बढ़ी दाढ़ी के खरूट नहीं, जैसे काँटे-ही-काँटे थे नफरत के।

घर-वापसी पारसी की।

कुछ जिन्दगियाँ ऐसी होती हैं जो चलने से पहले ही रुक जाती हैं।

चिन्न-चिन्न कर उड़ते वे दिन। भयंकर त्रास, कुंठा और यातनाओं के बीच सेमल की रुई-सा उड़ता-बैठता मन पारसी का। बंजर जमीन में उम्मीद की तरह पूरे घर ने कुछ दिन इन्तजार किया था महेन्द्र का। आज...कल...परसों...पूजा की रोशनियों-सा जलता-बुझता महेन्द्र सबके भीतर।

और, एक दिन ऐसा आया कि वे सारी जलती-बुझती रोशनियाँ और सेमल की रुई-सा उड़ता-बैठता वह मन—सब बुझ गए। वे सारे स्नेह-उपहार जो इस परिवार की तरफ से समय-समय पर किसी-न-किसी रस्म के तहत दिए गए थे महेन्द्र को, लौटा दिए गए और साथ ही सवा आठ तोले का भीने का वह सेट जो सगाई के दौरान पहनाया गया था पारसी को, वह भी वापस माँग लिया गया।

"माई डियर पारसी, यू आर बैक टू पैविलियन"—बात को हवा में उड़ा देना चाहा था मणि ने।

पर उस घटना के बाद से जैसे पूरा घर ही एकाएक बेहद समझदार और संवेदनशील हो गया था। आनेवाले दिनों में घर में महेन्द्र शब्द उसी प्रकार स्वतः निषिद्ध हो गया था जैसे किसी आदर्श वैष्णव परिवार में रंडी शब्द।

मणि जितना करीब आने की चेष्टा करती, पारसी उतनी ही दूर-दूर। मणि देख रही थी, ऊपर से शान्त-शान्त, बेजार और बदरंग सी पारसी के भीतर एक पूरा ब्रह्मांड हिल रहा था। भीतर के तूफान को पूरे आत्मबल से थामे रहने के बावजूद उसकी कँपकँपाहट रह-रहकर फूट पड़ती, जब-जब किसी पड़ोसी, किसी रिश्तेदार या मुहल्ले की कोई ताई-चाची की आँखों का केन्द्र बन जाता—उसके बाएँ गाल का साढ़े चार इंच झुलसा, सिकुड़ा एवं ऊबड़-खाबड़ बन चुका वह कच्चा-भूरा मांस।

गंगाबाई भी अपनी तरह से बेहद दुखी थीं। उन्हें लगता, वे सिर्फ पारसी की माँ ही नहीं, उसकी भाग्य-विधाता भी हैं। उन्हें कुछ करना चाहिए। पूर्ण भाग्यवादी की तरह भाग्य के बन्द कपाट पर मत्था टेक वे बैठ भी नहीं सकती थीं और हालात से पूरी तरह जूझने की कूव्वत भी खो चुकी थीं। इस कारण उन्होंने अपनी बुद्धि और विश्वासों के अनुसार समस्या का अपना हल निकालना चाहा। पारसी के थोड़ा ठीक होते ही वे फिर दरकती काया के साथ जुट गई थीं—डोरा, जन्तर-मन्तर, झाड़-फूँक, ज्योतिष और तान्त्रिकों की दुनिया में।

मणि ने समझाना भी चाहा था कि पारसी का इलाज डोरा, जन्तर-मन्तर नहीं, प्लास्टिक सर्जरी है, पर गंगाबाई संसार के उन गिने-चुने लोगों में थीं, जो कभी गलत हो ही नहीं सकते। और, गंगाबाई के इसी रवैए के चलते कुछ दिन घर में सामूहिक समझदारी के बीते और फिर वही घोड़ा, वही मैदान।

घर वही सुलगता रेगिस्तान !

उस दिन बहुत दिनों बाद मणि ने अपनी डायरी में प्रथम पंक्ति लिखने की शुरुआत भर ही की थी—"जीवन जब डराने लगे तो क्यों जीया जाए ? क्योंकि हमारे लिए यह जरूरी है कि हम उस जीवन-वृत्त को अवश्य ही पूरा करें जो हमारे लिए खींचा गया है।"

कुछ दिन पूर्व ही मणि ने ऐसा ही कुछ पढ़ा था और उसी को वह एक प्रेरणा-सूत्र की तरह अपनी डायरी में लिख रही थी कि गंगाबाई चकले पर सिंके फुलके को फटकते-फटकते टन्नाईं, "आज कॉलेज गई तो कह देती हूँ, मुझसे बुरा कोई नहीं होगा। आज मुझे पारसी को लेकर नीलकंठी बाबा के पास जाना है।"

वक्त की नजाकत देख मणि ने हथियार डाल दिए थे, और अपनी डायरी को बन्द कर उसे अपनी अलमारी में रखने के लिए गई तो अलमारी के कोनों के ऊपर बिछी अखबार की पतली तह कुछ उठी सी दिखाई पड़ी। उसे ठीक करने के लिए उसने हथेली फैलाई तो हथेली में कुछ गड़ता सा लगा। हाथ डाला तो अवाक्—टुकड़े-टुकड़े की गई महेन्द्र की खूबसूरत तस्वीर को फिर दर्जनों टेप से जोड़कर सावधानीपूर्वक रखा गया था।

किसने किया यह···आवेगपूर्ण क्षणों में टुकड़े-टुकड़े और फिर जोड़। पारसी ? ध्यान आया रात चद्दर लेने के लिए उठी तो देखा था उसने, रक्ताभ आँखें और सूजे हुए पपोटे पारसी के। मन मचला कि पारसी के कन्धे पर हाथ रखकर दिलासा दे उसे कि जिसने गहन दुःख में साथ छोड़ दिया वह तो इस काबिल ही नहीं कि रोया जाए उसके लिए।

पर तब तक अम्मा की सप्तम-स्वरी चीख दुबारा चालू हो गई थी।

दुःख के प्रथम संस्करण के छँट जाने पर पारसी में कुछ परिवर्तन तेजी से होने लगे थे। स्वयं के प्रति वह निर्मम होने लगी थी। भविष्यविहीन उसके मानस और स्वप्नविहीन उसकी आँखों की भाषा को मणि ने पढ़ने में कोई चूक न की थी। कहा भी था उसने पारसी से एक बार—"अपनी चेतना में हर वक्त टँगे इस साढ़े चार इंच मांस के टुकड़े को निकाल बाहर करो··· न हो तो कुछ दिन शीशा देखना बन्द कर दो और अपनी पढ़ाई दुबारा शुरू करो···"

पर पारसी के फफोले पड़े मन में इतना दम न था कि वह जीवन से टक्कर लेने की सोचती। और, उस पर गंगाबाई की नसीहतें जो गाहे-बगाहे 'संसार असार···' का जाप जपती रहतीं और इन सबका सामूहिक प्रभाव यह हुआ कि उसने स्वयं को बूढ़ा महसूसना शुरू कर दिया था और घर के गोरखधन्धे से मुक्त होते ही वह चूहे की तरह अपने जले मुँह के साथ अपने बिल में जा घुसती या कभी ईश्वर-ध्यान तो कभी माला जाप। ऐसे में बेचैन, विकल मणि ने एक बार पारसी के हाथों से माला छीन ली थी,

"धारा के विरुद्ध तैरने की चेष्टा मत करो पारसी, अपने आपको धोखा मत दो...हम जीवन के अँधेरे को बाँट लेंगे..." मणि के सहानुभूतिपूर्ण स्पर्श ने जमकर बर्फ हुई उसकी संवेदनाओं को पिघला दिया था-- ...न रूप, न रंग, न डिग्री, न पैसा...जीवन कैसे कटेगा...किसके बलबूते... ?"

बिलख-बिलख कर रो पड़ी थी पारसी।

अपनी तरफ से मणि गंगाबाई, पारस और अमरनाथ बाबू—सभी को शान्त और संयत रखने की चेष्टा करती कि कहीं उनका दुःख, हताशा और आवेग पारसी को न छू ले।

अपनी बुद्धि से जब-तब वह पारसी को जीवन के प्रेरक प्रसंग सुनाया करती। उसमें हवा भरने की चेष्टा करती ताकि रूप और ग्लैमर की इस दुनिया में तुरन्त विरूपित हुई पारसी स्वयं को मिसफिट न समझे और जले गाल का वह दुःख जो भूत की तरह उसके सीमित सोच पर चिपका हुआ है, भूत की ही तरह भाग जाए।

इन्द्र की बातें उसके अवचेतन में गूँजती रहतीं और उन्हीं में अपना स्वर मिला वह समझाने का प्रयत्न करती, "बड़े-बड़े शहरों में जो दिखता है उसे ही सच मान कर नहीं बैठ जाओ...अब समय बदल रहा है। लोगों का सोच बदल रहा है...आनेवाले समय में तुम देखना, खेतों में पसीना बहाती एवं जीवन की लड़ाई लड़तीं स्त्रियाँ ही सुन्दर कहलाएँगी। सुन्दर वह हर कोई जो अपने श्रम, ऊर्जा से और आत्मिक सौन्दर्य से दूसरों के संसार को भी सुन्दर बनाए।"

कुछ-कुछ समझती पारसी, थोड़ी भीतरी मजबूती आती उसमें और कई बार उसके सोचने की दिशा भी पलट जाती।

उसे लगता यदि इसी प्रकार जीवन भरता रहा उसमें तो वह भी कर सकती है संसार का मुकाबला...वह सोचती, वह करेगी लेकिन तभी फिर कुछ-न-कुछ ऐसा घटित हो जाता उसके संसार में, कभी चुपके से आता कोई खयाल, कभी पारस का बुढ़ाया-झुँझलाया प्राणहीन थका चेहरा...कभी अमरनाथ बाबू का ठंड में अकड़ा शरीर जिसको ढाँपने में असमर्थ बीस वर्ष पुराना रंग-उड़ा, कई जगहों से रफू किया कोट और कभी गंगाबाई की बर्तन-भाँड़े, दाल-चीनी और झाड़ू के बिगड़ते समीकरण से उपजी अनवरत बकझक।

क्या इन सबके बूते जमा सकेगी वह अपनी जिन्दगी की जड़ों को ? शून्य में ताकती, शून्य होती हुई, सूनी सी सोचती रहती थी वह। जीवन की अपर्याप्तताएँ किस कदर टुकड़े-टुकड़े कर देती हैं जीवन को ! कॉलेज के लिए तैयार होते-होते भी अनदेखती आँखों से देखती जाती मणि, पारसी की उन वीरान आँखों को...जमी बर्फ-सी उसकी उदासी को और ज्यों-ज्यों दिन बीत रहे थे, पारसी की आँखों की ये बर्फीली उदासियाँ बढ़ती जा रही थीं...जिन्हें वह प्रायः धर्म की आड़ में साधु-साध्वियों के डेरे में जा-जाकर ढँकने का प्रयत्न करती।

और, ज्यों-ज्यों दिन बीत रहे थे, धर्म एक रोग की तरह, एक बिल की तरह, एक घोंघे की तरह, एक आड़ की तरह, एक कोहरे की तरह छाता जा रहा था पारसी की चोट खाई संवेदनाओं पर। उसे अच्छा लगता साधु-साध्वियों का डेरा जहाँ जीवन से दूर, अपनी आहत संवेदनाओं एवं अपने चोट खाए सम्मान के साथ वह सबसे छुपकर रह सके। कई बार वह पूरा दिन ही उपासरे (साधु-साध्वियों के रहने के स्थान) में काटने लगी थी। साथ-ही-साथ उपासरे का रंग भी चढ़ने लगा था उस पर। अब यदा-कदा वह उपवास भी रखने लगी थी। उन्हीं दिनों उसने हरी सब्जियों को खाना भी छोड़ दिया था।

ये सब चीजें विचलित कर देतीं मणि को। इन्द्र, उसके साथी और तेजी से ढलता वह आन्दोलन यूँ भी मणि को उद्विग्न और बेचैन किए रहता और उस पर यह नया ताजे खून-सा नया दुःख।

अभी सिर्फ पारसी··बाकी सब बाद में··यही सबसे बड़ी चुनौती, किस प्रकार जीवनहीन पारसी में जगाया जाए जीवन ? मणि सोचती और देखती कि उसके विचारों की आग को कहीं से भी हवा मिल रही थी तो सिर्फ अमरनाथ बाबू से जो जब-तब किसी थर्ड अम्पायर की तरह पारसी में तेजी से पनपती इस वृत्ति का विरोध करते रहते थे, "यह उम्र बनने की है, पाँवों पर खड़े होने की। न हो पढ़ाई तो किसी दूसरी लाइन में ही दक्षता प्राप्त करो। सिलाई-बुनाई, पेंटिंग, संगीत, कितना कुछ तो है करने को पर समय को यूँ नहीं गँवाओ··ये मुनि महाराज जीवन की समस्याओं का हल करने में तुम्हारी सहायता नहीं करेंगे··तुम्हें जीवन से मुकाबला करने की आत्मशक्ति नहीं देंगे। तुम्हें यह नहीं बता पाएँगे कि तुम अपनी रोजी-रोटी किस प्रकार कमाओ··क्योंकि इन्हें स्वयं नहीं पता··न हो तो तुम कुछ ट्यूशन ही पकड़ लो जिससे तुम्हारा मन रमा रहे।"

पर आत्मविश्वास खो चुकी इक्कीस वर्षीया पारसी को अमरनाथ बाबू की ये बातें कुछ भी राहत नहीं देतीं। उसकी तत्कालीन मनःस्थिति, चोट खाया आत्मसम्मान और आत्महीनता की ग्रन्थि को सिर्फ साधु-साध्वियों के सान्निध्य में ही कुछ राहत मिलती क्योंकि उसे लगता वहाँ जीवन का सीधा-सादा फॉर्मूला था। वहाँ शान्ति थी, वहाँ न भिड़न्त थी, न टकराव, न घर्षण, न खरोंच, न लोगों से निपटने का सवाल। वह आकाश-मार्ग था, धरती की धूल-धक्कड़, गर्द-गुबार और लू-झोंकों से दूर परलोक और परमात्माओं का मार्ग।

पारसी उसी मार्ग से अपनी मुक्ति खोज रही थी। इन दिनों उसने चमकीले वस्त्र पहनना भी छोड़ दिया था। जैन नियमों के अनुसार वह यथासम्भव सूर्यास्त-पूर्व ही खाने लगी थी, और प्याज की इतनी शौकीन पारसी कि कई बार मणि उसे प्याजी कहा करती थी, उसने प्याज की तरफ ताकना तक बन्द कर दिया था। पारसी में होते इन सूक्ष्म परिवर्तनों की भनक मणि को पहली बार लगी थी, जब एक दिन उसने देखा कि पारसी ने अपने लिए पानी भी उबालना शुरू कर दिया था।

हे भगवान ! क्या होगा इस घर का ! घबराकर मणि अपनी हथेलियों से ही अपनी

आँखें बन्द कर लेती। भीतर फैलने लगता विस्तार··· जीवन की सबसे बड़ी त्रासदी न रूप का छिन जाना है और न ही मीत का, जीवन की सबसे बड़ी त्रासदी है सपनों का छिन जाना। उस विश्वास का छिन जाना कि अन्ततः जिजीविषा के अनन्त स्रोत बाहर नहीं, मन के भीतर से ही खुलते हैं।

मणि चाहती थी पारसी से बात करना··· खूब अन्तरंग बातचीत, लम्बी बातचीत, हृदय से हृदय की। पूर्ण एकान्त में। घर से बाहर··· जहाँ घर की छाया डरा नहीं सके पारसी को। पर वह जानती थी, गंगाबाई कभी ऐसा नहीं होने देंगी। पारसी की इस बदलती मानसिकता से सबसे अधिक गदगदायमान वे ही थीं। अतृप्त चाहवाली युवा कन्या जाने क्या गुल खिलाए··· इस कारण पारसी के धर्म की राह पकड़ लेने से अपने विश्वासों के अनुसार वे परम सन्तुष्ट थीं। इन दिनों पारसी उनकी नजरों में कुछ-कुछ प्रतिष्ठित होने लगी थी। बस खटका था उन्हें तो मणि से जो उन्हें अपनी सबसे बड़ी दुश्मन नजर आती और उन्हें हर वक्त यही खौफ खाए जाता कि कहीं दह बिगड़ैल पारसी में फिर से उस जीवन के प्रति ललक न जगा दे जिसे वह पीछे छोड़ आई है और जिस पर बड़ी मुश्किल से गंगाबाई ठंडा पानी डालने में कामयाब हुई हैं। इस कारण वे भरसक मणि को पारसी से उसी प्रकार दूर रखतीं जिस प्रकार सयाने-समझदार माँ-बाप अपनी किशोर सन्तानों को अश्लील पुस्तकों से दूर रखते हैं।

इस कारण मणि ने जब पारसी को अपने ही साथ बाहर ले जाना चाहा तो अपनी गोल-गोल गुटकी आग्नेय आँखों से मणि को निगलते हुए शब्दों को उगला था उन्होंने—''पारसी को फुर्सत नहीं है आज तुम्हारे साथ मटरगश्ती करने की, उसे मेरे साथ जाना है, रामानाथ बाबा के पास, जन्तर बनाया है उन्होंने पारसी के लिए।''

''तो जन्तर लेने तुम चली जाओ··· पारसी का इसमें क्या काम है ?''

''नहीं, वे सही मुहूर्त में स्वयं मन्त्रोच्चार कर गले में डालेंगे पारसी के।'' नहीं चाहते हुए भी धीरमना मणि का धैर्य जवाब दे गया था। गंगाबाई के प्रति अपने दबे आक्रोश और प्रतिपल बलबलाती नफरत को वह छिपा नहीं पाई थी। तेज पड़ते स्वरों में फूट पड़ी थी उसकी हताशा—

''खूब समझती हूँ तुम्हारी मंशा, मुन्नी की तरह पारसी को जिस-तिस की भेंट नहीं चढ़ने दूँगी··· जन्तर-मन्तर से ही कुछ होता तो शादी के पहले ही क्या कम जन्तर-मन्तर, अँगूठियाँ, ताबीज हो चुका है पारसी का कि मुन्नी का··· पर तुम्हारी ओछी बुद्धि···''

अर्थपूर्ण ढंग से घुड़कती मणि की आँखें और चेताती शब्दावली वाला वह रूप देख अन्दर से डर गई थीं गंगाबाई। बुढ़ौती में बजाय सहारा बनने के लड़की ही दुश्मन बन गई थी। और, जैसे हिस्टीरिया का दौरा पड़ गया था उन्हें···। हाथों से अपने कपाल को दनादन पीटती बिलखने लगी थीं, ''हाँ-हाँ सारी मुसीबत की जड़ तो मैं हुई। जन्म भर खसम का सहा। अब वह बन्द हुआ तो उसके पिल्लों की धौंस सहो··· अरे भाग्य ही अच्छा होता तो खसम न सही औलाद का सुख-चैन तो नसीब होता··· डूबती उम्र में एक मुँहजली निकली··· एक करमजली···।''

ए.के. 56 की गोलियों से भी भयानक शब्द निकला था—'मुँहजली' जो सीधे जाकर पारसी की छाती पर जलते अंगारे की तरह गिरा था और जिसने उसके सारे विश्वास, आशा, आस्था, जीने के शुभत्व और प्रेम पर पोंछा लगा उसमें उस संसार के प्रति विरक्ति और अस्वीकृति के भाव भर दिए थे जिसमें अपनी ही माँ अपनी ही पुत्री की कुरूपता को स्वीकार नहीं कर पा रही थी।

बादल-सी बिखरी-बिखरी अपने ही अन्दर टप-टप टपकती मोम-सी उद्वेलित, अशान्त, लज्जित उस अकेली ने पल-भर के लिए खुद को तौला, फिर उदास ठंडेपन में कुछ-कुछ कँपकँपाती आवाज में कहा, "मुझे किसी स्वामी-वामी के पास नहीं जाना है, अम्मा तुम मेरे लिए परेशान न हो। मैंने सोच लिया है, मैं दीक्षा लूँगी। और वह भी इसी चतुर्मास में ̈।"

"दीक्षा ???" सही ही निकली थी मणि की आशंका। ऐसी ही कोई खिचड़ी पका रही थीं गंगाबाई। चेहरे पर विद्रूप उभर आया था मणि के। घोर पीड़ा में लिपटी, मैली मुस्कान बिखेरती बोली, " ̈दीक्षा ! अभी चार महीने पहले जो झरोखे में बैठी किसी राजकुमारी-सी चेहरे पर फेयर एंड लवली पोतते-पोतते नहीं थकती थी, वह आज संन्यासिनी बनेगी। वाह, क्या बात !"

वक्त की नजाकत देख घर के तीनों समझदारों ने अपने ओंठ सी लिये थे। सिर्फ गंगाबाई काफी देर तक गड़े खजाने की तरह अपने विगत को खोद-खोद कर गड़े मुर्दे उखाड़ती रहीं, अपनी वैवाहिक जिन्दगी की मिट्टी पलीद करती रहीं। स्पष्ट था, अपने विश्वास, सोच एवं समझ के अनुसार उन्हें वह कदम जो पारसी लेने जा रही थी, न सिर्फ पारसी के लिए वरन पूरे घर के लिए भी कल्याणकारी लग रहा था ! उन्हें करना सिर्फ एक काम था, विरोधी पक्ष के खेमे को उखाड़ फेंकना।

बहरहाल, घर एक बार फिर हल्दी घाटी का मैदान।

क्षमा करें ऋषिगण !

जैन साधु-परम्परा में 'दीक्षित' शब्द कुछ-कुछ इस प्रकार का चित्र खींचता है—धवल वस्त्र, घुटा सिर, हाथों में चरवला, नंगे पैर, मुँह पर सफेद पट्टी, घर-घर गोचरी (भिक्षाटन) एवं साधु के लिए निर्दिष्ट पाँचों महाव्रत—अहिंसा, सत्य, अचोरी, ब्रह्मचर्य एवं अपरिग्रह को जीवन में पूर्णतः उतारना, आत्मकल्याण में रत, धर्म-तपस्या-चिन्तन एवं स्वाध्याय के मार्ग पर निकला कोई मुमुक्षु।

मोटे तौर पर तीन वर्ग—मूर्तिपूजक, तेरापन्थ एवं स्थानकवासी में बँटे जैन समाज के सभी सम्प्रदायों में साधु-साध्वियों के लिए प्रायः एक सी ही आचार-संहिता। और यह माना जाता रहा है कि 2600 वर्ष पूर्व हुए अन्तिम तीर्थंकर श्री महावीर स्वामी द्वारा इस प्रकार की आचार-संहिता निर्धारित की गई थी। लेकिन इसका कोई लिखित प्रमाण नहीं

है। वाचिक परम्परा द्वारा यह पीढ़ी-दर-पीढ़ी चला आ रहा है।

जैन साधु-समाज को सम्पूर्णता में जानने के पूर्व थोड़ा गौर किया जाए जैन शब्द पर। 'जिन' शब्द से बने जैन शब्द का मतलब है जिसने अपनी इन्द्रियों को जीत लिया, वही जैन। दूसरे शब्दों में शरीर की न्यूनतम माँगों को पूरा करते हुए अधिकतम आत्मिक विकास। अपनी साधना के अन्तिम चरण में प्रकृति की अधिकाधिक अनुकूलता, विराट से साक्षात्कार एवं अन्तर्मन के समस्त आवेग एवं दुष्प्रवृत्तियों का शमन करते हुए त्याग, तपस्या एवं सर्वोच्च अहिंसा द्वारा परम शुद्धता और पूर्णता की ओर अग्रसर होना ही जैन धर्म का अभीष्ट है। चूँकि परिवार में रहते हुए इस प्रकार की लोकोत्तर एवं उच्चतम आध्यात्मिक अनुभूतियों को छूना एवं अपने 'स्व' को विराट में समाहित कर पाना असाध्य माना गया है, इस कारण करीब 2600 वर्ष पुराने जैन-धर्म के सभी सम्प्रदायों में साधु-साध्वियों की समृद्ध परम्परा रही है।

अपने दीक्षा लेने की उद्घोषणा पर पारसी ने मणि के अन्तर्जगत में जो विस्फोट कर दिया था, वह इस कारण नहीं था कि मणि को दीक्षा-जीवन में विश्वास नहीं था। जिस दीक्षित जीवन की प्रथम अनिवार्य प्रतिज्ञा ही हो 'मैं जल, वायु और वनस्पति का दुरुपयोग नहीं करूँगा' ऐसे उच्च चिन्तन एवं दर्शन से मणि को क्या आपत्ति हो सकती थी ? मणि उद्वेलित थी तो सिर्फ इस कारण कि वह मन की आवेगपूर्ण अवस्था में, कमजोर क्षणों में जीवन से घबराकर और कच्चा पड़कर लिया जाने वाला एक काला निर्णय था।

पारसी की जगह यदि गंगाबाई दीक्षा लेने की घोषणा करतीं तो मणि कदाचित उसका विरोध नहीं करती क्योंकि चाहे जैसा भी जीवन रहा हो, उन्होंने जीवन को एक सुदीर्घ अरसे तक भोगा था। और, पक्का भोगी ही पक्का योगी बन सकता है। नवल बाबू ने बताया था उसे कि महाराजा भर्तृहरि ने यदि 'श्रृंगार शतक' की रचना नहीं की होती तो वे इतने बेहतरीन ढंग से 'वैराग्य शतक' की रचना भी नहीं कर पाते।

और, इसलिए एक जुनून सा सवार था मणि पर, उस साधु-समाज को सम्पूर्णता में जानने का, जिसमें पारसी जानेवाली थी। वह यह जानकर हैरान रह गई थी कि जैन-समाज के सबसे बड़े वर्ग समुदाय तेरापन्थ सम्प्रदाय के नौवें आचार्य श्री तुलसी ने मात्र ग्यारह वर्ष की उम्र में ही दीक्षा ग्रहण कर साधुत्व अपना लिया था।

ग्यारह वर्ष की उम्र और दीक्षा ! जाने कितनी रातें मणि ने इस सच को झेलने में लगा दी थीं। ग्यारह वर्ष का बालक बिना संसार से गुजरे, बिना जीवन के सौन्दर्य, रागमय, चुनौतीपूर्ण एवं मधुर पक्षों का स्वाद चखे जीवन से ऊपर किस प्रकार उठ सकता है ? क्या जनमते ही कोई जवान हो सकता है ? जन्म के साथ ही अर्थ और काम जैसे पुरुषार्थों को बाईपास करके सीधे धर्म और मोक्ष की ओर उड़ान !

किताबों से उसने जाना था कि स्वयं भगवान महावीर एवं बुद्ध ने वैवाहिक जीवन से गुजरने के पश्चात युवा होकर 30 वर्ष की उम्र में दीक्षा ग्रहण की थी।

क्या होगा पारसी का ? विचलित हो उठती मणि। अधजला-अधमरा मन इस

कदर फड़फड़ाता-छटपटाता, मचल उठता कि क्लास में बैठे रहना दुश्वार हो जाता उसके लिए।...जिस ठंडी निस्संगता एवं निर्वैयक्तिता से कहा था पारसी ने उस दिन...मैं दीक्षा लूँगी...वह आवाज दिशा-दिशा, ठौर-ठौर से प्रतिध्वनित हो-होकर उसकी श्रवणेन्द्रियों से टकराने लगती। कक्षा में ही माथा पकड़ बैठ जाती वह और जब लगता अब सामान्य नहीं रह सकेगी तो बीच लेक्चर के अपने से हारी...अपने से लड़ती बाहर निकल पड़ती। ठीक उसी प्रकार जिस प्रकार कुछ दिनों पूर्व तक वह इन्द्र की खोज में इन्द्र के पिता या नवल बाबू के साथ निकल पड़ती थी।

जो देखा वह यह था

मणि के घर से दूर मानिकतल्ला में बने पार्श्वनाथ मन्दिर में एक बार कई साध्वियाँ गुजरात से आकर ठहरी हुई थीं। वे पार्श्वचन्द्र गच्छ सम्प्रदाय की थीं। मणि जब घुटनों के बल बैठकर उन्हें वन्दना कर रही थी तब उन साध्वियों की मंडली से अलग-थलग कुछ दूर पर खिड़की के पास अपने में गुम एक बच्ची साध्वी को देख बुरी तरह चौंक पड़ी थी। वह कुछ सोच पाती, इसके पूर्व ही उसके मुँह से निकल पड़ा था, "यह बच्ची...।"

"हाँ, पिछले महीने ही इनकी दीक्षा हुई है।" साध्वी चेतनाजी बता रही थीं। शिरीष के फूल-सी कोमल, मुँह से दूध की गन्धवाली वह बालिका झक-झक श्वेत साड़ी में आवृत्त, घुटा हुआ सिर और हाथों में चरवला और मुँह पर सफेद पट्‌टी बाँध अपने आत्मीय जनों के संसार को त्याग कर जीवन से विरक्त हो संन्यासिन बनी बैठी थी।

जैन-साधु परम्परा के अनुसार मणि को उस बालिका साध्वी की भी वन्दना करनी थी, लेकिन मणि ऐसा नहीं कर पाई थी। आचार्य श्री तुलसी की बात तो उसने पढ़ी-सुनी थी पर यह तो साक्षात देख रही थी। बड़ी देर तक मणि उस बालिका साध्वी के मनोभावों का अध्ययन करती रही थी। मन भर आया था मणि का—मैं ऐसे विधान को कैसे प्रणाम करूँ जिसने आठ वर्ष की बालिका से उसका बचपना, उसके खिलौनों का संसार छीन लिया !

कुछ एकान्त पाकर मणि ने साध्वी चेतनाजी से पूछने की घृष्टता भी की थी, "क्या आठ-नौ वर्ष के बालक-बालिकाएँ जीवन की विराटता, व्यापकता एवं रहस्यमयता को इतना समझ लेते हैं कि वे जीवन से ऊपर उठ जाएँ। आत्मचिन्तन, जीवन-जगत, परमात्मा, मोक्ष और अध्यात्म जैसे गूढ़ प्रश्न और साधुत्व के लबादे में लिपटी आठ वर्षीया बाला ! क्या ऐसा नहीं लगता जैसे एक आठ वर्षीय शिशु के हाथों में कोई गम्भीर पुस्तक थमा दी गई हो और वह बजाय पुस्तक पढ़ने के उसके कलेवर की सुन्दरता पर मुग्ध हो उसी से खेलने लगे ?"

लेकिन मणि के मन की उद्विग्नता साध्वी चेतनाजी को छू भी नहीं पाई थी। वे स्वयं दस वर्ष की अवस्था में दीक्षित हुई थीं। आत्ममुग्ध-सी वे कह रही थीं, "जिनमें

वैराग्य के भाव जागते हैं वे साधारण बच्चे नहीं होते, पूर्वजन्म के संस्कारों-स्वरूप ही ऐसे भाव उदित होते हैं।''

''पर क्या यह अस्वाभाविक, अप्राकृतिक और शरीर-विज्ञान के अनुसार अवैज्ञानिक नहीं—यह मानना कि पूर्वजन्मों के संस्कारों के फलस्वरूप ही सही, आठ-नौ वर्ष के बच्चे जीवन के रागमय पक्ष, विषय-बासना, सेक्स एवं स्त्री-पुरुष प्रेम आदि से वाकिफ हो जीवन से मोह-भंग कर पूर्ण संन्यासी बन सकते हैं ?''

साध्वी चेतनाजी की रुचि खिसकती जा रही थी इस प्रकार की वार्त्ता से। आज तक लोगों ने उनसे कभी संसार से सम्बन्धित कोई प्रश्न नहीं किया था। यहाँ चर्चाएँ धर्म, तपस्या, मोक्ष, परमात्मा, भजन, नवकार मन्त्र, त्याग आदि की होती थीं। कुछ विरक्ति भाव और मणि को टरकाने की गरज से कुछ तल्ख शब्दों पर उतर ही गई थीं, ''आप यह क्यों नहीं समझतीं कि इस उम्र की दीक्षा ही सफल दीक्षा हो सकती है, कच्चे मन पर धार्मिक संस्कारों की जो छाप पड़ती है वह जीवन-भर नहीं जाती। फिर हमारे यहाँ पूरी व्यवस्था है, कच्चे वैरागी को पक्का वैरागी बना लेने की।''

और, इसके साथ ही चेतनाजी मणि की ओर से विमुख होकर दूसरे श्रद्धालुओं की ओर मुखातिब हो गई थीं। मन खट्टा हो गया था मणि का⋯कैसा विचारविहीन, रुका हुआ, आत्मकेन्द्रित समाज ! जीवन जैसी विराट चीज और धर्म की क्लोरोफॉर्म सूँघा हुआ एक बना-बनाया साँचा, एकसूत्र वह जीवन ! हजारों सालों से चली आ रही यह परम्परा, पर कोई प्रतिवाद नहीं ! शायद इसीलिए कि यहाँ प्रतिवाद के सारे रास्ते बन्द कर दिए गए हैं। यहाँ प्रश्न नहीं किए जा सकते हैं। यहाँ गुरु को परमब्रह्म मान व्यक्तित्व को देवत्व से विभूषित कर दिया गया है।

हस्तक्षेप !

वर्षों बाद कथा-लेखिका के हाथों जब आचार्यश्री की पुस्तक 'घर का रास्ता' लगी तो उसे कोई आश्चर्य नहीं हुआ जब वह उसी पुस्तक में लिखी परम गुरु की इन पंक्तियों से गुजरी—''मेरा यह आग्रह नहीं है कि बाल दीक्षा ही होनी चाहिए। मैं योग्य दीक्षा का समर्थक हूँ। परन्तु कोई योग्य हो ही नहीं सकता, मैं यह नहीं मानता। अतः बाल-दीक्षा पर प्रतिबन्ध लगाने का अर्थ है सारे संसार के बालकों को अयोग्य करार देना। मेरा आग्रह है कि योग्य दीक्षा हो, फिर वह चाहे बालक हो, चाहे युवक हो, चाहे वृद्ध हो।'' (पृष्ठ-168)

एक अलग ही संसार परत-दर-परत खुल रहा था मणि के समक्ष। तेरापन्थी महासभा भवन, मुर्गीहट्टा का मन्दिर, सूतापट्टी का मन्दिर, पारसनाथ मन्दिर, बेलगछिया मन्दिर—कहाँ-कहाँ नहीं भटकती थी मणि इस संन्यासी संसार को सम्पूर्णता से जान लेने के लिए।

यह जानकर मणि हतप्रभ थी कि वह एक ऐसा धार्मिक संसार था जहाँ मानवीय सेवा द्वारा नहीं, वरन निषिद्धों के एंटीबॉयटिक दे-देकर धर्म के स्वास्थ्य की रक्षा की जाती थी।

साधु परिव्राजक लेकिन वाहन का प्रयोग निषिद्ध, घुटा मुँड़ा सिर लेकिन किसी अस्त्र द्वारा नहीं, कैंची का भी प्रयोग वर्जित, 'लोचन' की कष्टपूर्ण प्रक्रिया द्वारा (छाई से हाथों द्वारा बालों को नोचकर लोचना), ठंडा पानी निषिद्ध। सूर्यास्त के बाद जल ग्रहण, आहार ग्रहण निषिद्ध। स्नान निषिद्ध। बहते झरनों-नदियों में पैर डुबाना, हाथ डुबाना, फूलों को सूँघना—सब निषिद्ध। यहाँ जीवन के केन्द्र में है अहिंसा, अति सूक्ष्म अहिंसा, त्याग, तपस्या और जाप। चूँकि सुख आत्म का क्षरण करते हैं इसीलिए यहाँ शरीर को तपाना है, तपाते चले जाना है, यहाँ किसी को यह बात परेशान नहीं करती कि इन महान त्यागों, निषिद्धियों और कष्टों का सामाजिक एवं राष्ट्रीय सरोकार क्या है ? यहाँ जीवन को सारहीन, दुखपूर्ण एवं त्याज्य समझा जाता है। इस कारण जीवन को सुन्दर बनाने के कोई भी ऐसे उपक्रम नहीं किए जाते जिससे लोगों में जीवन के प्रति विराट स्वीकार्य भाव या आस्था जगे।

और, इसी कारण इन मुनियों, साधु-साध्वियों के निरन्तर सान्निध्य-सम्पर्क और सत्संग के बाद भी जब पूछा था मणि ने पारसी से, "क्या शरीर ही सबसे बड़ी जायदाद है ? क्या जीवन की सारी अर्थवत्ता, प्राणवत्ता, विराटता, व्यापकता और रहस्यमयता बाएँ गाल की साढ़े पाँच अँगुल-भर झुलसे मांस में समा सकती है ? छह महीने पूर्व जो सब कुछ थी, वह क्या आज कुछ भी नहीं रही ? क्या इस प्रकार आत्मसमर्पण कर धर्म नाम के घोंघे में जा घुसना जीवन का अपमान नहीं ? कायरता नहीं ?" तो मणि की एक बात भी का माकूल जवाब नहीं दे पाई थी पारसी।

वह दे भी नहीं सकती थी क्योंकि वह दिनोंदिन जिनके सम्पर्क में थी, वे परम फुरसती निश्चिन्तता से धर्मगीत गा सकते थे, उस समय भी जब पूरा कलकत्ता नक्सलवादियों के लिए कत्लगाह बना हुआ था। जब पलामू और कालाहांडी जैसी जगहों पर हर वर्ष माँ-बाप कुछ किलो अनाज के लिए अपनी ही सन्तानों को बेचने पर विवश थे। जहाँ युवतियों के शरीर पर मुश्किल से डेढ़-दो गज कपड़ा था।

पारसी की मानसिक दुनिया में हजारों की तादाद में वे निर्वाणाकांक्षी थे जो समाज-निरपेक्ष थे, जो धर्मरत थे, पर कर्मरत नहीं। जिनकी अपनी चिन्तन-अध्यात्म और तपस्या की अलौकिक उच्च दुनिया थी जहाँ सूखा, भुखमरी, भूख और भात, बाढ़, बेकारी, पेयजल की समस्या, नारी समस्या जैसी क्षुद्र बातों के लिए कोई जगह खाली नहीं थी। वहाँ कर्म-धर्म नहीं, धर्म को ही कर्म बना दिया गया था। वहाँ व्यक्ति का कल्याण व्यक्ति के संकुचित घेरे में था, सम्पूर्णता के विराट घेरे में नहीं।

जाने कितने प्रवचनों को सुना था मणि ने उन दिनों और यह सोचकर खासी विरक्त

हुई थी कि जिस धर्म में चींटी को भी मारना पाप समझा जाता हो, जहाँ पानी को भी छान कर पीने का विधान हो, उसके धर्माचार्यों को इस बात की तनिक भी बेचैनी और चिन्ता नहीं थी कि लाखों-लाख जीवन यहाँ कीड़ों की तरह कुलबुला रहे हैं। शैशव यहाँ दौड़ने की बजाय धूल, गर्द और कीचड़ में रेंग रहा है क्योंकि उनके धर्म-दर्शन और उनकी सोच के अनुसार ये रेंगता शैशव और कीड़ों की तरह कुलबुलाते ये जीवन सिर्फ अपने पूर्वजन्मों के फल को भुगत रहे हैं। इसी निरपेक्ष और फॉर्मूला सोच का परिणाम था कि ऐसे संसार-त्यागी और सत्य की राह पर चल निकले वीतरागियों की प्रथम पंक्ति के सर्वाधिक सम्मानित भावक वे ही थे जो हेरा-फेरी, धोखाधड़ी, ब्लैक मार्केटिंग और करोड़ों का सार्वजनिक पैसा हड़प लेने में सिद्धहस्त थे एवं कुछेक तो मुकदमों के जरिए राष्ट्रीय स्तर की ख्याति अर्जित कर चुके थे। महावीर स्वामी के विश्वव्यापी सन्देशों की यहाँ अच्छी 'सद्गति' हो रही थी।

ऐसे जले-भुने क्षणों में मणि को बड़ी शिद्दत से याद आती इन्द्र की जिसने एक बार बड़े मनोयोग से बताया था उसे कि चीन में सांस्कृतिक क्रान्ति के दौरान साधुओं को जबर्दस्ती गृहस्थ बनवा कर काम लिया जाता था।

सोचते-सोचते 501 ब्रांडवाली साबुन की बट्टी को कपड़ों पर रगड़ते-रगड़ते मणि अपने अन्दर की गहरी बावड़ी में जाने कब उतर गई थी। होश तब आया जब उसके बन्द बराँडानुमा स्नानघर को दनादन पीटकर उसे आगाह कर गंगाबाई बाजार करने के लिए निकल गई थीं।

बाहर निकल कर मणि ने अपनी सारी हताशा, अवसाद और झल्लाहट पारसी पर उड़ेल दी थी। झकझोर डाला था उसने पारसी को। बींध डाला था प्रश्नों के वाण चला-चलाकर; क्योंकि मणि जानती थी, पारसी की दीक्षा का निर्णय किसी बोधिसत्व और प्रबुद्धता की उच्चाकांक्षा के लिए नहीं था। वह भरपूर जीना चाहती थी।

"जानती हो पारसी, शादी का आकर्षण, भोग का आकर्षण कितना तीव्र होता है ? हिटलर ने अपनी आत्महत्या के पाँच घंटे पूर्व बाकायदा अपनी प्रेमिका से शादी की थी। मैंने तुम्हें कई बार महेन्द्र की तस्वीर को निहारते देखा है···क्या तुम्हारे मन का अतृप्त भौंरा साधु के चोले में तुम्हें शान्त बैठने देगा ?"

कपटी पारसी। जानती थी वह कि मणि के किसी भी प्रश्न का जवाब वह नहीं दे पाएगी, इस कारण इन दिनों वह प्रायः चुप्पी का खोल ओढ़ लेती थी। पर उस दोपहर चावल-चावल बिखरी मणि के धैर्य का चोला फट गया था और उसके भीतर से जो विद्रोही खूँखार जीव निकला उसने नोच-नोचकर इस कदर लहूलुहान कर दिया था पारसी को कि अन्ततः उसे भी अपनी खोल से बाहर निकलना ही पड़ा।

"यहाँ रहते मैं अपने लिए कुछ सोच नहीं पाती, मेरा अपना कुछ रहता ही नहीं यहाँ, यहाँ हर वक्त मुझे खाँसते-हाँफते पिता, थका-सहमा पारस और अपनी जिन्दगी की खार का पूरे घर से प्रतिशोध लेती अम्मा दिखती हैं···मेरा दम घुटता है उन्हें देख, जैसे इन सबकी छाती पर रखी मैं कोई भारी-भरकम शिला-भर हूँ। मैं जब इनके जीवन

में कुछ राहत नहीं ला सकती तो कम-से-कम अपने भार से तो इन्हें मुक्त कर ही सकती हूँ। यहाँ लोगों की हजारों-हजार आँखें हैं जो प्रतिक्षण मुझ पर तरस खाती हैं। दूर भाग जाना चाहती हूँ इन आँखों से—वहाँ जहाँ कोई मुझ पर तरस न खा सके। मेरे भीतर से हर क्षण, प्रतिपल एक ही आवाज उठती है—भागो, भागो…भागो यहाँ से…"

"पर क्या तुम जानती हो कि धर्म के नियम-कानूनों से बँधी उस दुनिया में एक बार तुम घुस गईं तो वहाँ से ससम्मान लौटने का कोई वीसा-पासपोर्ट तुम्हें नहीं मिलेगा—लगभग असम्भव !

"वहाँ निषेधों की चाइनीज दीवारें हैं।

"वहाँ तुम्हें एकान्त में अपने सगे भाई और पिता से भी नहीं मिलने दिया जाएगा; क्योंकि धर्म के उस दुर्ग में उन सब रोशनदानों को बन्द कर दिया जाता है ताकि पुरुषों के एकान्त सम्पर्क में न आ सको, ताकि तुम्हारे अन्दर कोई कामना न जाग सके।

"तुम्हें मुझसे कोई नियमित पत्र-व्यवहार भी नहीं करने दिया जाएगा। तुम फिर कभी इस घर में इस घर की पुत्री बनकर नहीं आ पाओगी, यदि आ भी पाओगी तो घंटे-आधे घंटे के लिए, साध्वी के रूप में, हमें दर्शन-भर देने के लिए, क्योंकि उस जीवन में सांसारिक जीवन के सभी कोमल तन्तुओं के पर काट दिए जाते हैं। भावनाओं के कोमल धागों को तोड़ दिया जाता है ताकि साधु का मन न भटके। वह भावनाहीन और भावशून्य बना रहे। धर्म के इस शुष्क, कर्महीन और भावनाशून्य रास्ते पर यदि तुम सिर्फ इसी कारण जा रही हो कि इस समाज में तुम्हारी शादी सम्भव नहीं तो याद रखो, शादी ही जीवन की अन्तिम उपलब्धि नहीं और न ही बाँझ स्त्री वह स्त्री है जिसने सन्तान को जना नहीं। बाँझ वे सभी स्त्री-पुरुष हैं जिन्होंने संसार से लिया ही लिया, दिया कुछ भी नहीं। तुम जल गईं। महेन्द्र ने तुम्हें त्याग दिया तो इसका मतलब यह नहीं कि तुम संसार को ही त्याग दो। विष पीकर विष ही दिया तो क्या दिया। कड़वाहट पीकर भी जीते जाना ही जीवन का नाम है, बाकी सब पलायन है। मेरी बात ध्यान से सुनो पारसी, फल देनेवाला पेड़ न सही, छाँह देनेवाला पेड़ तो तुम बन ही सकती हो। जाना ही है तो सेवा के मार्ग पर जाओ।"

खुट-खुट, खुटुर-खुटुर…भरपूर वेग से बजाई दरवाजे की कुंडी पूरी कर्कशता-व्यग्रता से खड़क रही थी। गंगाबाई आ गई थीं। मणि वापस कपड़ों के ढेर पर।

मनका-मनका बिखरा मन मणि का…फिर खुली डायरी—

दिन 25 नवम्बर '73। देर रात।

पूरे भूमंडल पर शायद हिन्दुस्तानी औरत ही एकमात्र ऐसी नस्ल है जो अपनी औकात उतनी-भर ही समझती है जितनी समझा देता है पुरुष उसे। एक नहीं ऐसे

कई-कई जीवन देखे…। अधिकांश स्त्री-दीक्षाएँ भी उसी परम सत्य के इर्द-गिर्द। पति या पुत्र की आकस्मिक मृत्यु, शादी का न हो पाना, सम्भावित वर का मुकर जाना या फिर जीवन की भयावह चुनौतियाँ। बहुत कम दीक्षाएँ ऐसी जहाँ जीवन के प्रति स्वाभाविक वैराग्य उपजा हो, जहाँ जीवन-सत्य से साक्षात्कार करने की आकुलता हो। आत्मा की मुक्तावस्था की पुकार हो या उच्च अलौकिक अनुभूतियाँ या बोधिसत्व की ललक हो।

कुछ ही दिनों पूर्व पढ़ा—एक पैंतालीस वर्षीया युवती ने श्रीकृष्ण की तस्वीर से ही बाकायदा विवाह रचा लिया था।

एक बार पारसी की शादी के गीत चल रहे थे। गीत में बारी-बारी से चाचा-चाची, नाना-नानी, दादा-दादी, बुआ-भाभी आदि के नाम लिये जा रहे थे। हठात् गाना उठानेवाली को अपना नाम लेने के लिए कहा गया। वह दो-तीन मिनट तक सोचती रही…ताजिन्दगी जिसने अपने लिए, अमुक की बहू, ठुमुक की माँ ही सुना हो, वह पैंसठ वर्षीया तत्काल अपना नाम नहीं ले पाई, कुछ ठहरकर ही शर्माते हुए उसने अपना नाम लिया था। ऐसा उदाहरण सिर्फ इसी देश में सम्भव है कि स्त्री अपना नाम तक भूल जाए। और इसका सीधा एक ही मतलब है—अपने 'स्व' का सम्पूर्ण विसर्जन ! आज भी इन मध्यवर्गीय घरों की सौ में से सत्तर महिलाएँ ऐसी मिल जाएँगी जो टेलीफोन पर आत्मविश्वासपूर्वक अपना नाम बताने की बजाय यही कहना पसन्द करेंगी, मैं मंगलदीप से बोल रही हूँ, मैं सोहनदीप से बोल रही हूँ, बिना इस चेतना के कि इनकी भी अपनी कोई स्वायत्त सत्ता है।

लेकिन घर-गृहस्थी में स्वयं के स्व को विसर्जित करनेवाली महिलाओं से कहीं ज्यादा निराशा मिली अध्यात्म के मार्ग पर निकल पड़ी महिलाओं से। पूरे जैन साधु-समाज के 2600 वर्षों के इतिहास में आज तक आचार्य-प्रमुख कोई भी साध्वी नहीं हुई थी। किसी भी साध्वी को यह बात परेशान नहीं करती थी कि संन्यास-आयु में वरिष्ठ होने के बावजूद साधु-नियमों के अनुसार उन्हें एकदम नए बने साधु की भी वन्दना करनी पड़ती थी। एक साध्वी से मैंने पूछने की धृष्टता भी की, "क्या यह स्त्री सम्मान के विरुद्ध नहीं ? किसी के भी प्रति गहन श्रद्धाभाव के चलते ही उसकी वन्दना की जाती है…इसकी एक गरिमा होती है, ईमानदारी होती है इसमें…एक सर्वथा नवागन्तुक साधु की एक वरिष्ठ साध्वी द्वारा वन्दना क्या बेमानी नहीं, क्या हृदय-प्रदेश से निकल सकती है ऐसी वन्दना ?"

लेकिन परम त्यागी की मुद्रा में निकले उनके जवाब को सुनकर अवाक् रह जाना पड़ा क्योंकि उन्हें इस बात की कोई चेतना ही नहीं थी, "वह हमारी भारतीय संस्कृति के अनुरूप है। फिर साधु वन्दनीय हैं, उनकी वन्दना करने से हमारे विकास के मार्ग में कोई रुकावट नहीं आती। फिर हम इतना क्यों सोचें ? दिगम्बर समाज में तो स्त्री को मोक्ष की अधिकारिणी तक नहीं बताया गया है, श्वेताम्बर समाज में कम-से-कम यह अधिकार तो दिया गया है। इसके अलावा कुछेक सम्प्रदायों में तो साध्वी को पुरुष-

समाज के समक्ष प्रवचन तक का अधिकार नहीं है। हमारे यहाँ कम-से-कम ऐसा तो नहीं।"

उतनी ही उड़ान से सन्तुष्ट जितना आकाश थमा दे पुरुष ! आत्मकल्याण के मार्ग पर निकल पड़े मुमुक्षु को आत्मसम्मान की कोई चेतना ही नहीं ! पर इसके लिए पुरुष दोषी है या वे स्वयं !

हस्तक्षेप !

वर्षों बाद कथा-लेखिका ने डायरी के उक्त पृष्ठ में पुनश्च लिखकर दो पंक्तियाँ और जड़ दी थीं—

किसी पंजाबी लेखिका ने लिखा है कि जिस देश के इतिहास-पुरुष ने वर्षों पूर्व अपना परिचय 'अहं ब्रह्मास्मि' कहकर दिया...उसी देश की स्त्रियाँ आज भी अपना परिचय अमुक की पत्नी या माँ कहकर देती हैं और सगर्व ऐसा करती हैं।

उस रात डायरी लिखते-लिखते अचानक आँख लग गई थी मणि की तो उसने एक सपना देखा—घर में पिता, भाई, पारसी और इन्द्र सभी की लाशें बिछी हुई हैं। घबराकर उठ बैठी थी वह। जीवन की दारुण यातना नींद में भी पीछा नहीं छोड़ रही थी !

हर पल वह सोचती—काश, कहीं से भी आकाश फोड़कर या धरती खोदकर इतना पैसा आ जाए कि वह पारसी की प्लास्टिक सर्जरी करवा सके। पारस को कोई बिजनेस करवा सके, पिता का इलाज करवा सके और माँ को कार्यभार से मुक्त करने के लिए कोई सेविका रख सके !

उस सपने के बाद पल-भर के लिए भी पलकें नहीं झपकी थीं उसकी। जाने कितनी बार उठी वह। ठंड से सिकुड़कर गठरी बनी माँ के सिरहाने तकिया लगाया, उन्हें चद्दर ओढ़ाई। अनदेखती आँखों से देखा, पारसी अलग अपनी खटिया पर लेटी-कुनमुनाती करवटें पलट रही थी।

भोक्ता से द्रष्टा बनी मणि सोच रही थी, कौन सुखी है इस घर में ? दो बहनें, दोनों को जीवन की लहरियों में प्राणलेवा थपेड़े देते दो इन्द्र—एक इन्द्र, दूसरा महा-इन्द्र (महेन्द्र)।

दूसरी दोपहर मणि कुछ शीघ्र ही घर लौट आई थी, मन में कहीं यह भी था कि दोपहर को प्रायः गंगाबाई सो जाती हैं। अतः ऐसे वक्त मौका देखकर यदि सम्भव हुआ तो फिर घेरेगी पारसी को।

लेकिन घर में घुसी तो अजीब ही दृश्य देखा। पारसी एक टाँग पर चौंधियाती धूप में खड़ी थी। "यह क्या ?" पूछने पर अम्मा ने बताया कि संन्यास की दुर्गम राह पर जानेवाली पारसी के आत्मबल की परीक्षा ले रही हैं वे। इसी कारण उन्होंने पारसी को घंटे-भर के लिए तपती धूप में एक टाँग के सहारे खड़ी होने को कहा था, पर डेढ़ घंटा बीत गया पारसी उसी प्रकार खड़ी है... "तुम देखना इसकी दीक्षा जरूर सफल होगी।"

मुँडकी हिला-हिला परम सन्तोष के साथ जारी किया गंगाबाई का फतवा सुन भीतर से अमरनाथ बाबू फुर्र से निकल पड़े। घर में इन दिनों उनकी हालत शरणार्थी जैसी ही हो गई थी। लेकिन गंगाबाई का फतवा सुन उनका इत्ता-पित्ता जल गया था। कँपकँपाते नीले होंठों से कहने लगे, "कैसी बैरिन माँ तुम"बन्नी का बाना पहनाते-पहनाते साधु का चोला पहनाते तुम्हारा हिया नहीं काँपता, अरे संन्यास प्राणों में होता है, दीक्षा मन की होती है। यह तो नहीं होता समझाएँ बेटी को और"'

अमरनाथ बाबू बात पूरी भी नहीं कर पाए थे कि गंगाबाई जाने कितने जन्मों के आक्रोश और नफरत की जाने कितनी परतों को फोड़कर फूट पड़ी थीं, पंजे निकाल-निकाल कहे जा रही थीं, "हाँ क्यों नहीं कहते कि मैं डायन हूँ"माँ नहीं, गृहस्थी में ही क्या सुख भरा है। तीस सालों से पिली हूँ। घड़ी-भर के लिए नहीं जाना सुख क्या है"सबका किया, सहा, मुझे क्या मिला ? 'जना-जना रा मन राखती, वेश्या हो गई बाँझ', बेटी का मन इधर-उधर भटके, वह व्यभिचारिणी हो जाए तो तुम लोगों को मंजूर लेकिन धर्म की राह पर चले तो मंजूर नहीं, अरे कैसे बाप हो तुम ! अपने बूढ़े तन की सेवा के लिए बेटी का भला नहीं देख पाते।"

अपने-अपने आर्किमिडीज

रफ्ता-रफ्ता बीतते दिन और बीतते समय के बीच पूरे वजूद से की गई मणि की प्राणपण चेष्टा, किसी प्रकार पारसी को रोक लिया जाए, दीक्षा लेने से। लोग दीक्षा क्यों लेते हैं ! हरेक से, जिस-जिससे सम्भव हुआ, पूछा मणि ने। पुरुष साधु से वह नहीं मिल पा रही थी क्योंकि एक तो वैसे ही इस मार्ग पर साध्वियाँ अधिक थीं और दूसरे जैन साधु नियमों के अनुसार अकेली महिला किसी मुनि से नहीं मिल सकती थी।

"आपने दीक्षा क्यों ली ? कब जागा आपमें वैराग्य संसार के प्रति ?"

अपने में खोई-खोई सी साध्वी भव्यानन्दजी कहने लगीं, "साधु-साध्वियों के सम्पर्क में तो शुरू से ही थी। एक अजीब सा सम्मोहन पैदा होता था उन्हें देखकर, दिव्य-दिव्य सा। उन्हीं दिनों घर में मेरी भाभी गर्भवती थी। उसकी प्रसव-पीड़ा देख मन संसार के प्रति विरक्ति से भर गया और तभी यहाँ मुनिवर कृष्णस्वरूपजी के सान्निध्य में हुए चौमासा में अठारह दीक्षाएँ हुई थीं, मैंने भी तभी दीक्षा ली थी।"

"और आपने ?" पूछा था उसने साध्वी प्रज्ञाजी से।

जमीन की ओर ताकते हुए कहने लगीं वे, "जीव-हत्या सबसे बड़ा पाप है, यह बात बचपन से ही मन में बैठ गई थी। एक बार घर में शादी थी, बचपन गाँव में बीता था। चूल्हे को जलाने के लिए जैसे ही मैंने गोबर के बने उपलों को तोड़ा उनमें बिलबिलाते कीड़ों को देख मन विरक्त हो गया। वितृष्णा से भर गया। बस उसी क्षण जो बीज फूटे विरक्ति के लिए, फिर संसार की तरफ रुख नहीं किया। हाँ, मैं उस समय

दस वर्ष की थी।''

वे चुप हो गई थीं। साध्वी प्रज्ञाजी का शान्त, सौम्य एवं करुणा से ओतप्रोत चेहरा बड़ा भला लग रहा था मणि को। अपने हिसाब से कहाँ गलत थीं वे ! एक दस वर्ष की बालिका से और अपेक्षा भी क्या की जा सकती थी ? पर काश, इस करुणा और दया के लहराते सागर को उचित चिन्तन के साथ सेवा-कार्य से जोड़ दिया जाता तो क्या देश को एक और मदर टेरेसा नहीं मिल जाती ? पर उनके भीतर के 'आर्किमिडीज' को कंडीशंड कर दिया गया उसकी धार्मिक आत्मा को कर्मकांडों से बाँधकर।

किस्से-कहानियाँ, अन्तहीन किस्से-कहानियाँ उस अनोखी दुनिया के।

समणी अक्षयप्रज्ञाजी के अनुभव और भी रोचक। वे पूर्णतः साध्वी नहीं थीं। समणी थीं, साध्वी के एक कदम पूर्व की अवस्था। जैन धर्म के तेरापन्थ सम्प्रदाय में महिलाओं को सीधे मुनि-दीक्षा नहीं दी जाती है (बाकी सभी सम्प्रदायों में ऐसा नहीं है), मुनि-दीक्षा के पूर्व उन्हें उपासिका एवं मुमुक्षु बनना पड़ता है। लेकिन पुरुषों पर ऐसे कोई प्रतिबन्ध नहीं हैं, उन्हें सीधा मुनि रूप में दीक्षित किया जा सकता है। पर दीक्षा-पूर्व उन्हें किसी मुनि के सान्निध्य में रहना जरूरी है।

''साध्वी और समणी में क्या अन्तर है ?'' मणि के पूछने पर उन्होंने बताया था कि समणी को दो चीजों की छूट है—आहार और विहार की। जैन मुनि नियमों के अन्तर्गत साधु या कोई भी साध्वी अपने निमित्त आहार नहीं बनवा सकती है। उन्हें पूर्णतः गोचरी पर ही निर्भर रहना होता है और विहार के लिए भी वे वाहन का प्रयोग नहीं कर सकते हैं।

करीब 25 देशों की यात्रा कर चुकीं उन समणीजी ने मणि को बताया कि अपनी स्कूली दीक्षा के दौरान एक बार उन्होंने साध्वी चन्दनबालाजी का अभिनय किया था। उस अभिनय को करते-करते वे स्वयं उस पात्र को जीने लगीं जिसके फलस्वरूप उनमें वैराग्य जागा। और, उन्होंने मुक्ति और मोक्ष का यह मार्ग चुना।

मणि अवाक थी। अपने जीवन-सत्य को कितनी सहजता से पहचान डाला था उन्होंने ? पर क्या जीवन-सत्य को पहचानना इतना सहज-सरल है ? और क्या एक काल-खंड का जीवन-सत्य सार्वकालिक बन सकता है ?

मणि ने अक्षयप्रज्ञाजी पर यह सवाल नहीं दागा था। उसे डर था, कहीं मधुर बातों एवं सद्भावना का ताना-बाना एक झटके से टूट न जाए ! लेकिन जाते-जाते वह स्वयं को रोक नहीं सकी, प्रश्न की एक चुभती मिसाइल उसने फेंक ही दी—

''आप जो इतना कठोर एवं संयमित जीवन जी रही हैं, आज की दलित और पीड़ित मानवता के सन्दर्भ में उसकी क्या उपयोगिता है ?''

कुल पल मौन···

पूरे विश्वास एवं परम शान्ति के साथ जवाब दिया था उन्होंने, ''दलित और पीड़ित मानवता···कर्म और पुरुषार्थ की कमी का फल है, आप तपती धूप में फटी गंजी पहने नंगे पैर दौड़ते जिस रिक्शेवाले की बात कर रही हैं न, उस रिक्शेवाले को भी भगवान

ने हाथ-पैर दिए हैं, अपने पुरुषार्थ से वह भी धन अर्जित कर सकता है।" मणि कुछ कहना चाहती थी पर जहाँ चिन्तन की धुरी ही भ्रमित हो, फॉर्मूलाबद्ध चिन्तन हो वहाँ क्या कहना और क्या नहीं कहना ! असहमति में लिपटी एक चुप्पी ओढ़ ली थी उसने।

बहरहाल, जाते-जवाते साध्वी चेतनाजी ने साधु जीवन की एक और बेहतरीन घटना सुनाई थी उसे।

घटना गुजरात की। करीब बीस वर्ष पूर्व की। माहौल शादी का। मंगल शृंगारिक गीतों का। धार्मिक वातावरण में पला-बढ़ा वर शादीवाले दिन भी भोर वेला में मुनि की वन्दना के लिए उपासरा में गया एवं खुद भी आसन लगाकर प्रतिक्रमण (करीब घंटे-भर की एक प्रकार की धार्मिक प्रक्रिया) करने बैठ गया। उस समय वह एक वर था। उसी समय भावी मंगेतर मुनि-दर्शन के लिए पहुँची। भोर के धुँधलके में उसे कुछ भी स्पष्ट नहीं दिख रहा था और उपासरा में बत्ती नहीं जलाई जाती थी उस समय। इस कारण उस युवती ने अपने मंगेतर को ही मुनि समझ वन्दना कर डाली।

बस यही क्षण और वैवाहिक जीवन के सपने सँजोए उस युवक ने शादी का बाना त्याग मुनि का चोला धारण कर लिया। भावी मंगेतर की भूल में उसने अपने जीवन सन्देश की आहट सुनी। बाद में वह किशोरी भी साध्वी बन गई।

एबीलार्ड सन्त ! जिसने अपनी जननेन्द्रिय को चाकू से काट दिया था—सन्त बने रहने के लिए।

क्या पारसी का संन्यासपन भी कुछ-कुछ वैसा ही है ? नहीं !

प्रश्न ! प्रश्न ! और प्रश्न ! !

इन्द्र ने कभी उसकी चेतना के पट को रसोईघर से मार्क्स-लेनिन और माओ तक पहुँचाया था लेकिन चेतना के वे ही अधखुले पट पूरे वेग से आज जब अध्यात्म, जीवन, चेतना, जीवन-जगत और मोक्ष से सम्बन्धित प्रश्नों से टकरा रहे हैं तो उनके समाधान के लिए किसके पास जाए मणि ?

मोहनजोदड़ो की तरह दिमाग को खोद-खोद डाला था उसने, इस प्रश्न का उत्तर पाने के लिए कि जिस जैन धर्म ने लाखों भिक्षुक इस समाज को दिए उसने एक भी विवेकानन्द क्यों नहीं दिया जो छाती ठोककर पूरे विश्व के समक्ष उद्घोषणा कर सकता कि जब तक एक कुत्ता भी भूखा है सिर्फ उसे खिलाना ही धर्म है, बाकी सब अधर्म।

कई बार थकी मजदूरनी की तरह वह परास्त हो उठती—हे भगवान ! तुमने भी किस भिनभिनाते मूड में या कि ओवरटाइम में गढ़ा मुझे। जाते-जवाते पारसी ने भी एक और आश्चर्य दे दिया था उसे। जिस रहस्य को सारी दुनिया से छुपाए अपने मन की काल-कोठरी में दबाए थी वह मणि, यह जानकर आसमान से गिर पड़ी थी पारसी उस रहस्य से भी अवगत थी।

एक रात पारसी को जीवन की सामान्य धारा में लौटा लाने के अन्तिम प्रयास-स्वरूप मणि ने कहा था उससे, "महेन्द्र का इतना गम न करो, न ही अपने जल जाने का क्योंकि जीवन में खोना-पाना कुछ नहीं होता। जीवन को बस जीए जाना होता है।

किसी खिलाड़ी की ही मानसिकता से। जानती हो, मेरे जीवन में भी एक युवक था···।

मणि वाक्य पूरा भी नहीं कर पाई थी कि वाक्य का उत्तरार्द्ध पारसी ने पूरा कर दिया था, "इन्द्र !"

"क्या ?" मणि साक्षात आसमान से ही गिरी थी उस क्षण के क्षणांश में।

"तुमने कैसे जाना यह नाम ?"

"एक शाम मुझे कुछ रुपयों की जरूरत पड़ गई थी, तुम्हारे पर्स को खोला तो उसमें एक अधलिखी चिट्ठी पड़ी थी। चिट्ठी के भाव और भाषा से लगा, वह तुम्हारा कोई साधारण मित्र नहीं हो सकता था।"

तो पारसी में इतनी समझ थी और फिर भी उसने आज तक घर के किसी सदस्य से बताना तो दूर स्वयं मणि तक से इसकी चर्चा नहीं की थी।

अपनी इस बड़ी बहन के प्रति सदैव ही कृतज्ञ एवं नतमस्तक रही थी मणि। आए दिन कुरुक्षेत्र बने घर में स्नेह की रत्ती-भर जो भी कोमल-कोमल छाया मिली थी उसे वह या तो पारसी से या कभी इन्द्र से।

इन्द्र चुपके से निकल चुका था और पारसी निकलने की तैयारी में थी। अपने दरकते प्राणों के अंश-अंश से बिलख पड़ी थी वह और जब बिलखते आँसू थामे नहीं थमे तो जी हल्का करने के लिए बाथरूम के निर्जीव फर्श पर बैठ गई थी वह। रोम-रोम रोया था उसका।

बातें, बातें और बातें···।

खबरें···खबरें···और खबरें··· पसरती-पसरती पूरी बिरादरी में कि आगामी चतुर्मास 24 सितम्बर '74, 5 भाद्रपद शुक्ल, बुधवार के शुभ दिन पारसी का विधिवत दीक्षा-ग्रहण।

नजदीक सरकते दिनों के साथ-साथ जैन ओसवाल समाज के ढेरों-ढेर लोगों की नित्यप्रति ही पारसी के दर्शनार्थ घर में आवाजाही बढ़ने लगी थी और अब जबकि दीक्षा में सिर्फ दस दिन ही शेष रह गए थे, प्रायः हर शाम ही पारसी का कहीं-न-कहीं न्योता। कारण, बहुत शीघ्र ही वह एक ऐसे संसार में प्रवेश करने जा रही थी जहाँ के संविधान के अनुसार पारसी को प्यार नहीं किया जा सकता था, उसके प्रति सिर्फ श्रद्धा ही व्यक्त की जा सकती थी। इस कारण सभी आत्मीय जन साध्वी बनने के पूर्व उसका पूर्व स्नेह-सत्कार कर लेना चाहते थे।

आते-जाते लोग। जय-जयकार गंगाबाई की भी। जैसा बीज वैसा फल। जीवन में पहली बार मिले इस मान से आँखें भर-भर आतीं गंगाबाई की। पारसी जैसी धर्मात्मा, पुण्यात्मा बेटी को जानने के आत्मगौरव से भीतर-ही-भीतर तवे की रोटी-सी फूल जातीं वे, पर बाहर से परम सन्त की तरह निस्संग रहतीं। एक ही रटा-रटाया वाक्य बोल देतीं, "बधाई बाद में, ईश्वर की कृपा से यह धरम का काज पहले सम्पन्न तो हो जाए।"

पारसी के लिए दीक्षा की सामग्री, सफेद साड़ी, सफेद ब्लाउज, श्वेत साया, मुँह पर लगाने के लिए श्वेत मुँहपट्टी, गोचरी के लिए लकड़ी के बने पात्र एवं चरवला--सभी पूरी पवित्रता एवं जतन के साथ कोठरीवाले कमरे में एकत्र किए जा रहे थे, जिन्हें

देख-देखकर मणि की आँखों में कुछ-कुछ वैसे ही जलते धुआँ फेंकते भाव छा जाते जो तीन वर्ष पूर्व उस सुबह छाए थे जो अपने साथ मुन्नी की बाँझ-सुहागरात के सबूत लाई थी और जिन्हें देखकर मुन्नी की चाची सास ने कहा था, "अब ऐसी बातें समझाए तो भी कौन ?" या उसकी मासी सास ने बाद में कहा था, "यह काम तो जानवर भी कर लेते हैं।"

उसी परिवार की आज यह दूसरी कन्या।

विक्षुब्ध मणि, यह जानकर कि वैदिक धर्म के कर्मकांड के विरोध की कोख से उपजे जैन धर्म में भी आज के जैनियों द्वारा दीक्षा के कर्मकांड, रीति-रिवाज लगभग वैसे ही बना दिए गए थे जैसे शादी के। वैसा ही जमावड़ा, मंगल गीत, हल्दी-उबटन, जगह-जगह आमंत्रण, प्रीतिभोज और अन्त में पितृकुल से माँ-बाप द्वारा कन्या का साधुकुल को 'दान'।

यह भी जान गई थी मणि कि दस दिनों बाद जो दीक्षा होने वाली थी पारसी की, उसे सामयिक दीक्षा कहा जाना था, उसके सात दिन बाद उसकी पक्की दीक्षा का प्रावधान था। सामयिक दीक्षा एक प्रकार की कच्ची दीक्षा थी, जिसके अन्तर्गत सात दिन का समय दिया जाता था मुमुक्षु को जिससे वह दीक्षा सम्बन्धी सारी कठोर दिनचर्या को भली-भाँति आत्मसात कर ले। इस दरम्यान उसके लिए गोचरी दूसरी साध्वियाँ लाती थीं, उसके कपड़े वगैरह भी दूसरे धो सकते थे, सात दिनों के अन्दर उसे आत्मनिर्भर बना दिया जाता था।

दीक्षा

23 सितम्बर '74 की वह रात। उदास। बेचैन। मारक। और खंड-खंड खंडित।

जीवन की आस्थाओं पर प्रश्नचिह्न लगाती-सी वह रात जो अन्तिम बार पारसी उस घर में गुजारने जा रही थी; उस पूरी रात टूटते तारों की तरह टप-टप बरसती जा रही थीं मणि की आँखें। बाथरूम की मूक दीवारें गवाह थीं उस पीड़ा की। पारसी के साथ गुजारी हुई जीवन-दायिनी स्मृतियाँ, स्मृतियों के दंश सब कुछ जब बेकाबू और असह्य हो गए और जब उसे लगा कि बाथरूम में बैठकर रोना भी उसके बूते का नहीं तो अपने भीतर ताजे खून-सी टप-टप टपकती हताशा और आक्रोश से निपटने के लिए वह उद्भ्रांत-सी कमरे में चक्कर काटने लगी। खुद को इतना थका देने के लिए कि सोचने की भी ऊर्जा शेष न बचे।

बाहर पिता। किसी थके, परास्त योद्धा-से। नम आँखें—सामने खुली गीता। अमरनाथ बाबू का क्षरण भी काफी तेजी से हुआ था इन दिनों। आवाज में सामान्य तेजी भी नहीं रही थी। बोलते-बोलते हाँफने लगते थे एकाएक। एक दुष्ट खयाल आया मणि को। पारसी ने टुकड़े-टुकड़े की हुई महेन्द्र की दर्जनों टेप लगी उस तस्वीर को अभी

भी अलमारी में अखबार के नीचे दबाकर रख छोड़ा है या नहीं। पी. टी. उषा की गति से पलटकर अलमारी तक पहुँचकर टटोला उसने। टटोल-टटोल कर देखा। तस्वीर नदारद। अभी कुछ दिन पूर्व तक देखी थी मणि ने वह तस्वीर। सम्भवतः इसी सप्ताह पारसी ने अपने आगामी साध्वी जीवन की मर्यादा का खयाल रख—अपने अन्तिम सांसारिक प्रेम की प्रतीक उस तस्वीर को फेंक दिया था।

अन्ततः सुबह।

ब्रह्ममुहूर्त में ही जाग गई थी पारसी। इन दिनों उसने अपनी दिनचर्या को साधु-जीवन के अनुसार ही ढाल लिया था। रात उसके हाथों पर मेंहदी रचाई गई थी। सूखी मेंहदी को उतारकर हाथों को अच्छी तरह धोकर पल-भर उसने निहारा अपने मेंहदी लगे हाथों को। मेंहदी जो अन्तिम बार रचाई गई थी उसके हाथों में। फिर अपने माता-पिता को पुत्री के रूप में अन्तिम सांसारिक प्रणाम किया। सात बजकर तेईस मिनट पर सामयिक दीक्षा का मुहूर्त। जैन समाज के लोगों का आना-जाना शुरू। जयपुर-जोधपुर से भी आए कई रिश्तेदार।

उबटन लगाकर नहलाया गया था पारसी को। जीवन का अन्तिम स्नान। और अब उसका सोलह शृंगार। बिन्दी, काजल, चूड़ी, हार, पायल, सब कुछ। शादी का वही जोड़ा जो कभी उसे सांसारिक बनाने के लिए बनाया गया था, उसे संसार से निकल जाने के उत्सवस्वरूप पहनाया जा रहा था...और जिसे यन्त्र की तरह पहनते देख मणि ने आँखें घुमा ली थीं, कलेजा प्रतिपल फुँक रहा था उसका। और, जिन भारी क्षणों भावहीन, इच्छारहित एवं जीवन-स्पंदनों से दूर, रिक्त पारसी की काया को किसी शव की तरह सजाया जा रहा था, बेबस, बेकाबू मणि ने अपने अन्तिम प्रयासस्वरूप एक चिट पारसी को पकड़ा दी थी, "प्रकृति माँ की गोद में शिशु बाद में देती है, स्तनों में दूध पहले।" पारसी मूक। बस होंठों पर अंगुली धर शान्त रहने का इशारा किया मणि को। जाते वक्त माथे पर हाथ फेरा था उसने मणि के। गालों को थपथपाया था उसके, और रुँधे अवरुद्ध कंठ से किया संक्षिप्त संवाद, "बाबूजी का खयाल रखना और यह सोचकर दुखी नहीं होना कि मैं स्वयं को घर-निकाला दे रही हूँ... मैं सचमुच इस संवेदनाशून्य अहंकारी और सिर्फ रूप को पूजने वाली दुनिया से दूर चली जाना चाहती हूँ... बहुत दूर..."

वह संवाद और संवादवक्ता दोनों जा चुके हैं लेकिन उनकी गूँज-अनुगूँज आज भी जब-तब विकल कर देती है मणि को।

दीक्षा-स्थल।

ऐसे ही जमावड़ों के लिए दानवीरों और सामाजिक संस्थाओं द्वारा बनाया गया भवन। लोगों से खचाखच भरा मंच सामने। जमीन से पाँच फुट ऊँचा। मंच के दाईं ओर एक कुर्सी पर सजी-धजी पारसी ताजी-टटकी सी। खरगोश के पंख जैसे धवल वस्त्रों में दिपदपाते, दैदीप्यमान मुनिगण, साध्वियाँ। हजार-हजार वाट के बल्ब की तरह

जगमगाते चेहरे सभी के। ठीक उतने ही वजन की खुशी, टप-टप टपकती जैसी पुत्र-जन्मोत्सव पर अपनी वंशबेल को फलते-फूलते देख परिवार के मुखिया की।

शुरुआत। मंगलाचरण। फिर किसी स्थानीय छुटभैया नेतानुमा व्यक्ति द्वारा धर्म और आधुनिक पीढ़ी पर संक्षिप्त भाषण। तालियाँ। तदुपरान्त सार्वजनिक रूप से, अपने माँ-बाप से दीक्षा मार्ग पर जाने की औपचारिक आज्ञा माँगती पारसी। साध्वी सत्यप्रज्ञाजी की फिर औपचारिक घोषणा कि पारसी यदि इस मुहूर्त भी चाहे तो सांसारिक मार्ग पर वापस फिर सकती है।

"करोमि–भन्ते सामाइयं सावज्जं जोगं पचक्खामि
यावज्जीव–पज्जुवासामि दुविहं निविहेणं न करोमि न कारनेमि।"

प्राकृत भाषा में साध्वी सत्यप्रज्ञाजी बुलवा रही थीं पारसी से, "हे भगवान्, मैं आपके चरणों में आकर, मनसा-वाचा-कर्मणा, दीक्षा स्वीकार करती हूँ। यदि अतीत में मैंने कुछ पाप किया हो, वनस्पति, पानी या वायु का दुरुपयोग किया हो तो प्रायश्चित करना चाहती हूँ।"

और, उसके बाद पूरी जनता के समक्ष सार्वजनिक रूप से उसे साध्वी घोषित कर दिया गया था। नवीन नामकरण के साथ–साध्वी भव्यानन्दाश्री। इस घोषणा के साथ ही शुरू हुआ उसका विरूपीकरण। जो कुछ भी आभूषण पहन रखे थे उसने॰॰सबको एक-एक करके उसकी देह से उतरवाया गया और उनकी बोलियाँ लगाई गईं।

अँगूठी पाँच हजार॰॰पाँच हजार॰॰एक।

कानों की बालियाँ॰॰दस हजार॰॰दस हजार॰॰एक। घड़ी॰॰घड़ी जो अब वह कभी नहीं पहनेगी॰॰पाँच हजार॰॰पाँच हजार॰॰पाँच हजार॰॰एक। गले का हार॰॰पायल, जरीवाला घाघरा सभी कुछ बिका काफी ऊँचे मूल्यों पर और यह घोषित किया गया कि बोलियों से उगाहा जानेवाला सारा धन धर्म-कार्य के निमित्त लगाया जाएगा। श्रद्धापूर्ण भावभीना दृश्य। महिलाएँ, वृद्ध, पुरुष सभी की आँखें नम।

पन्द्रह-बीस मिनट का अन्तराल !

बदला हुआ परिप्रेक्ष्य !

दुल्हन पारसी का संन्यासिन पारसी में रूपान्तरण। श्रृंगारहीन। मुँड़ा सिर। मुँह पर श्वेत मुँहपट्टी। नंगे पैर। श्वेत वस्त्र। हाथों में चरवला। चेहरे पर भावहीन उदासी।

अपने इस नए परिधान में पारसी ने अपने दीक्षा-गुरु की वन्दना की और समस्त जन-समुदाय ने उसकी। धर्म की जय ! आचार्यश्री की जय। जैन धर्म की जय ! साध्वी भव्यानन्दाश्री की जय। भिक्षु स्वामी की जय !

अमरनाथ बाबू ने सुबह हथियार डालते वक्त एक ही गुहार की थी, "ईश्वर, तुम्हारी इच्छा में ही मेरी शान्ति है।" और, अभी तक स्वयं को किसी तरह साध रखा था उन्होंने, पर पारसी को इस संन्यासिन परिधान में देख उन्हें जबर्दस्त दृश्यात्मक आघात लगा था। सुबह तक जो पारसी उन्हें ब्राह्मी आँवला केश तेल की साक्षात चलती-फिरती मॉडल नजर आती थी, उसे यूँ अकस्मात घुटे-मुँड़े सिर देख वे

विकल-विकल हो उठे थे। प्राण खींच लेनेवाला वह एक असाधारण क्षण था जिसे वे झेल नहीं पाए और अपने दरकते प्राणों के अंश-अंश से चीख पड़े थे—"स्त्री का गंजापन। नहीं, नहीं, यह ठीक नहीं है, इसे रोको, हे भगवन ! मैं यह क्या देख रहा हूँ ?"

समारोह की सम्पन्नता के पूर्व ही पारस और मणि अमरनाथ बाबू को लेकर घर लौट पड़े थे।

घर।

घर में सबका उपवास। इस कारण जो नियमित आवाजें, हलचलें थीं वे भी शेष थीं। पिता को पहुँचाकर पारस भी दीक्षा-स्थल की ओर पुनः लौट चुका था और उस पूरी संध्या घर के उस दमघोंटू शून्य में दो जीवित प्राणी नहीं, सिर्फ दो साँसें धड़क रही थीं।

शून्य की ओर ताकते हुए, शून्य में बैठी मणि के शून्य में रह-रहकर पारसी की छवि कौंध रही थी। कितना विरक्तिपूर्ण ! दीक्षा का भी इस प्रकार सार्वजनिक प्रदर्शन ! पहले दुल्हन···दुल्हन का शृंगार···फिर विरूपीकरण सौन्दर्य का··· शायद इसलिए कि कोई मुग्ध न हो उठे सृष्टि की इस सर्वाधिक सुन्दर कृति पर !

"आदमी इतना टूट क्यों जाता है जीवन से ? क्या हमारे भीतर जीवन की जड़ें गहरी नहीं ?"

लगभग सप्ताह-भर पूर्व पारसी के सन्दर्भ में यही प्रश्न पूछा था मणि ने नवल बाबू से।

"शायद नहीं, क्योंकि हम जीवन का मैनुअल नहीं पढ़ते। यदि पढ़ते तो हम समझ पाते कि जीवन का समग्र दर्शन कभी भी पीड़ा का दर्शन नहीं हो सकता। दुःख, टूटन, एवं पीड़ा के प्रथम आवेग में ही हम समस्त मानवीय मूल्य, आस्थाएँ, ईश्वरीय विधान एवं नैतिक मूल्यों पर अँगुली उठाने लगते हैं जबकि हम पर अन्तिम निर्णय अभी नहीं हुआ होता है।"

"तो क्या बुद्ध का दर्शन कि जीवन दुखों से भरा है, अन्तिम सत्य नहीं ?"

"नहीं, बुद्ध, मार्क्स, नीत्शे सब अधूरे सत्य हैं।"

खाली मकान में भड़भड़ाते भूत की तरह मणि के भीतर गूँज रही थीं आवाजें और सिर्फ आवाजें। कभी इन्द्र की, कभी पारसी की और कभी नवल बाबू की।

पारसी की दीक्षा की दूसरी सुबह जब अमरनाथ बाबू ने मणि को उस दिन का समाचार-पत्र दिखाया था तो उसे कुछ अचम्भा हुआ था, क्षण के क्षणांश में मन में कहीं यह उभरा—"क्या पारसी की दीक्षा की खबर अखबार में···" अत्यधिक कमजोरी एवं अवरुद्ध गला होने के कारण पिता बोल नहीं पाए थे, अँगुली के संकेत से उन्होंने एक खबर को रेखांकित किया था, "अहीरन टोला, कस्बा बेलीगंज, जिला हरदोई की दो बहनों ने घर की बेहद गरीबी से तंग आकर अपने पिता और भाई को अपनी शादी

की जिम्मेदारी से मुक्त करते हुए फाँसी खा ली थी।"

पिता का आशय समझ नहीं पाई थी मणि, इस कारण काफी देर तक टुकुर-टुकुर वह पिता की आँखों से उड़ती, सूखी रेगिस्तानी आँधियाँ ही देखती रही थी। सारे संसार का सन्ताप⋯विवशता और बेचारगी सिमट आई हो जैसे उन आँखों में⋯कुछ मुश्किल से समझ में आया मणि को पिता का आशय⋯इस परिवार की भी दो पुत्रियाँ—मुन्नी और पारसी। पिता और भाई को अपनी जिम्मेदारियों से मुक्त रखने के लिए एक ने अर्द्ध-विक्षिप्त का वरण किया और दूसरी ने सिर मुँड़ा लिया⋯जोगन बन गई। अमरनाथ बाबू का शब्द-शब्द लहू सना⋯बिलखता-बिलखता⋯निकल रहा था—"जानती हो मणि, हम राजपूत से जैन बने हैं और राजपूतों का तो इतिहास ही यही रहा है⋯परिवार के बड़े पुत्र को सेना में भेजना और बेटियों को बलि चढ़ाना⋯राठौर चक जैसे गाँवों में, राठौर और सिसौदिया वंशज राजपूतों के बीच आज भी यह परम्परा जीवित है, अपने बड़े पुत्र को सेना में भेजना⋯।"

वृद्ध पिता को इस प्रकार बिलखते देखा नहीं गया मणि से⋯कहीं प्राणों के भीतर वह भी रो रही थी। पिता के लिए चाय बनाने के बहाने वह वहाँ से खिसककर चौके में स्टोव जलाने चली गई थी।

चाय बनाकर लाई मणि, तब तक अमरनाथ बाबू नीचे उतर गए थे। पारिवारिक जिम्मेदारियों को पूरी तरह से न निभा पाने की आत्मग्लानि, युधिष्ठिर के जुए की तरह जिन्दगी को पूरी तरह हार जाने की पीड़ा एवं भयंकर अपराधबोध ने उनकी मानसिक शान्ति इस कदर मटियामेट कर दी थी कि वे क्षण-भर के लिए भी अकेले नहीं रह पाते थे। गंगाबाई आजीवन उन्हें तोड़ती रहीं, पारस को भी उन्होंने उनसे दूर-दूर ही रखा। अपने दूसरे विवाह के उपरान्त जो कुछ भी रख-रखाव, जतन या केयर मिली, पुत्रियों से ही मिली। पुत्रियों के लिए कुछ न कर पाने की पीड़ा एवं आज बीच बातचीत के मणि के उठकर चले जाने को भी उन्होंने गलत समझा। बूढ़े मजदूर, बूढ़ी रंडी और फल नहीं देने वाले वृक्ष को कोई नहीं पूछता, और उसके बाद से वे अपने अन्तर के महामौन में चले गए थे।

बेड नम्बर 11

करीब सप्ताह-भर बाद अमरनाथ बाबू को ब्रेन-हेमरेज का झटका लगा था। पास के ही अर्द्ध-चेरिटेबल अस्पताल में ले जाया गया था उन्हें, जहाँ छटपटाते हुए जीवन और मौत के बीच आँख-मिचौली खेलते हुए वे न किसी के पिता रह गए थे, न किसी के पति, वे एक संवेदनहीन दुनिया के बेड नम्बर ग्यारह में तब्दील हो चुके थे। पहली बार झटका लगा था मणि को जब उसने उसी अस्पताल के न्यूरो सर्जन डॉ. श्यामल चक्रवर्ती से पूछा था, "आमार बाबा केमन आछे ?" (मेरे पिता कैसे हैं ?) और जवाब देने की

बजाय उन्होंने प्रतिप्रश्न किया था, "कौन, बेड नम्बर ग्यारह ?"

उसी बेड नम्बर ग्यारह को एक बार पूरी तरह से होश में देखने की ख्वाहिश लिये मणि तीन दिन तीन रात बेड नम्बर ग्यारह के बाहर दीवार से सिर टेक कर ऊँघती देखती रही थी, एक दूसरी ही किस्म की दुनिया को खुलते हुए पूरे छत्तीस बेड्स के बीच। एक ब्लड प्रेशर मशीन और वह भी खराब, दो-दो, तीन-तीन दिनों तक मुख्य न्यूरो सर्जन का अनुपस्थित रहना, दवाइयों की चोरी, नर्सों की हृदयहीन लापरवाही (एक बार दवाई ही गलत दे दी⋯एक बार कैथेटर ट्यूब ही रात-भर निकली पड़ी रही, दो-एक बार कैथेटर ट्यूब को खोलना ही भूल गई जिससे पेशाब नहीं निकल पाने की पीड़ा से छटपटाते रहे अमरनाथ बाबू), पर कुछ भी उसे उतना विचलित नहीं कर पाया था⋯उसे विचलित कर रही थी सिर्फ अतीत की स्मृतियाँ⋯स्मृतियों के दंश⋯इन्द्र का चेहरा बोलता हुआ—"यह सारा सिस्टम ही करप्ट है।"

"माना यह सिस्टम भ्रष्ट है, पर तुम लोग भी तो आदमी को आदमी कहाँ मानते हो, यन्त्र मान उसे सामूहिकता में ही तो बदल देते हो। रूस और चीन भी तो आदमी को असली खुशी कहाँ दे पाए ? जिस कदर जोर-जुल्म वहाँ हो रहा है⋯व्यवस्था की परिभाषा में रोटी का हल चाहे निकाला जा सकता है, पर जिन्दगी का नहीं⋯" अपने नए अर्जित ज्ञान के अभिमान से बोल पड़ी थी वह (उन दिनों पूँजीवाद-साम्यवाद पर उसका अध्ययन जोरों पर था)।

"बस⋯बस⋯।" मणि को बात पूरी भी नहीं करने दी थी उस ढीठ ने। अपने नए भोले विश्वासों के विरुद्ध कई बार वह कुछ सुनना ही नहीं चाहता था। चिढ़कर बोल उठा था, "जाओ प्रेमगीत लिखो या भुट्टा सेंको⋯तुम्हारे बुर्जुआ भेजे में नहीं समाएगी ये सब बातें⋯।"

उठते-बैठते, ऊँघते, सोते-जागते ये सभी आवाजें, सभी पदचिह्न पीछा करते मणि का जिन्हें याद कर कभी अपने आप अकेले में ही हँस पड़ती वह⋯कभी रो पड़ती, कभी उदास हो जाती और कभी गुमसुम।

इन्द्र, पारसी, सन्दीप, शैवाल, शान्तनु आदि पदचिह्नों में एक और पदचिह्न को जोड़ते अमरनाथ बाबू, इन्द्र की ही तरह मणि को बिना किसी सफाई का मौका दिए पाँच अक्टूबर '74 को अर्द्धरात्रि के किन्हीं क्षणों में अपने 'मैं' को वैश्वानर में विलीन करके बीत गए थे, रात बीतने के पूर्व ही।

तुम लिखो, कॉमरेड

महाकवि गेटे ने लिखा था, "जीवन के सारे दर्शन पीले पड़ जाते हैं लेकिन जीवन का वृक्ष सदैव हरा-भरा रहता है।" मुन्नी, इन्द्र, पारसी, काशीपुर-बरानगर का आघात और अब अमरनाथ बाबू के हादसे ने 'कोई मौत अब डराती नहीं⋯कोई यातना दिल दहलाती

नहीं...' यही कुछ बना दिया था मणि को।

अपने कोठरीनुमा कमरे की खिड़की से दिखता आसमान का जो टुकड़ा पहले झिलमिलाता था, वह अब एकदम बदरंग हो चुका था...मणि अब भी देखती रहती थी वहाँ, लेकिन एक चीज थी मणि के पास जिसने उसे पारसी और मुन्नी से भिन्न कर रखा था...वह चीज थी उसकी स्वाभाविक दुर्दान्त जिजीविषा और भीतर बहता इन्द्र जो उसकी जीवन-लौ को बुझने नहीं देता था। अपनी समस्त टूटन और बिखराव के बावजूद जो उसको निपट आत्मशून्यता से बचाकर रखा हुआ था।

कुछ रुके-पड़े खामोश दिन। सप्ताह, महीने।

प्रतिपल दरकती भीतर कच्ची मिट्टी जब कुछ जमने लगी, झरझर झड़ना पतझड़ के पत्तों-सा जब भीतर का क्षरण कुछ थमने लगा तो वह फिर खड़ी हो गई थी अपने पाँवों तले की जमीन को कुछ मजबूती देने।

बी.ए. की परीक्षाएँ उसने दीं, एम.ए. के लिए फार्म भी भरा...साल-भर की इस बीच की अवधि में जीवन की परिधि में थी भीड़। बस। कॉलेज, लाइब्रेरी-नोट्स, सुबह-शाम चूल्हा, चूल्हे का धुआँ, युवा भाई का मलबा होता बुढ़ाता शरीर, बर्तन-भाँड़े। झाड़ू-पोंछ, अम्मा की बक-झक, सीमित बजट। भाई के रफू हुए पैंट, फटे मोजे, सौ छेदोंवाली बनियान, अम्मा की खोआ लगा-लगाकर पहनी हुई साड़ी। एक-एक कर बिकती पुरानी चाँदी। पुराने सिक्के। पुराने बर्तन पीतल के।

जीवन के बेचैन लम्हे थे...काले पानी-से जीवन के सूने सफर में जब-तब इन्द्र का बिजली की तड़प-सा कौंध जाना। कुछ प्रश्न...इन्द्र के साथ आखिर हुआ क्या था ? कैसे प्राण छूटे उसके ?

उन दिनों वह भूले से भी लाल बाजार की तरफ से गुजर नहीं पाती थी। कलकत्ते के लालबाजार की यह लाल, लम्बी इमारत, कलकत्ता पुलिस हेडक्वार्टर के नाम से विख्यात यह इमारत, ठिठक जाती मणि। पूरा शरीर जैसे दहकता अंगारा बन जाता...यही वह भयंकर इमारत थी जिसमें इन्द्र को रखा गया था...यातनाएँ दी गई थीं...इन्द्र जो जीवन के जाम को छलकाता आया था यहाँ, और मौत के अँधेरों से भर दिया गया था। कौन जान सकता था इस खूबसूरत इमारत की किस कोठरी में किसने कितनी यातना भोगी ?

...और देखते-ही-देखते इन्द्र जैसे लाल सितारा बन उसे आवाज देता...मुझे लिखो...मुझे खोजो।

"मुझे अपने पाँवों पर खड़े हो जाने दो इन्द्र, यदि मैंने जिन्दगी से टक्कर लेते हुए अपने लिए जरा सी भी स्पेस बनाकर नहीं रखी तो मुझे भी मुन्नी और पारसी की तरह जीवन को बट्टे-खाते ही लिख देना पड़ेगा...फिर मैं तुम्हारे साथ भी न्याय नहीं कर पाऊँगी।"

इन्द्र के ओझल हो जाने के बाद के उस पहाड़-सी पीड़ा से भरे वर्षों की इकलौती स्मरणीय घटना थी—जिन्दगी की पहली कमाई, ट्यूशन से मिली रकम। खानेवाले और माँगनेवाले हाथों का अर्जित करनेवाले हाथों में तब्दील होना। जिस दिन पहली कमाई उसके हाथ में थी, एक अलग तरह का ही आत्मविश्वास महसूसा था उसने, एक ऐसा आत्मविश्वास जिसने एक भीतरी विस्फोट किया था उसके व्यक्तित्व में। एक भीतरी आवाज कानों में दस्तक दे रही थी उसके—जीवन सम्भावनाओं से कभी शून्य नहीं। और एम.ए. की कक्षाओं के शुरू होने के ठीक पूर्व एक और छोटी सी खुशखबरी ने उसे एक आन्तरिक खुशी से पुलकित कर दिया था। किसी माध्यमिक स्कूल में प्राध्यापिका की नौकरी मिल गई थी उसे।

पिता खूब याद आए थे उस दिन मणि को—गंगाबाई की हर बकझक, शक-शुबहे का एक ही जवाब देते थे वे, "ओछी बुद्धिवाली, क्या पहचानोगी इस लड़की की तेजस्विता को।" जिस दिन पहली बार नौकरी के लिए निकली थी मणि, भीतरी ओज और आन्तरिक खुशी से दमक रही थी वह, ऐसी खुशी जिसे सिर्फ उसने ही हासिल किया था, ज़िसने उसके आत्मविश्वास का आविष्कार किया था—मैं हूँ एक स्वायत्त सत्ता।

उसकी दमकती खुशी पर ठंडा पानी फेंकती गंगाबाई ने उस दिन भी उसे नहीं छोड़ा था। यूँ जबसे पारस की नौकरी की डाँवाडोल स्थिति के बारे में सुना था, गंगाबाई के प्रतिरोध में वह धार नहीं रही थी। फिर भी बेटी को नौकरी करते देखना उनके सहज संस्कार में नहीं था। "जितने रुपए तुमको मिलेंगे, उतने तो कभी मैं यूँ हाथों से झाड़ देती थी…" हाथों को झटकने की मुद्रा में झटकते हुए ताना मार रही थीं गंगाबाई।

"भोली अम्मा मेरी, गोसाईं तुलसी बाबा को चार चने भी मिल जाते थे भीख में तो उन्हें लगता जैसे चारों पुरुषार्थ—अर्थ, काम, धर्म और मोक्ष मिल गए हैं। महत्त्व इस बात का नहीं कि कोई कहाँ तक पहुँचा, इस बात का है कि कहाँ से चलकर कहाँ तक पहुँचा। जीवन की जो भी पूँजी प्रकृति ने दी वह पूर्णता तक पहुँची या नहीं ? जानती हो, झुग्गी-झोंपड़ीवालों के बीच कोई क्लर्क भी बन जाता है तो उनकी खुशी आसमान छूने लगती है।"

फिर एक अँधेरी रात

उस समय जबकि एक नारी अपनी छोटी सी दुनिया में अपने स्वाभिमान का इतिहास रच रही थी, पहली-पहली बार अपनी स्वतन्त्रता को चख रही थी, अपनी स्वायत्त सत्ता को हासिल करने में जुटी थी, देश के इतिहास में भी एक नारी थी—जो देश के सत्तर करोड़ लोगों की स्वायत्त सत्ता को छीन उन्हें भेड़-बकरी बना अपने तन्त्र से हाँके जा रही थी। लोगों के मौलिक अधिकारों को छीन लिया गया था और अपनी सत्ता को

बनाए रखने के लिए प्रधानमन्त्री श्रीमती इन्दिरा गाँधी ने पूरे देश पर आन्तरिक आपातकाल घोषित कर दिया था।

और, मणि की जिन्दगी का वह पृष्ठ जो पिछले सालों की संघर्ष और श्रम की मौज से भरी, थकावट में लिपटी जिन्दगी की रोशनी में थोड़ा मन्द पड़ थम गया था, फिर फड़फड़ा उठा।

इमरजेंसी में लागू मीसा कानून ने पुलिस को अपरिमित अधिकार दे दिए थे, जिनके अन्तर्गत कानूनी तौर पर बिना किसी सबूत के सिर्फ सन्देह के आधार पर ही पुलिस हर किसी को मीसा में धकेल रही थी। इस कानून का उपयोग खूनी, हत्यारों, लुटेरों, देश की सुरक्षा के लिए घातक खूँखार आतंकवादियों आदि से निबटने के लिए जितना नहीं हुआ था उससे कहीं अधिक नक्सलवादियों का समूल उन्मूलन करने के लिए हुआ था। हर राज्य के पुलिस हेडक्वार्टर सीधे केन्द्र के हेडक्वार्टर से जुड़े हुए—मुख पुलिस का, जीभ दिल्ली दरबार की। वातावरण में इतना आतंक कि हर कुर्सी अपनी ऊपरवाली कुर्सी से आतंकित। लोकतन्त्र का यह आलम कि सिर्फ नाम-भर की समानता और आपको नक्सलवादी होने के आरोप में गिरफ्तार किया जा सकता था और 'एनकाउंटर' के नाम पर जीवन के दुखों से 'मुक्त'। यही हुआ था मणि के एक और सहपाठी कुणाल के साथ।

मणि के पिता अक्सर एक राजस्थानी कहावत कहा करते थे—"जाट कहे सुन जाटनी, इस गाँव में रहना ऊँट बिलाई ले गयो, हाँ जी, हाँ जी कहना।" जाट जाटनी से कह रहा है—इस गाँव में रहना है तो हाँ जी, हाँ जी कहना सीखो। यदि कोई कहे बिल्ली ऊँट को ले गई तो भी पलट कर मत पूछो कि बिल्ली कैसे ऊँट को ले जा सकती है। यही था आपातकाल का राष्ट्रीय चरित्र।

कुणाल नामक एक युवा कवि को उस वक्त पुलिस ने गिरफ्तार किया जब वह कॉलेज के वार्षिकोत्सव में मंच पर राष्ट्रीय गीत का कार्यक्रम पेश कर रहा था। पुलिस को कुणाल नामधारी किसी नक्सली की तलाश थी। कुणाल का राष्ट्रीय गीत गायन ही उसका अपराध बन गया था।

बिना पूछे-ताछे, लोगों के बीच से पुलिस ने कुणाल को उसके साथियों के साथ घसीटते हुए मीसा के अन्तर्गत गिरफ्तार कर लिया था।

वह दिन और आज का दिन !

कुणाल अपने माँ-बाप को कभी नहीं मिला। इमरजेंसी की समाप्ति के बाद अखबारों में निकली थी कुणाल की पूरी कहानी। जबर्दस्ती अपराध कबूलवाने के लिए पुलिस-यातना के नित्य नए प्रयोगों का इजाफा किया गया। एमनेस्टी इंटरनेशनल की चेतावनियों के बावजूद पुलिस-यातनाओं की डिग्रियाँ बढ़ती गईं। कुणाल के साथ पकड़े जानेवालों ने इमरजेंसी से छूट जाने के बाद बताया था कि उसके मुँह को टेप से बन्द

कर (जिससे आवाज बाहर तक न पहुँचे) एवं पैरों को रस्सियों से बाँध कर (जिससे यातना देनेवाले को अधिक मशक्कत नहीं करनी पड़े, उसके छटपटाते पैरों से) उसके पेट पर रोलर घुमाया गया था। तब तक हैदराबादी गोली, चरखी, सिकली जैसी प्रचलित यातनाएँ भी आउटडेटेड हो गई थीं, आपातकाल में नए ढंग से यातना देने के नए प्रयोग, नए रिसर्च हुए थे पर इस सबके बावजूद पुलिस उससे कुछ भी न कबूलवा पाई थी, न उगलवा पाई थी। पुलिस को शायद समझ में भी आ गई थी यह बात लेकिन बड़ी कुर्सी का बड़ा दबाव, हर केस के लिए, हर फाइल के लिए किसी बन्दे की तलाश में हर युवक को सूँघती पुलिस के सामने चारा भी क्या था, सिवाय इसके कि कुणाल उस तथाकथित अपराध को कबूल ले। और इन्हीं, ज्यादतियों के दौरान उसने दम तोड़ दिया। उसका शव कहीं बोल न दे इस कारण उसे भी विरूपित कर रफा-दफा कर दिया गया।

किसी स्थानीय स्कूल के अध्यापक कुणाल के पिता बार-बार पुलिस चौकी, थाना और मन्त्रालय तक के चक्कर लगाते रहे थे। उन्हें टालने के लिए मन्त्रालय की तरफ से पत्र भेज दिया गया कि उनके पुत्र को छोड़ने का विचार हो रहा है। उसी को आधार बनाकर वे थाना एवं जेल में गुहार लगाते ही कोर्ट तक पहुँचे थे। कुणाल के पिता इन्द्र के पिता से इस मामले में सौभाग्यशाली थे कि उन्हें उस कॉलेज के प्रिंसिपल, हॉस्टल के चौकीदार मिल गए थे, जिन्होंने कोर्ट में गवाही दी थी कि उनकी आँखों के सामने पुलिस ने उस युवक को गिरफ्तार किया था।

पूरे दो सालों तक वह चप्पा-चप्पा छानते रहे। बाद में इमरजेंसी के हटने और चुनावों के घोषित किए जाने पर उन्हें प्रेस एवं स्थानीय लोगों की मदद मिल गई थी। घर-घर, रास्ता-रास्ता पर्चे बँटवाए थे उन्होंने। अपनी सारी संचित राशि और भविष्य-निधि फूँक डाली थी। अखबार रँगे रहते। आखिर कोर्ट ने जब पुलिस विभाग को हैवियस कोर्पस का ऑर्डर देते हुए कुणाल को कोर्ट में सशरीर उपस्थित करने का आदेश दिया तब जाकर पुलिस ने कबूला कि उसकी पुलिस कस्टडी में 'पूछताछ' के दौरान मृत्यु हो चुकी थी। पर अदालती निर्णय सत्य-सापेक्ष नहीं, प्रमाण-सापेक्ष होते हैं। ठोस सबूतों एवं पूरे गवाहों के अभाव में छिटपुट सस्पेंड ऑर्डर के सिवाय किसी का भी कुछ नहीं बिगड़ सका था।

आपातकाल के अतिरेकों के प्रतिरोधस्वरूप आसन्न चुनावों में इन्दिरा गाँधी की पराजय के बाद हताशा और खौफ की वह अभेद्य चादर कुछ समय के लिए उन दिलो-दिमाग से भी हट गई थी—जहाँ इन्द्र का नाम एक जीवित धड़कन की तरह धड़क रहा था।

शायद इन्द्र भी निकल आए उन हजारों बन्दियों के बीच से जिन्हें अब धीरे-धीरे केन्द्रीय और राज्य सरकारें छोड़ रही थीं। (एमनेस्टी इंटरनेशनल की एक रपट के अनुसार अकेले पश्चिम बंगाल में पन्द्रह हजार से बीस हजार तक नक्सलवादी बन्दी थे

जिनमें से ढेर सारे मामले तीन वर्ष से पाँच वर्ष की अवधि तक बिना ट्रायल के ही थे। प्रायः सबके ऊपर हत्या और गैर-वैधानिक ढंग से अस्त्र-शस्त्र रखने के मुकदमे थे। कई बार ऐसा भी होता कि कलकत्ता मजिस्ट्रेट द्वारा कोई निरपराध प्रमाणित कर दिया जाता लेकिन तुरन्त ही दूसरे केस में उसे फिर जेल में ठूँस दिया जाता था।) रफ्ता-रफ्ता बीतते गए प्रहर, दिन-रात, तारीखें, सप्ताह, महीने, वर्ष और बीतते वक्त के साथ ही आशाएँ बाँझ होती गईं लेकिन इन्द्र की माँ की प्रतिक्षारत आँखें पल-भर के लिए भी नहीं मुँदीं—"ओ जन्मराशि सिंह, ओ मरते पारेवे ना···" और न ही मणि का इन्द्र की तलाश में जहाँ-तहाँ भटकना रुका। दिशा-दिशा, ठौर-ठौर भटकते हुए निखिल दा···असीम दा, व्योमकेश, विपिन, तन्मय से होती हुई ही तो मणि अन्ततः गोविन्द दा तक पहुँच पाई थी।

लौटना फिर अतीत की तरफ।

समय बन्दी-मुक्ति आन्दोलन का। मणि के सामने था जिन्दगी का कठोर गणित। एक अच्छी नौकरी की चेष्टा—और जीवन की किताब में इन्द्र का अधखुला पृष्ठ। मणि चाहती थी, जब तक एक स्थायी और सम्मानित नौकरी हासिल नहीं हो जाती, इस अधखुले पृष्ठ को कुछ दिन यूँ ही रखा जाए क्योंकि परिवार के इतिहास में भी काल का पहिया पिछले डेढ़-दो सालों में काफी तेजी से घूमा था।

अमर बाबू की मृत्यु और पारसी की दीक्षा के उपरान्त गंगाबाई ने पारस का रिश्ता किसी खाते-पीते व्यावसायिक परिवार में कर दिया था। शादी के बाद अपने श्वसुरजी से परामर्श पर पारस ने अपनी ऑक्सीजन पर चल रही नौकरी से इस्तीफा देकर अपने श्वसुरजी के साथ छोटे व्यापार की नींव डाली थी। पारस के इस कदम से बेहद खुश गंगाबाई, क्योंकि वणिक पुत्र होकर भी नौकरी करके अमरनाथ बाबू ने परिवार की नस्ल की जो अवनति कर डाली थी उसकी भरपाई अपने जीवन-सत्य को वित्त-सत्य बनाकर पारस अब कर रहा था।

अपने ठस्स व्यावहारिक एवं तिकड़मबाज श्वसुर की छत्रछाया में पारस का हिलता-डुलता व्यवसाय कुछ प्रारम्भिक अड़चनों के बाद कलकत्ता की भूमिगत मेट्रो रेल की गति से आगे बढ़ने लगा था।

किसी छोड़े हुए घर की तरह उदास मणि की आँखें देख रही थीं, चलते व्यवसाय के साथ घर में जिस तरह सिल-बट्टे की जगह मिक्सी ने ले ली थी, सुराही की जगह फ्रिज ने, बोरसी की जगह कुकिंग गैस ने, उसी तरह पिता की जगह भैया के श्वसुर और पारसी की जगह उसकी भाभी मीना परिवार के नक्शे पर थी।

ये '76 के इमरजेंसी के दिन थे, आपातकाल लगे लगभग साल-भर हो गया था। मणि को बन्दी-मुक्ति आन्दोलन में सक्रिय होना पड़ा था। हजारों-हजार बन्दी जो विना ट्रायल के जेलों में कैद थे, उनकी मुक्ति के लिए कई जगह प्रदर्शन हुए थे, सेमिनार

हुए थे। पर्चे बाँटे गए थे। धरना हुआ था। शुरू में मणि इस-उस बहाने घर से चली जाती थी पर बात छिपी नहीं रह पाई थी। कोई पर्चा ही किसी के हाथ लग जाता। एक बार एक दूर के सम्बन्धी ने ही उसे देख लिया था और देखते ही अपने सम्बन्धी धर्म का पालन कर बैठा था। अम्मा और भाई का भी विरोध जो दुर्दिन में बिल्ली के छौने-सा दुबका बैठा था, फिर एक बार छुट्टे साँड़ की तरह मुखरित हो उठा था। प्रच्छन्न रूप से मणि के पास सूचनाएँ सरकाई जा रही थीं। कभी किसी सम्भावित वर की तस्वीर के रूप में तो कभी किसी के बायोडाटा के रूप में। मणि का बायोडाटा तैयार किया गया था, और मणि यह देखकर हैरान थी कि उसके बॉयोडाटा में उसकी एम.ए. की डिग्री को उड़ा दिया गया था। एकाएक दिमाग में कौंधा, कुछ दिन पूर्व अपने को सर्वज्ञ और सारी दुनिया को अपनी जागीर समझनेवाले पारस के यथार्थवादी श्वसुरजी कह रहे थे, "उच्च शिक्षित लड़कियाँ कुशल गृहिणियाँ नहीं बन पाती हैं, कहीं मणि का एम. ए. होना ही ब्याह के बाजार में उसका बाजार-भाव नहीं गिरा दे।" और घर पहली बार भौंचक्का रह गया था जब उस बित्ते-भर की छोकरी ने दृढ़तापूर्वक उसको देखने के लिए आए सम्भावित भावी वर के सम्मुख जाने से इनकार कर दिया था।

उस घटना के बाद से उसकी गतिविधियों पर खुफिया नजर रखी जाने लगी थी। परिवार का सामूहिक 'इंटेलीजेंस' विभाग इस बात की पुरजोर छानबीन में लग गया था कि मणि के इस इनकार के पीछे कौन था ? गंगाबाई के शब्दों में—"बिना खूँटे के गाय नहीं उछलती।"

घर में उसके विरुद्ध असहयोग आन्दोलन छिड़ गया था। मणि समय पर नौकरी के लिए नहीं पहुँच सके, इसके लिए काफी सूझ-बूझ के साथ सूक्ष्म एवं सुचारु रूप से रणनीतियाँ बनाई जा रही थीं। कभी एक चप्पल गुल मिलती, कभी नहाने के बाद पहने जानेवाले कपड़े जिन्हें वह बाथरूम में डोरी पर टाँग चुकी होती, टप् से नीचे गिरे हुए मिलते, कभी ऐन मौके पर गैस सिलिंडर बदला जाता। कभी सफाई के बहाने उसके सभी कागजात की ही 'सफाई' कर दी जाती, कभी उनका स्थान-परिवर्तन और मणि खोज-खोज परेशान। शिक्षित भाभी की अभिव्यक्ति की सूक्ष्म एवं मौलिक सम्प्रेषणीयता काबिले-तारीफ थी।

उन्हीं दिनों इन्द्र के कॉमरेड मित्र सन्दीप चटर्जी की पत्नी सीमा चटर्जी उसके घर बन्दी-मुक्ति आन्दोलन से सम्बन्धित किसी कार्यक्रम में उसे शामिल करने के लिए आई थी। मणि उस समय पर घर पर नहीं थी। इसी सुयोग का लाभ उठाकर गंगाबाई और मणि की भाभी ने मणि के विगत जीवन का काफी कुछ जान लिया था। और, इस प्रारम्भिक सफलता ने उनके 'रिसर्च' कार्य की गति और बढ़ा दी थी।

मणि के विवाह की अनिच्छा का 'राज' उन पर खुल गया था। इसी गम्भीर मसले के हल के लिए गंगाबाई, पारस, पारस की पत्नी मीना एवं पारस के श्वसुर श्रीनाथ बाबू की संयुक्त कमिटी 'इन कैमरा' बैठी थी, जिसके परिणामस्वरूप उसी शाम से सभी निगाहें मणि को खुफिया पुलिस की-सी टोहती निगाहों से घूरने लगी थीं।

उसी शाम पारस ने फिर कठघरे में खड़ा किया था मणि को। पारस और मणि, आमने-सामने, जैसे सिकन्दर और पोरस। कड़ी निगाहों से देखते हुए भाप से छोड़ते शब्द निकले थे बाहर, "तुम जानती हो, भले घराने की लड़कियाँ कभी कम्युनिस्ट आन्दोलन से नहीं जुड़तीं, वे ही जुड़ती हैं जो अतृप्त होती हैं या फिर रूपविहीन। भले घराने की लड़कियाँ शादी कर अपना ठिया बसाती हैं। तुम्हारे कोई सुरखाब के पर तो हैं नहीं। जानती हो तुम्हारे जिस-किस लोगों के साथ घुलने-मिलने से कितनी बदनामी हो रही है···तुम्हारे सम्बन्ध में कितनी अड़चनें आ रही हैं।"

कुछ तिममिलाते पल···

मणि के भीतर का बहुत दिनों का टप-टप टपकता गुबार एकाएक बाँध तोड़कर बह निकला था, "भले घराने की लड़कियाँ अर्द्ध-पागलों से ब्याही जा सकती हैं, उनके बच्चे जन सकती हैं, सिर मुँड़वा कर जोगन बनाई जा सकती हैं···लेकिन किसी जन-कल्याण आन्दोलन से नहीं जुड़ सकती हैं।"

सच्चाई बिजली की तरह कड़की थी !

बात करंट की तरह लगी थी !

लज्जित पारस तमतमाता उठकर चला गया था लेकिन आगे बढ़कर गंगाबाई ने मोर्चा सँभाल लिया था—"आदमी रा सौ कायदा, लुगाई रा एक।" गंगाबाई फिर अपने उसी आदिम हथियार पर आ गई थीं जो किसी भी तनकर चलनेवाली रस्सी को एक ही झटके में घुटनों के बल बैठा सकता था, वह एक अकेला वाक्य—"इसका चरित्र ठीक नहीं।" उसी को अपने ढंग से शब्दों का जामा पहनाया था गंगाबाई ने। काले दिन-से वे दिन। ज्यों-ज्यों समृद्धि का ग्राफ ऊपर उठता जा रहा था, मणि की स्थिति घर में शरणार्थी जैसी बनती जा रही थी। जगह की कमी के चलते जो हालत उसकी थी, वही उसके सामान की भी बना दी गई थी। कभी अपनी किताबें उसे रद्दी अखबारों के ढेर में मिलतीं तो कभी कोई नोट-बुक 'अज्ञातवास' भोगती मिलती। कभी कोई पेन 'सद्गति' पा चुका होता, तो कभी कोई चिट्ठी पढ़कर लापरवाही से खुली पड़ी मिलती, उसे चिढ़ाती हुई। एक बार तो रातों जागकर लिखे एक आलेख 'नारी चेतना और जन-आन्दोलन' की चिन्दी-चिन्दी उसे कचरे में डिब्बे में मिली और जीवन जब असह्य होने लगा तो वह खुद को देर रात तक किताबों में, गीता में और मार्क्स में डुबो देती। ऐसे में चेखव उसे सँभालता, "अपने हिस्से के दुःख को सहते हुए भी जीवन में आस्था रखते हुए जिओ।" उपनिषद उसे चेताते, "प्रियं त्वाम रौस्यसि"—तुम्हारा प्रिय ही तुम्हें सताएगा।

माथे पर हाथ रखे सोचती रहती मणि—बेकाबू, बेचैनी, दुख और जिल्लत से भरे इस जीवन को कैसे जीया जाए ? कई बार वह हथियार डाल सोचती, काश ! प्रकृति ने उसे भी मुन्नी जैसा बनाया होता···तो वह भी सिर्फ शरीर के स्तर पर जी पाती। मुन्नी इन दिनों अपने दो-दो नौनिहालों के साथ इतनी व्यस्त हो गई थी कि कभी महीने-दो महीने में चार-पाँच घंटे-भर के लिए ही आ पाती। जब भी गंगाबाई बुलातीं उसे, वह

किसी गर्वीली और व्यस्ततम गृहिणी की तरह एक जवाब देती, "दम मारने की फुर्सत नहीं।" प्रकृति की सूक्ष्मता पर आश्चर्य होता मणि को। कैसा सन्तुलन बैठाया ! यदि सचमुच मुन्नी को दम मारने की फुर्सत होती और उसे सोचने के कार्य से मुक्त न रखा जाता तो क्या होता ? क्या जीवन में आया भावनात्मक शून्य, भावशून्यता की बदबू उसे निगल न जाती ?

तो क्या मणि को इस प्रकार का तूफानों से भरा जीवन देने में भी प्रकृति का कोई विशेष प्रयोजन सिद्ध होने वाला है ? शायद हाँ...शायद नहीं...और ऐसे मरते क्षणों में मणि को सिर्फ एक ही सोच राहत देती—काल की निरन्तरता का बोध, जीवन की शाश्वत चेतना का बोध।

कई बार सुबह जागने के ठीक पहले—अर्द्ध-जागते, अर्द्ध-सोते पलों में, चेतन और अचेतन के सन्धि-स्थलों में कोई झुटपुटा आलोक-सा कौंधता मणि के अवचेतन में। हर बार उसे पकड़ने से चूक जाती मणि। दिमाग के स्नायु तन्तु जब तक चैतन्य होते वह झलक, वह वृत्त...वह एकात्म...सब दूर-दूर। क्या था वह ? कोई आध्यात्मिक चेतना ? कोई भीतरी आवाज...कोई अलौकिक अनुभूति...! सोचती रहती मणि।

हस्तक्षेप !

कुछ दिन पूर्व ही उसने समाचार-पत्र में पढ़ा था, कम्युनिस्ट चीन में भी एक ऐसे दल की सदस्य-संख्या ताबड़तोड़ बढ़ती जा रही है जो लोगों में आध्यात्मिक चेतना जगा रहा है और जिसे ईश्वर को नकारनेवाले देश में प्रतिबन्धित कर दिया गया है और उसके साहित्य को जब्त...ऐसे आकुल क्षणों में अपनी समस्या के समाधान के लिए इन्द्र उसके लिए उसी प्रकार आवश्यक बन जाता जैसे किसी बाँझ स्त्री के लिए बच्चा।

पर ज्यों-ज्यों उम्र का घोड़ा दौड़ता रहा, वक्त का पंछी उड़ता रहा, मणि की बढ़ती आयु, चेहरे का उड़ता नमक, गंगाबाई का हिया फाड़ता रहा, चौबीस घंटे उठते-बैठते, सोते-जागते उनकी एक रटन्त—"घर बसाओ...अपने घर जाओ...।" और, जब स्थिति इस कदर विस्फोटक होने लगी और मणि को लगा कि गंगाबाई की यह तोतारटन्त उसके जीवन का सारा सत्व निचोड़ उसे भीतर-ही-भीतर दीमक की तरह चाट लेगी तो फिर मणि ने वही पुराना नुस्खा अख्तियार किया...सड़कों पर निकल पड़ने का, जीवन के जाने कितने सूत्रों को उसने इन्हीं सड़कों पर उद्भ्रान्त की तरह भटकते-भटकते निकाला था।

इन्हीं सड़कों पर भटकते-भटकते उसने सोचना शुरू किया—वह क्या चाहती है ? उसे क्या चाहिए ? उसके बाह्य जगत की तत्कालीन जरूरत थी एक सम्मानित एवं स्थायी नौकरी। उसके अन्तर्जगत की भावनात्मक जरूरत थी, किसी भी प्रकार इन्द्र के सत्य तक पहुँचना, इन्द्र जो एक उदास उत्कंठा बन उसके रोम-रोम में समा गया था। इन्द्र जिसने उसे बड़ी रोशनी में जीना सिखाया था।

बहुत दिनों तक एक अच्छी नौकरी की उम्मीद में अखबारों में 'वान्टेड कॉलम' और

जीवन के स्वर भी समरूप हुए। विनम्र से विनम्र भाषा में अर्जियाँ भेजी गईं, पर खाँटी नतीजा, वही शून्य !

एक बार धुन चढ़ी की अर्जियों से नहीं कुछ होने का, व्यक्तिगत रूप से जाया जाए; तो कई दिनों तक एक-एक रास्ते को पकड़ वह जिस-तिस जूनियर कॉलेज या स्कूलों में चक्कर लगाने लगी। ऐसे में ही एक बार बड़ा अप्रिय अनुभव हुआ उसे। सामने एक स्कूल, कुछ-कुछ अंग्रेजी माध्यम की-सी छटा दिखाता हुआ। अन्दर ऊँघता दरबान और शोर मचाते बच्चे। मणि बेधड़क प्रिसिंपल के रूम में। भीतर एकदम अकेले बैठे उस 'पिताजी' जैसे हेडमास्टर ने बेधड़क घुसते मणि को कुछ ऐसी-वैसी समझा और जब मणि शालीनतापूर्वक अपने आने का मकसद एवं अपनी योग्यता के बारे में उसे बताने लगी, तो दीदे फाड़ आँखों को टुपुर-टुपुर मिचका-मिचका कर ऐसे देखने लगा उसे जैसे अभी-अभी ही इस संसार में आया हो और जैसे ही मणि ने बोलना शेष किया, उत्तेजनापूर्वक उसने मणि का हाथ दबोच लिया।

पलक झपकते ही भाग खड़ी हुई मणि वहाँ से। रोज आते-जाते, भीड़-भरी बसों में, सड़कों पर, सिनेमाघरों में, कई-कई बार उसने किसी के द्वारा चिकोटी काटा जाना, स्तन पर धक्का दिया जाना, शरीर रगड़कर निकल जाना सहा था···पर सभ्यता और संस्कृति की प्रतीक शिक्षण संस्थाओं में भी···सारे रास्ते टप-टप आँसू ताजे खून की तरह चूते रहे आँखों से···। बहुत याद आया था इन्द्र उसे···"इन्द्र, तुम ईश्वर को नहीं मानते थे, पर तुम्हारे भीतर ईश्वर था।"

उस घटना के बाद जा-जाकर नौकरी ढूँढ़ने के सारे उत्साह पर पाला पड़ गया था। हार-थक कर निर्णय लिया उसने—प्रतियोगिता परीक्षा की तैयारियों के लिए बैठा जाए। लेकिन दिन-भर स्कूल की माथा-पच्ची की नौकरी और घर की सतत खिच-खिच के बाद थके पैरों और रुके-ठिठके मन में इतनी शक्ति नहीं बचती कि 'कम्पीटिटिव टेस्ट' की तैयारियों में जुट सके। अपने कई मित्रों को देखा था उसने, आधी-आधी रातों तक जाग-जागकर अपनी आँखों की ज्योति और स्वास्थ्य को भेंट चढ़ाकर मन को मारकर किसी प्रकार उन्होंने अपने लिए किसी ठीक-ठाक नौकरी का जुगाड़ किया था। और, कई तो अभी तक वान्टेड कॉलम ही पढ़ रहे थे। क्या कोई ढंग की नौकरी नहीं मिलेगी उसे ? अहर्निश यही प्रश्न हांट करता रहता उसे।

उसी भीषण नकारात्मक मानसिकता में एक दिन स्टॉपेज पर खड़े-खड़े एक उल्लास-भरा दृश्य देखा था। एक बच्चा गुब्बारेवाले से एक गैस का गुब्बारा खरीद रहा था। जैसे-जैसे उस गुब्बारे में हवा भरती जा रही थी, उसका आकार बढ़ता जा रहा था। बच्चा हुलसित हो-होकर तालियाँ बजा रहा था। किलकारी मार-मार कर हँस रहा था वह। एक मुक्त हृदय से निकली एक सम्पूर्ण हँसी ! गुब्बारे की सुन्दरता पर मुग्ध, किलकारी मारता बच्चा उन क्षणों उसे ब्रह्मांड का सबसे खुशहाल बच्चा लगा था, जो इस बात से अनभिज्ञ था कि यही गुब्बारा कुछ देर बाद ही फूट जाने वाला था। यदि आज-भर का हवा-पानी और भोजन मेरे पास है तो भी खुश रहना चाहिए मुझे—बच्चा

जैसे समझा रहा था मणि को कि आज ही सत्य है।

उस दृश्य ने एक प्रकार की मुक्ति-सी दी उसे। हर वक्त उदास एवं मनहूस शक्ल बनाकर रहने की आदत से मुक्ति। वह हँस पड़ी। ईश्वर जैसा महसूस हुआ भीतर ! पिता स्मृति के गलियारे से झाँक पड़े, "जैसी मनसा वैसी दशा।" लोगों ने नहीं, खुद मैंने ही स्वयं को बैल बना लिया है, हथियार डाल-डालकर, मन में उभरा और बहुत दिनों बाद उसने फिर रस लिया जीवन में। विचारों में तेजी के साथ ही उसके आचरण में भी तेजी आई। मन मजबूत हुआ और उसका परिणाम यह हुआ कि ठीक उसी शाम जब पारस ने फिर घेरा मणि को, विवाह की बात पर और फिर जब "बेटी पराया धन, दूसरों की अमानत, मरे न माथा छोड़े, ठीक से रहो वरना..." की शब्दावली का प्रयोग होने लगा तो पहली मर्तबा स्वयं को शरणार्थी की-सी मानसिकता से ऊपर उठा, अपने स्वाभिमान की रक्षा करते हुए उसने वह माकूल जवाब, वह फिटेड रिप्लाई अपने भाई को थमाया जिसने परिवार की सात पीढ़ियों से चली आई पुत्री की परिभाषा को ही बदलकर रख दिया था, "मैं यहाँ न आपके रहमोकरम पर हूँ, न अम्मा के। संविधान द्वारा प्रदत्त अधिकार है--किसी भी अविवाहिता पुत्री का अपने पिता के घर आजीवन रहने का। हिन्दू कोड बिल ने हिन्दुस्तानी नारी को संसार-भर में सर्वाधिक अधिकार दिए हैं, यह अलग बात है कि यहाँ की महिलाएँ खुद अपने अधिकारों के प्रति जागरूक नहीं, रही बात शादी की...तो इस दायित्व से मैं आप दोनों को मुक्त करती हूँ..."

गंगाबाई की ओर स्थिर ताकते हुए कुछ-कुछ रोषपूर्ण भाव से कह रही थी मणि। सामने गंगाबाई और पारस उस पारिवारिक कैबिनेट के प्रधानमन्त्री और उपप्रधानमन्त्री। दोनों अवाक् ! तो इस हद तक गिर सकती है यह छटेल, यह बित्ते-भर की छोकड़ी !

पूरी बात को आत्मसात करने के लिए दिमाग पर जोर देकर झिंझोड़ना पड़ गया था उन्हें जिससे पहले का जाना-सुना-देखा सब झड़ जाए तो नया कुछ पल्ले पड़े। मणि भी आहत; क्योंकि वह जानती थी कि पारस उतना बुरा नहीं था और न ही उसका भ्रातृत्व ही पूरी तरह मरा था। गंगाबाई भी उतनी बुरी नहीं थीं जितनी मणि उन्हें अक्सर समझ बैठती थी। सम्बन्धों की जमीन में अभी भी नमी थी, सम्भावनाएँ थीं। दोनों ही अपने वातावरण के प्रोडक्ट थे। मणि को मार्क्स अपने में बहता हुआ लगा--"मैन इज दि प्रोडक्ट ऑफ हिज एनवायरनमेंट।" गंगाबाई अपने जीवन की शुरुआत में ही बुरी तरह छली गई थीं, इस कारण जीवन में आए हरेक के प्रति उनमें एक प्रकार की प्रतिशोध की भावना और एक प्रकार की नकारात्मक प्रवृत्ति विकसित होती गई थी। पारस ने बचपन से यही देखा था, उसकी बुआओं को जवान होने के पूर्व ही ब्याह दिया गया था। यानी परिवार की लड़कियों को युवावस्था की देहरी पर पाँव रखते ही किन्हीं सुरक्षित हाथों में सौंप दिया जाता था। अपनी समझ और सोच के अनुसार वह मणि को भी किसी सुरक्षित खूँटे से बाँध देना चाहता था और उन दिनों जिस प्रकार मणि की बन्दी-मुक्ति आन्दोलन की गतिविधियाँ बढ़ रही थीं, उसकी बदनामी को देख दोनों का चिन्तित होना स्वाभाविक था। उन्हें लगता...कहीं इस बदनामी की कीमत मणि को

अविवाहित रहकर ही न चुकानी पड़े, कहीं कुँवारी ही न रह जाए यह बेवकूफ, मुँहजोर और अव्यावहारिक छोकरी !

मणि को एक घटना याद आ रही थी जिसे उसने किसी साहित्यिक गोष्ठी में सुना था। मुम्बई की एक सब्जीवाली गाँव में रहती अपनी सास को दो साड़ियों की पार्सल लगा रही थी। किसी साहित्यकार ने उससे पूछा था–"साड़ी तो तुम भेज देती हो पर उनके खाने-पीने की व्यवस्था के लिए क्या करती हो···क्या कुछ पैसे-वैसे भी भेजती हो ?" उस सब्जीवाली ने जवाब दिया था, "नहीं, उतना मैं नहीं कर पाती।" "तो फिर साड़ियाँ ही क्यों भेजती हो ?" अशिष्ट साहित्यकार ने पूछा था। "क्योंकि सास को भूखा तो रखा जा सकता है, लेकिन नंगा नहीं।" उस सब्जीवाली ने बेबाक होकर कह दिया था।

इस समाज में भी लड़कियों को चाहे जिसके भी खूँटे से बाँधा जा सकता था पर अविवाहित नहीं रहने दिया जा सकता था क्योंकि इस समाजरूपी हार्डवेयर को चलाने के लिए जिस साफ्टवेयर की आवश्यकता होती है, वह 'इज्जत की बीमारी' के दिखावे के वायरस से भरा पड़ा था। इसमें अकेली गंगाबाई या पारस का क्या दोष ? आहत मणि किसी समाजशास्त्री की ही तरह सोच रही थी।

पर मणि से संवाद के बाद पारस की आँखें भर आई थीं, मणि को अपने आश्रय के लिए अपने ही भाई के साथ जिस कानूनी भाषा का प्रयोग करना पड़ गया था, वह बिगड़ते सम्बन्धों का निकृष्ट नमूना था। पारस सहन नहीं कर पाया उसे। वह मूक था ! लज्जित भी। बिना कुछ बोले वह उठकर चला गया था। लेकिन कदाचित एक अरसे बाद दोनों भाई-बहनों ने एक-दूसरे को समझा था। दोनों के बीच के बादल गरज कर बरस चुके थे। इस कारण दोनों के हृदय अनायास ही संवाद करने लगे थे।

मणि निश्चित थी, पारस अपनी तरफ से कम-से-कम उसे अब कोई अड़चन नहीं देगा, उसे खटका था तो सिर्फ गंगाबाई से जो उस पूरी रात हिचकियाँ ले-लेकर रो-धो चुकने के बाद दूसरी सुबह नवल बाबू के यहाँ पहुँच गई थीं, न्याय की गुहार लगाते हुए।

"सिर्फ स्मृतियों के सहारे जीवन नहीं जीया जा सकता···सम्बन्धों के आधार जरूरी हैं जीने के लिए···तुम्हें जीवन का राग दुबारा छेड़ना चाहिए···" मणि सोच नहीं पा रही थी कि नवल बाबू के मुँह से आज कौन बोल रहा था, वे नवल बाबू जिन्होंने सबसे अधिक समझा था उसे या फिर गंगाबाई की कोचिंग।

"मुझे इन्तजार करना आता है···और फिर जिन आँखों ने सागर का सौंदर्य देख लिया हो, उसे सरोवर नहीं लुभाता।" बिना आँखें मिलाए अवरुद्ध कंठ से शब्दों को बाहर धकेलती नीचे उतर गई थी मणि।

लेकिन सीढ़ी उतरते-उतरते खयाल आया मणि को, नवलकिशोर बाबू भी किसी सम्भावित वर का नाम दबी जुबान से ले रहे थे···कौन हो सकता था वह ? आलोकजी भगत ?

उत्तरार्द्ध

समुद्र शेष है

यातनाओं के सभी वृत्त पूरे हो चुके थे। तूफान थम चुके थे। मणि अब वर्तमान में। वक्त का पंछी उड़ते हुए शताब्दी के आखिरी वर्षों में।

लेखा-जोखा जीवन की इन बदलती सुबह-शामों का।

जीवन के बदलते शब्दकोषों का ! नए लैंडस्केप का !

मुद्दत हुई कॉलेज के प्रथम वर्ष में किसी पुस्तक में मणि ने एक शब्द पढ़ा था—'चरैवेति' और इसी पुस्तक में एक शायरी पढ़ी थी, जिसकी एक पंक्ति थी—'पिया मिलन की रात'।

चरैवेति शब्द का मतलब तब समझ नहीं पाई थी मणि। उस शब्द का अर्थ जानने के लिए काफी हाथ-पैर भी मारे उसने पर तब न तो कोई हिन्दी/संस्कृत का शब्दकोष था उसके पास और न ही कोई विद्वत्मंडली। बड़ी मायूस हुई थी वह, नहीं जान पाने की पीड़ा से—कहीं शब्द-साधना ही अधूरी न रह जाए उसकी !

आज उम्र के पैंतालीसवें अध्याय को पलटती सोच रही है मणि, जिन्दगी ने भी कैसी ठिठोली की उसके साथ। जो नहीं समझा था, चरैवेति का अर्थ, कितनी उदारता से समझाया—इसका अर्थ, चलते चलो। दिशा-दिशा, ठौर-ठौर कहाँ नहीं भटकी थी वह, चरैवेति को अर्थ देने। पर जिसका मतलब तब वह समझ गई थी, 'पिया मिलन की रात'। उस रात से जिन्दगी ने आज तक मुलाकात नहीं करवाई उसकी। और उसकी ही क्या—परिवार की तीनों पुत्रियों में से किसने समझा 'पिया मिलन की रात' का अर्थ !

समय के ढूहों और व्यवधानों के छोटे-मोटे हिमालयों को पार कर मणि आज उसी हायर सेकेंडरी स्कूल की प्रिंसिपल है जहाँ कभी उसने स्लेट पकड़नी सीखी थी, ध्वनियों और शब्दों को पहचानना सीखा था। कविता के क्षेत्र में भी एक के बाद एक चर्चित-प्रकाशित होती उसकी पुस्तकों ने उसे एक तेजस्वी, प्रतिभाशाली एवं अनूठी कवयित्री के रूप में साहित्य के राजमार्ग पर लाकर खड़ा कर दिया था।

लेकिन ये प्राप्तियाँ, उपलब्धियाँ कहीं से भी उसके दिल को जुड़ा नहीं पातीं, कोई सागर उसके दिल को बहला नहीं पाता। उसका अनमनापन, बेचैनी, संत्रास, अकुलाहट और एक अन्दरूनी पुकार जीवन के किन्हीं कर्महीन पलों में आन बैठती। चुप-चुप। खामोश। बेचैनी और अकुलाहट...इन्द्र, उसके कॉमरेड और सर्वोपरि इस आन्दोलन को इतिहास में दाखिल कराने की।

इस आन्दोलन का उठना, परवान चढ़ना, ठिठकना और ढहना...सभी कुछ देखा था

मणि ने, पर आज तक समझ नहीं पाई थी वह कि क्या इस देश ने समझा था उस आन्दोलन को। उसकी आकुलता इस कदर बढ़ जाती कि जो-जो आता उसके जीवन की परिधि में, प्रायः हरेक से ही पूछ बैठती वह...क्या थे उसके विचार सत्तर के उस नक्सलवादी आन्दोलन के बारे में ? जब देखती, लोगों की, प्रबुद्धों की भरपूर सहानुभूति थी नक्सलवादियों से तो उसकी रिसती-बहती आत्मा पर जैसे शान्ति-प्रलेप लग जाता। पर कई बार अन्तरात्मा कलप उठती यह देखकर कि ढेरों-ढेर खासे पढ़े-लिखे लोगों का एक ऐसा जमावड़ा भी था इसी बंगाल की भूमि पर जिन्हें नक्सलवाद और ध्रुपद मजूमदार के नाम तक का पता नहीं था। एक बार खासे पढ़े-लिखे एक युवक से जब उसने पूछा था...ध्रुपद मजूमदार के बारे में तो उसने कहा हाँ, वह जानता है उनके बारे में। पर मणि के अन्दर उगती खुशी पर दूसरे ही क्षण पोंछा लग गया था, जब उसने कहा, "वे बंगाली फिल्मों के प्रसिद्ध हास्य अभिनेता थे।"

उस रात खाना नहीं खाया गया था उससे। इस शस्य-श्यामला बंग-भूमि में कितनी-कितनी उदासियाँ लिपटी हुई हैं, क्या यह भी नहीं जान पाएँगे लोग ? उन्मत्त की तरह वह उन्हें उस आन्दोलन के बारे में बताना शुरू कर देती—आन्दोलन की आत्मा, उसकी खामियाँ। एक बार ऐसे ही संवाद के दरम्यान उसके एक साथी नचिकेता ने एक अच्छी पते की बात की थी, "आन्दोलन सिर्फ नैतिक निष्ठा, जमावड़ा, समर्पण एवं भावनाओं के जोर पर ही नहीं टिकता, मैडम, विशेषकर इस आदमखोर व्यवस्था में... आप बौद्धिक ऊँचाइयों वाले नारे देंगी—'यांकी कल्चर निपात जात', 'श्रीकाकुलम लाल सलाम', 'डाऊन विद अमेरिकन इम्पीरियलिज्म' जैसे नारे और चाहेंगी जन-जन तक फैल जाए आन्दोलन। क्या सम्भव है यह ? आपका क्रांति-दर्शन तो पल्ले पड़े सिर्फ बौद्धिक वर्ग या छात्र वर्ग के...यहाँ की भूखी-नंगी जनता, सिर्फ रोटी और गरीबी की भाषा समझती है, वह नहीं समझती चीन और माओ को, नक्सलवाद और श्रीकाकुलम को। जिस देश की जनता के एक अच्छे-खासे भाग ने सिवाय अपने गाँव-टोले के अलावा कोई दूसरा नाम तक न जाना हो, उन्हें आपका नारा 'चेयरमैन माओ जिन्दाबाद' किसी दूसरे सौरमंडल का ही लगेगा। माफ कीजिएगा...आपके नेतृत्व को इसकी कोई समझ ही नहीं थी कि यहाँ की रूढ़ियों में जकड़ी, धर्मान्ध, भीरु, कूपमंडूक और भूखी जनता को कैसे लुभाया जाए। यह समझ या तो गाँधी में थी या इन्दिरा गाँधी में, जिसने नारा दिया—'गरीबी हटाओ' और एक पूरा संसदीय चुनाव मैडम के पर्स में।"

नचिकेता चुप हो गया था लेकिन मणि के अन्दर आज भी वह बोल रहा था। कई फाड़ों में बँटा आज वह आन्दोलन। हेदुआ, कॉलेज स्ट्रीट की चौड़ी दीवारों, यादवपुर विश्वविद्यालय, स्कॉटीच चर्च कॉलेज की दीवारों एवं बारासात की दीवारों पर आज भी बीते वक्त की याद दिलाते नारे दिख जाते हैं मणि को...लेकिन वही भाषा, बौद्धिक ऊँचाइयों वाले वैसे ही नारे ! कल पढ़े, कॉलेज स्ट्रीट में दीवारों पर लिखे ये नारे—'ध्रुपद मजूमदारे शत्रु उच्छेदेर लाइन जिन्दाबाद।' 'बिहारेर कृषक गोरिल्ला संग्राम चोलछे, चोलबे।' 'औपनिवेशिक शिखा दिए उद्धार होवे ना, होवे कृषि क्रांति दिए।' (ध्रुपद

मजूमदार की व्यक्तिगत शत्रुहत्या-लाइन जिन्दाबाद। बिहार का कृषक गुरिल्ला संग्राम चलता रहेगा। औपनिवेशिक शिक्षा से उद्धार नहीं होगा छात्रों का, उद्धार होगा कृषि-क्रान्ति से।)

आहत हो उठती मणि, कब समझेंगे कॉमरेड दीपू सान्याल, प्रमोद राणा, देबू मिश्र, प्रणय मुखर्जी ! क्या नहीं पता उन्हें कि चूक कहाँ हुई थी ? क्या आज तक समझ नहीं पाए वे कि व्यक्तिगत हत्या की लाइन ने उन्हें क्रान्तिकारी न बनाकर लोगों की नजरों में अराजक बना डाला था। मन के खाली मकान में भूत की तरह मँडराते ये प्रश्न !

मणि के एक मित्र धीरेन्द्र¨खासे सोचने वाले जीव ! एक दिन उन्होंने भी नहीं छोड़ा था मणि को। पूरे-के-पूरे आन्दोलन पर बुलडोजर ही चला दिया था उन्होंने¨अपने डाई किए बालों पर हाथ फेरते धाँय-धाँय बोलते जा रहे थे, "नक्सलवादी क्या खाकर क्रान्ति लाते। आखिर फूट उनमें भी पड़ी। इस देश की तासीर ही ऐसी कि यहाँ कुछ नहीं होने वाला, क्योंकि हमें मिलकर चलना नहीं आता। जिस प्रकार पेरिस के परफ्यूम, ब्राजील की कॉफी और डेनमार्क का मक्खन प्रसिद्ध है, वैसे ही हमारे यहाँ की फूट प्रसिद्ध है—इतिहास उठाकर देख लो। हमारी पराजय का सिर्फ एक ही कारण है—हमारी फूट। इसी फूट के बल पर सिर्फ तीस हजार अंग्रेजों ने तीस करोड़ भारतीयों पर शासन किया था। माओ को अपना गुरु मानने वाले इन नक्सलवादियों ने भी माओ को कितना समझा ? माओ ने कहा था 'लेट हंड्रेड फ्लावर्स ब्लूम'। बिहार में ही देख लो, एम.सी.सी. और पीपुल्स वार ग्रुप दोनों परस्पर खून के प्यासे हो रहे हैं, जबकि दोनों के उद्‌देश्य एक हैं, वर्गशत्रु एक हैं। अकेला भारतीय आज दुनिया में हर जगह सफल है, पर जहाँ साथ बढ़ने की बात आती है¨हम धड़ाम से गिर जाते हैं।" इतिहास के प्रोफेसर मित्र प्रवाल बेद के भी अपने ही तर्क—वे राजस्थान के थे। राजस्थानी खुशबू बिखेरते कहने लगे, "आडू चाल्या हाट, नी तकडी नी बाट। (बिना तराजू और बाट के ही मूर्ख दुकान में हाट लगाने जा रहा है।) बिना पूरी तैयारी और सुदृढ़ संगठन के होता भी क्या, मैडम ! संगठन के नाम पर सिर्फ पश्चिम बंगाल और आन्ध्र प्रदेश और थोड़ा-बहुत बिहार आपके पास और चल पड़े नापने पूरा हिन्दुस्तान, बजा दिया सशस्त्र क्रान्ति का बिगुल ! आपके नेतृत्व का क्या बिगड़ा¨मारी गई एक जाँबाज पीढ़ी।"

हिसाब माँगती जिन्दगी।

क्या पाया, क्या खोया इन वर्षों ?

मणि जानती है, क्या पाया है ! जिस जीवन को कभी उसने बट्‌टे खाते में ही डाल दिया था, उसी ने उसे आज कितना भर दिया था, पर लोग हैं कि उन्हें मणि के खाते में सिवाय इन्द्र की प्रतीक्षा के कुछ दिखता ही नहीं।

धीरेन्द्र ने एक दिन मिजाज देखकर कहा था मणि से, "एक उम्र के बाद प्रतीक्षा प्रतीक्षा नहीं रहती और न ही जीवन में सिर्फ एक ही खिड़की होती है कि वह बन्द तो जीवन बन्द। पर कौन समझाए तुम्हें¨आक्खी उम्र निकल गई पर तुम नहीं समझीं। मरती मर जाओगी पर दीदे फाड़ना नहीं छोड़ोगी कि क्या पता धरती फोड़कर ही आ

जाए इन्द्र तुम्हें काँधा देने।'

हँस देती है मणि इन लम्हों··एक मारक हँसी। अब तो कबीर ही शायद बख्शे उसे। उसके जैसी ही यातना भोगी होगी उस फक्कड़ ने, तभी कह सका था वह–

कबीरा सब तन खाइयो, चुन-चुन खाइयो मांस,
दो नैना नहीं खाइयो, पिया मिलन की आस।

–दीर्घतम प्रतीक्षा की एक समाधिस्थ मुद्रा। और इन्हीं एकान्तिक क्षणों, गंगाबाई झाँकने लगती हैं, पीछे के गलियारे से–"सोना गल-गल गढ़ा जावे, पर तू लक्कड़ काठ, तेरी जिद्‌द। पर याद रख, घर बिना, दर नहीं।"

सच कोयला भई न राख–बस एक सुलगता अंगारा-भर रहा मणि का जीवन ! पर वह भी क्या करे जब तक साँस, तब तक आस।

एक दिन ट्रेन में बैठ जाऊँगी,
किसी को नहीं बताऊँगी,
कहाँ जाऊँगी।

उम्र के इस ऊँचे टीले पर खड़ी मणि को मारीना की ये पंक्तियाँ जब-तब ललचातीं, आमन्त्रण देतीं। मन करता··दूर, कहीं दूर निकल जाए वह, क्या पता इन्हीं गुमनाम रास्तों पर मिल जाए इन्द्र··लोगों की 'इन्द्र मारा जा चुका है··, इन्द्र मर चुका है' जैसी तमाम बातों को झुठलाता, फीनिक्स पक्षी की मानिन्द मृत्यु की राख को झाड़ पुनः खड़ा होता हुआ।

पर लोगों की क्या कहें, खुद नवल बाबू जब-तब छेड़ देते मणि को, किसी अदृश्य इन्द्र को लक्ष्य कर शायराना अन्दाज में भीतरी पीड़ा से कह बैठते, "तुम जाने किस देश सिधारे, भेजें यह सौगात कहाँ ?" हँस-हँस-हँस देती मणि। इस देश में चाहे कितनी भी आधुनिकता एवं प्रगतिशीलता क्यों न आ जाए, कन्याओं को अविवाहिता देखने का माद्‌दा पिता-भाई की पीढ़ी में आज भी नहीं। आज भी इस देश की कुँवारी कन्या सगे पिता भाई तो पिता-भाई, गाँव के पिता-भाई तक के कलेजे में हूक पैदा कर देती है। कमजोर बना देती है उन्हें। ममत्व जगा देती है उनमें। सारी प्रगतिशीलता, स्त्री-मुक्ति आन्दोलन, समान अधिकार चेतना के बावजूद बेटी और बहन आज भी बेहद संवेदनशील एवं रेशम-सा कोमल इश्यू आधुनिकतम परिवारों तक में।

जीवन का सामना करने में पूर्ण समर्थ मणि। अपने पाँवों पर खड़ी मणि, लेकिन फिर भी उसकी सूनी माँग एवं श्रृंगारहीन जीवन पारस और गंगाबाई को जब-तब विचलित कर देता। गंगाबाई आज भी मणि के जीवन का हल किसी दूजवर में ढूँढ़तीं। उन्हें और पारस को इतने सालों बाद भी अखरता मणि का एकदम अकेले, उस बाड़ी टाइप घर में अकेले रहना।

पारस कई वर्षों पूर्व ही कलकत्ता के उस इलाके में बस गया था जहाँ कलकत्ता

के सम्भ्रान्त वर्ग की भलाई रहती थी। बीच-बीच में मणि भी चली जाती पारस के नए निवास 'पारस विला' में। पर जाने क्यों वहाँ जाते ही यूँ लगता मणि को जैसे कोई अपदेवता प्रविष्ट कर गए हैं उसकी आत्मा में। उसे हमेशा लगता उच्च मध्यवर्ग की आधी तीतर, आधी बटेर यह पीढ़ी सुखी होने में कम, सुखी-समृद्ध दिखने में कहीं ज्यादा विश्वास करने लगी है। पारस की थाली में एक दिन खाने के साथ एक साथ रंगबिरंगी तेरह कैप्सूल देख जो दृश्यात्मक आघात लगा, कि वह मानसिक नसतोड़ से बाल-बाल बची।

तेरह कैप्सूल ! कोई रक्तचाप को काबू करने के लिए, कोई खून को पतला बनाए रखने के लिए, कोई चीनी को नियन्त्रण रेखा के भीतर रखने के लिए, कोई तनाव को कम करने के लिए तो कोई डिप्रेशन-मुक्त रखने लिए। यानी हर नियन्त्रण के लिए एक कैप्सूल !

करीब दो वर्ष पूर्व रेड पड़ी थी पारस के यहाँ, उस समय सब कुछ ठीक-ठाक कर जैसे ही निकलने को हुआ था पारस कि रेड पर आई टीम ने धर दबोचा था उसे। मोटी मुर्गी देख पुलिस ने भी लम्बा हाथ मारा था। मामले को रफा-दफा करने में तीन-चार दिन लग गए थे। इस बीच थाने में पुलिस ने कई बार अपना ढाई मना हाथ भी आजमा दिया था उस पर। तब से जो दशहत बैठी कि हर जगह पुलिस-ही-पुलिस दिखाई देती है उसे। इस कारण इन दिनों घर को ही ऑफिस बना दिया था उसने। सारा कारोबार घर से या फिर टेलीफोन से। बीच में डॉक्टर के बहुत कहने पर प्रातः भ्रमण भी शुरू किया था उसने लेकिन पुलिस और मुहल्ले के दादा टाइप लोगों की धमकियों से डरकर वह भी छोड़ दिया। बहुत हुआ तो घर की छत पर ही टहल लिया।

ऑफिस में उनके वाणिज्य गुरु बैठते हैं जो उसके श्वसुर भी हैं और बिजनेस पार्टनर भी। जो किंग भी हैं और किंगमेकर भी। कई बार मणि ने बात करना भी चाही भाई से, लेकिन पारस जिसका जीवन-सत्य, वित्त-सत्य ही बन चुका था, संसार में सिर्फ एक व्यक्ति को ही सही, चतुर, गुणी, व्यावहारिक एवं बुद्धिमान समझता था और वह व्यक्ति था उसके श्वसुर। उसका मित्र, प्रेरणा-स्रोत, उसके दार्शनिक, उसके सब कुछ। जब-जब बात चलाना चाही मणि ने, घूम-फिर कर पारस की चिन्ता एक ही बिन्दु पर केन्द्रित हो जाती—इतना दो नम्बरी काम नहीं करूँ तो फर्म ही घाटे में चली जाएगी। फर्म के घाटे में चले जाने की इतनी चिन्ता पर जीवन जो घाटे में चल रहा है उसकी कोई चिन्ता नहीं ! अच्छा-खासा पैसा घर में पर कुछ और-कुछ और का रोग इस कदर लग गया है कि जिन्दगी एक पैसे से ग्यारह पैसे तक पहुँचने की सड़क-भर रह गई है। एक ऐसी सीधी-सपाट सड़क-सी जिन्दगी जहाँ न रात की मीठी नींद है, न स्वास्थ्य है, न जीवन का संगीत है। बाजार के मन्दे पड़ते जाने का इतना डर पारस को, पर जिन्दगी में जो वैचारिक मन्दी छाई है, उसकी कोई चिन्ता नहीं। श्रम नहीं, अतार्किक स्वर्ण से पीली पड़ी यह वणिक पीढ़ी !

काश, समझ पाता पारस कि इस प्रकार वित्त के पीछे दौड़ना भी एक प्रकार की

दरिद्रता है। न बच्चों के लिए समय, न परिवार के लिए। बच्चों के बालसुलभ रहस्यों, सुन्दर विचारों एवं कल्पनाओं—सभी पर पोंछा लगाते दूरदर्शन के कार्यक्रम, वयस्क विज्ञापन। दूरदर्शन जो अहर्निश चलता रहता है, पारस के यहाँ, दीवाल पर लगी घड़ी की ही तरह।

एक दोपहर ब्यूटी पार्लर से एड़ियाँ धुलवाकर आई अपनी अधकचरी भाभी के साथ टी.वी. देख रही थी मणि कि एक कार्यक्रम की समाप्ति पर उसका दस वर्षीय छौना-मौना भतीजा रोहित अकस्मात पूछ बैठा, "कोहिनूर क्या होता है बुआ ?" मणि ने सोचा, कोहिनूर हीरा के बारे में पूछ रहा होगा। वह बताने ही जा रही थी कि उसकी भाभी ने उसे आँख मारी और फुसफुसाई, "यह नहीं, वह कोहिनूर।" (एकाएक ब्रेक लग गया मुँह पर जैसे कोई 500 वाट की मिर्ची आ गई हो मुँह में।) खयाल आया कुछ देर पूर्व ही टी.वी. पर सन्तति नियन्त्रण का एक वयस्क विज्ञापन चल रहा था। रोहित उसी विज्ञापन के ब्रांड 'कोहिनूर' के बारे में पूछ रहा था।

हे भगवान···ये केबली टी.वी. बच्चे को भी मासूम···और बच्चा नहीं रहने देगी। माथे पर हाथ धरे बैठी थी, पीछे से एक और घटना दबे-दबे दस्तक दे रही थी। थोड़े दिन हुए एक सेमिनार में प्रोफेसर देव ने एक बड़ी ही पीड़ा-भरी, अपमानजनक घटना सुनाई थी उसे।

घर जाने के लिए कॉलेज के स्टॉपेज पर खड़े थे कि सामने से उन्हीं के विषय के दो छात्र टकरा गए। उनमें से एक छात्र ने उन्हें 'गुड मार्निंग' कहकर अभिनन्दन किया। प्रत्युत्तर में मुस्कराकर वे बस का इन्तजार करने लगे। पीछे से सुना उन्होंने, जिस छात्र ने उन्हें अभिनन्दित नहीं किया था, वह अपने सहपाठी को लताड़ रहा था, "अरे कार्टून, इन्हें क्यों विश किया, इनके पेपर तो खत्म हुए।"

सहपाठी और समझदार। नहले पर दहला छोड़ता जवाब आया, "आई एम स्मार्टर, थर्ड ईयर में इंटीग्रल-कैलकुलस के पेपर ये ही लेने वाले हैं।"

ये वे ही प्रोफेसर देव थे जिन्होंने कुछ वर्षों पूर्व अपनी सर्वश्रेष्ठ सेवाओं को अपने ही छात्रों के बीच उपलब्ध कराने के लिए हार्वर्ड यूनिवर्सिटी के ऑफर तक को ठुकरा दिया था।

•

संवेदनशील प्रोफेसर देव का वह बेचैन एवं आक्रोश-भरा चेहरा आज भी किसी सूनी दोपहर में पीछे के गलियारे से झाँकने लगता है। पिछले माह सुना उसने, प्रो. देव ने फिर हार्वर्ड यूनिवर्सिटी में फैलोशिप के लिए दरखास्त भेजी है।

कई बार प्रोफेसर देव के साथ-ही-साथ एक और अबूझ-सा चेहरा झाँकने लगता है, पीछे के गलियारे से।

मुन्नी का चेहरा···जिसका अपना कोई रंग नहीं, जिसका अपना कोई सुख-दुख नहीं। चाहे जो अपने में मिला ले उसे। मुन्नी। कुछ वर्षों पूर्व एक दबी-दबी, गुपचुप-सी

भेद-भरी सी बात कानों में पड़ी थी उसके।

मुन्नी के ही एक विधुर जेठ, शुरू से ही जिन्होंने भरसक ध्यान रखा था मुन्नी का··एक दोपहर पाँवों में जबर्दस्त मोच आ जाने पर मुन्नी से आयोडेक्स मलवा रहे थे। ओयोडेक्स मलवाते-मलवाते ही जाने किस आवेश में आ मुन्नी को अपने में भर लिया था उन्होंने। मुन्नी ने भी न कोई प्रतिवाद किया और न ही कोई शिकवा-शिकायत।

आज तक सोचकर भी सोच नहीं पाई थी मणि कि मुन्नी ने क्या इस प्रकार अपने पर हुए प्रतिशोध का बदला लिया था··या यही होता है स्त्री होने का अर्थ या अन्दर बैठे किसी गहरे डर ने उसे चुप्पा बना दिया ? या कृतज्ञता की भावना थी अपने उस जेठ के प्रति··या कि सहज समर्पण !

जब-तब शान्त, सौम्य और सन्त-सी अपनी इस बड़ी बहन को चोर की तरह देखती रहती मणि और सोचती रहती है—अर्द्ध-विक्षिप्त की पत्नी होने पर भी मुन्नी की इस ठीक-ठाक चलती गृहस्थी का राज क्या उसके विधुर हुए जेठ में है !

ऑल्टर ईगो

ज्यों-ज्यों जीवन से चला-चली की बेला करीब आ रही थी, 'अकेला आए हैं, अकेला जाएँगे' की मानसिकता में पूरी तरह डूबे नवल बाबू अपने जीवन का अधिकांश आलोकजी के कार्यक्रमों, कल्पों और योजनाओं को समर्पित करते जा रहे हैं। महीने के करीब पन्द्रह-सोलह दिन उनके लोहरदगा और गुमला के जंगलों में ही गुजरते हैं। वे अब नवल बाबू कम, बाबा के नाम से अधिक जाने जाते हैं।

उनके कलकत्ता आने के बाद दिन बड़े भरे-भरे बीतते मणि के। घटनाओं की अक्षय पोटली साथ रहती नवल बाबू के। सभी बातों के केन्द्र में आलोकजी। जीवन-शेष में सिर उठाती एक ही सांसारिक इच्छा कि किसी प्रकार मणि की जीवन-परिधि के केन्द्र में प्रतिष्ठित कर दें वे आलोक को।

केतली से प्यालियों में चाय उड़ेल रही है मणि। बताते जा रहे हैं नवल बाबू—"जानती हो इस बार रामनवमी पर हम लोगों ने एक आयोजन किया, सभी वनवासियों को टी. वी. पर रामायण सीरियल दिखाने का। कितने भोले और अनजान वनवासी बच्चे। उनमें से एक पूछ बैठा··पहले यह बताइए आपने हनुमानजी को इस डिब्बे में घुसाया कैसे ?"

"उस वनवासी बच्चे ने आपसे कहा था या आलोकजी ने ?" चुटकी लेती है मणि। आज के अभी तक के बीस मिनट के संवाद में नवल बाबू ने आलोकजी का नाम तक नहीं लिया था।

हो-होकर एक मुक्त हँसी हँस देते हैं नवल बाबू। वार्निश-सी चमकती अपनी चाँद पर हाथ फेरते हुए कुछ-कुछ लड़खड़ाती आवाज में कहने लगते हैं—"जो भी कहो,

इन्सान एक देखा उस सा जिसने साबित कर दिया कि जिसने भी चलना चाहा—यहाँ कौन रोक सका उसे। तीस वर्ष पहले जिस संस्था का पौधा लगाया था उस अकेले जीव ने उसी की शाखा-प्रतिशाखा के रूप में लहराती भू-रक्षा वाहिनी, क्षेत्रीय कारीगर पंचायत, आदिम जनजाति विकास समिति, जतरा स्टूडेंट्स यूनियन, जनजाति महिला समिति, लोहरदगा स्मारक समितियाँ आदि 1200 गाँवों में चौदह जनजातियों—असुर, बृजिया, बिरहोर, कोरबा जैसी आदिम जनजातियों एवं उराँव, मुंडा, चेरो, ऐटवार, परहिया, किसान (नगैसिया), महली, लेहरा, विक, बड़ाईक, ऐडिया के बीच कार्य कर रही हैं। इसे कहते हैं शून्य से विश्व-निर्माण की शक्ति। यहाँ आए तब क्या था उनके पास ? एक इच्छाशक्ति-भर ही न !''

जब-जब आलोकजी की तारीफ करते नवल बाबू, मणि किसी-न-किसी प्रकार इन्द्र को घसीट ही लाती और अनायास ही दोनों की बातचीत जैसे खुला अखाड़ा बन जाती, एक का पहलवान आलोकजी, दूसरे का इन्द्र।

लेकिन मणि उस दिन उस मनःस्थिति में नहीं थी, सुबह ही उसने एक खबर पढ़ी थी जिसने उसे काफी गमगीन कर दिया था।

खबर थी, 'टॉपर्स कीन ऑन सीकिंग फ्यूचर अब्रोड'—इस बार के हायर-सेकेंडरी परीक्षा के जितने भी अग्रगण्य विद्यार्थी थे सभी ने अपने कैरियर के लिए विदेशी भूमि ही चुनी। 'क्या रखा है यहाँ ?' के से भाव थे सभी के।

मणि कह रही थी, ''एक वे टॉपर्स थे, इन्द्र और उसके साथी, जिन्होंने देश के लिए अपने कैरियर को झोंक दिया और एक ये टॉपर्स हैं—जिन्हें देश देश नहीं, बेकार का भूसा नजर आता है।''

मणि का आशय समझ आँखें आर्द्र हो जाती हैं नवल बाबू की—''इन्द्र और उनके साथियों का सपना था देश की मुक्तावस्था, सर्वसत्तावाद की स्थापना और इस आत्मकेन्द्रित पीढ़ी का सपना है—विदेशी उड़ान।'' बोलते-बोलते फिर अपनी रौ में बहने लगते हैं नवल बाबू, ''ऐसा नहीं है कि कुछ भी नहीं है इस पीढ़ी के पास, बहुत कुछ है। प्रतिभा है, इंटेलीजेंस है, शार्पनेश है पर तेजस्विता नहीं है। आ भी नहीं सकती क्योंकि उसके लिए जरूरी है हृदय की शुद्धता जो नहीं है उनके पास। आज की पीढ़ी गिद्ध पीढ़ी है।''

''गिद्ध पीढ़ी ?'' गमगीन मूड में भी हँस पड़ती है मणि नवल बाबू की शब्द-गठन की सामर्थ्य को देखकर।

''और क्या, अब तुम देखो गिद्ध के पास सब कुछ होता है—ऊँची उड़ान भरने में समर्थ, सबल पंख और दूर-दूर तक देखने वाली व्यापक और तीक्ष्ण दृष्टि पर अपने इन शस्त्रों का उपयोग वह किस काम के लिए करता है ? मुर्दे को खोजने में। ऊँची उड़ान आकाश में पर दृष्टि धरती पर पड़े मुर्दों पर।'' दाँतों में फँसी फाँस को ताँबे की कुरेदनी के कुरेदते हुए बड़े चिन्तामग्न मूड में बातचीत कर रहे हैं नवल बाबू, ''लेकिन यह पीढ़ी भी करे तो क्या, जिसके पास न कोई आदर्श है, न स्वप्न और न ही अपनी

स्वतन्त्र चिन्तन-शक्ति।

"सारे आदर्श, स्वप्न, प्रेरणा, चिन्तन और ऊर्जा उनकी एक ही प्रश्न पर केन्द्रित हो गई है—जीविका का प्रश्न। स्वयं को प्रतिशत में सिमटा कर रख देने वाली इस पीढ़ी के लिए जीवन से बढ़कर जीविका हो गई है।

"हमारी पीढ़ी के युवा गाते थे—'मेरा रंग दे बसन्ती चोला।'

"आज की पीढ़ी गाती है—'चोली के पीछे क्या है ?'

"आज कलकत्ता में देख लो, हर गली में एक ब्यूटी पार्लर, हर नाली पर हगता कोई बच्चा और बढ़ते रेड लाइट एरिया के हर लैंपपोस्ट के नीचे ग्राहक के इन्तजार में खड़ी लड़की मिल जाएगी। हर पाँचवाँ आदमी सड़क पर थूकता नजर आ आएगा। जितनी मुद्रास्फीति नहीं हो रही है उससे कहीं ज्यादा सौन्दर्य-स्फीति हो रही है, इस भूखे-नंगे आध्यात्मिक देश के महानगरों में।

"पर कौन है इसके लिए जिम्मेवार ? केला, डाब, ताड़ और सुपारी के पेड़ोंवाले, गंगा किनारे बसे कुबेरों और कंगालियों की इस सांस्कृतिक नगरी के आम बंगाली पुरुष और औरतें तो आज भी परस्पर संवाद में टैगोर और शरतचन्द्र के उद्धरण देते हैं, साहित्यिक पुस्तकें खरीद कर पढ़ते हैं, नाटकों और यात्राओं में रस लेते हैं पर दरअसल जिसे हम इलीट वर्ग या नेता वर्ग कहते हैं उसने जितनी अपसंस्कृति और भ्रष्टाचार फैलाया, उतना तो पराधीन भारत में अंग्रेजों ने भी नहीं फैलाया था। जब यहाँ के हर हिन्दुस्तानी नेता और धनकुबेर को अपने हर मर्ज की दवा विदेश में ही नजर आए तो इस पीढ़ी के युवाओं को क्या कहा जाए ! और तो और मार्क्सवादी नेता ज्योति बसु को ही देख लो, प्रतिवर्ष इस-उस बहाने सरकारी खर्चे पर सपरिवार विदेश घूम आते हैं तो आत्मचेतना शून्य इस देश की युवा पीढ़ी का भी क्या दोष जिसे अपने अन्दर कुलबुलाते हीनता के कीड़ों के चलते अमेरिका या यूरोप की अन्धाधुन्ध नकल करनी पड़ रही है। और, विडंबना देखो कि जिस दुनिया के राष्ट्रपति की मातहत कर्मचारी भरी अदालत में सार्वजनिक रूप से अपनी घघरिया में लगे वीर्यपात को दिखाकर राष्ट्रपति के साथ अपनी नाजायज सम्बन्धों को पुष्ट करती है, उस दुनिया को हम अपना आदर्श मान रहे हैं। जो जरा सी छींक आने पर 'एक्सक्यूज मी' कहते हैं और खुले आम सार्वजनिक जगहों पर ही··· उसे हम प्रथम दुनिया कहते हैं और खुद को तीसरी दुनिया। हम आज अपनी भाषा, संस्कृति, दर्शन एवं जीवन शैली के प्रति एक चेतनाशील जीवन्त राष्ट्र नहीं वरन परम नकलचियों के गुच्छा-भर गए हैं। इसी अमेरिकन संस्कृति को बाईकाट करने के लिए नक्सलवादियों ने एक नारा दिया था—यांकी कल्चर निपात जाक।" (अमेरिकी संस्कृति मुर्दाबाद।)"

पायजामे की पॅाकेट से रुमाल निकाल कर चश्मे का काँच पोंछते-पोंछते बताते जा रहे हैं नवल बाबू···, "चिन्तन की धुरी ही भ्रमित हो गई है आज की पीढ़ी की···परसों सब्जी लेने जा रहा था, रास्ते में ही पाड़े (मुहल्ले) के नन्दू और घनश्याम मिल गए थे। उनके हाथों में सचिन तेन्दुलकर और सौरभ गांगुली की तस्वीरें थीं। मैंने पूछा—'कहाँ

जा रहे हो ?' बोले, 'माँ काली के मन्दिर जा रहे हैं पूजा देने, आज विश्व कप में इंडिया का मुकाबला ऑस्ट्रेलिया से है, माँ काली खुश हो गई तो इंडिया बच जाएगा⋯' मैंने कहा, 'तुम्हें सचिन और सौरभ की इतनी चिन्ता क्यों है ?' बोले—'हममें राष्ट्रीयता बहुत है इसीलिए।' मैंने कहा, 'तब तो तुम अभी बिहार के जहानाबाद जिले में हुए नरसंहार में नृशंसतापूर्वक मारे गए हरिजनों के लिए. पिछले वर्ष पद्मा नदी में स्कूली बस के गिर जाने से जल समाधि हुए 85 बच्चों के शोक में एवं कारगिल में जवाबी सैनिक कार्यवाही में शहीद हुए जवानों के लिए भी पूजा देने गए होगे⋯।'

"वे चुप। उजबक की तरह यूँ देखने लगे मुझे, मानो कह रहे हों किस गधे से पाला पड़ा है। अब वे भी क्या करें, टी. वी. में दिखाया ही ऐसा जाता है मानो देशप्रेम जैसी विराट भावना सिकुड़ कर सिर्फ क्रिकेट-प्रेम में तब्दील हो गई हो।"

बोलते-बोलते अपनी उदास रौ में बहने लगते हैं नवल बाबू, कि तभी एकाएक कुछ कौंधता है उनके जेहन में और पीढ़ियों के विश्लेषण को एकाएक विराम देकर कुछ-कुछ प्रफुल्लित से कहने लगते हैं वे, "असली बात तो भूल ही गया बताना, पूरा सठिया गया हूँ⋯अगले सोम, मंगल और बुधवार को फ्री रहना, आलोक आ रहा है कलकत्ता, पूरे छह वर्षों बाद।"

"अभी⋯? एकाएक ? क्या कोई विशेष काम⋯?"

ऊपर से सामान्य रहते हुए भी पहली बार महसूसा मणि ने कि अरसे बाद भी उसके भीतर एक हृदय जीवित था जो चाहे उस वेग, स्पन्दन एवं अन्तरंगता से न धुड़का हो जो कभी इन्द्र के लिए धड़कता था, पर आलोकजी के कलकत्ता आ जाने की बात पर धड़का जरूर था। यूँ भी आलोकजी सदैव ही उसे किसी ऐसे ठहरे, ठंडे, साफ पहाड़ी झरने-से लगते थे जहाँ वह अपनी देह के ताप और मन की थकान से मुक्ति पा सके।

नवल बाबू कहीं ताड़ न लें, चेहरे पर कोमल-कोमल सा कुछ उग आया देखकर इस कारण ऊपरी हड़बड़ी दिखाती वह चली गई। पीछे से सुना नवल बाबू पुलकित-पुलकित स्वरों में कह रहे थे, "इस वर्ष का वृक्ष-मित्र पुरस्कार आलोक को मिला है। उसे ही लेने आ रहा है।"

अगला सप्ताह !

दो महत्त्वपूर्ण घटनाएँ घटीं मणि की जिन्दगी में। पूरे दो साल बाद एकाएक गोविन्द दा सामने। "मणि दी, एक काम की खबर लेकर आया हूँ⋯" कुछ-कुछ चहकते से बोलते हैं गोविन्द दा।

"क्या इन्द्र का पता चल गया⋯क्या जीवित है वह ?" साँस ही आवाज बन जाती है मणि की। जिज्ञासा किसी तेज मिसाइल-सी पड़ती है गोविन्द दा के मुख पर। कैसी पागल लड़की, छब्बीस सालों में भी यह समझ नहीं पाई कि यदि जीवित होता इन्द्र तो

क्या आज तक आ नहीं जाता वापस··· जो कहानी बन चुका, उसकी प्रतीक्षा नहीं की जाती···

कुछ व्यथित पल···"लेकिन मैं उस व्यक्ति को खोज पाया हूँ जिसके साथ इन्द्र ने लालबाजार थाना में अट्ठाईस दिन गुजारे थे। इन्द्र ने अन्तिम साँसें उसके सामने ली थीं। वह एक विकलांग कवि है, जो करीमपुर में अपने बड़े भाई के पास रहता है। बड़ी मुश्किल से पता लगा पाया हूँ उसका।" बिना साँस लिये बोलते जा रहे हैं गोविन्द दा।

और अब करीमपुर जाने की तैयारी में व्यस्त मणि। सब सामान पैक कर नवल बाबू को सूचना देने चली कि सामंने आलोकजी। सकपकाई-सी मणि। सिट्टी-पिट्टी गुम। एकदम सामने थे। झिलमिलाती-सी उनकी हँसी जैसे मणि के अंडरग्राउंड अँधेरे में चौंध मारती प्रकाश की कोई किरण। इधर वीरानी, उधर हरियाली। अन्दर से आती एक आवाज—जीवन इसी तालमेल का नाम। अपने अन्दर की इस आवाज को पहचानने में कोई भूल नहीं की मणि ने। पर चेहरा गुलमोहर, कुछ बोलते नहीं बना। पैंतालीस वर्ष की उम्र में भी लज्जा कहाँ पीछा छोड़ती है नारी का।

करीब छह सालों बाद मिल रही थी मणि उनसे। इस बीच कई-कई चिट्ठियाँ लिखी थीं आलोकजी ने मणि को। अपना अंश-अंश दे चुकने के बाद भी मन का कोई कोना आज भी खाली पड़ा हुआ है इस कर्मयोगी का। चिट्ठियाँ अच्छी तरह समझा देती हैं मन को।

पिछली चिट्ठी में ही लिखा था उन्होंने मणि को—जिन्दगी जीने के लिए कई बार जरूरी हो जाता है कि जिन्दगी को उसी के हाल पर छोड़ दिया जाए···अधिक नहीं सोचा जाए उसके बारे में और सामने जो जीवन है, जो पुकार है उसे सुन लिया जाए···स्वीकार कर लिया जाए। और मणि से मणि की ही भाषा में बात करने के लिए वे कामायनी में घुस गए थे,

तुच्छ नहीं है अपना सुख भी, श्रद्धेय वह भी कुछ है,
दो दिन के इस जीवन का तो, वही परम सब कुछ है।

जिन्दगी के बचे दो-चार पल, हँस के बोल लो तुम। आज आलोकजी के सामने पड़ते ही सारी बात एक साथ याद आने लगती है मणि को।

चेहरा फिर बीरबहूटी बन जाता है तो चाय बनाने के बहाने चौके की खाल में घुस जाती है, घबराए, उमड़ते हिया को काबू करने।

पीछे-पीछे आलोकजी।

"एक जरूरी बात जो अन्तिम बार करना चाहता हूँ आपसे···," सीधा संवाद, बिना किसी भूमिका के।

दम साधे सुनती है मणि, अपने इस प्रौढ़ प्रेमी की वार्त्ता, जो देख ऐसे रहे थे जैसे पलकों पर ही बिठा लेंगे उसे।

"जो प्रकट दिखता है वही जिन्दगी है, जिन्दगी की जो मामूलियत है, साधारणता है वह साधारणता से ज्यादा मोहक है। तुम सिर्फ सौन्दर्य की ही नहीं वरन नारी की अन्तर्निहित गरिमा एवं तेजस्विता की हस्ताक्षर हो, मुझे तुम्हारे साथ की आवश्यकता है।"

दम साधे मणि। प्रकम्पित। नतनयना। आखिर वह क्षण आ ही गया। उसने इन्द्र की प्रतीक्षा में इतना जीवन गुजार दिया तो आलोकजी ने भी तो पिछले दस वर्षों से मणि की प्रतीक्षा में अपने जीवन को प्रतीक्षा ही बना डाला है। आज भी आलोकजी बीती गरमाहटवाले कोई थके ठूँठ नहीं, वरन जीवन से भरपूर एवं प्राणों से लबालब उसके सामने थे।

प्रकम्पित आवाज अगर-मगर करती किसी प्रकार निकली बाहर, "डुबकी लेती उम्र हम दोनों की, पैंतालीस की मैं, मुझसे आठ वर्ष बड़े आप।"

सीधा उनकी आँखों की गहराई में झाँकते जवाब देते हैं आलोकजी, "लाइफ बिगिन्स एट फिफ्टी।" (जीवन पचास से शुरू होता है।) साड़ी के आँचल को अँगुलियों में लपेटते हिचकते-हिचकते शब्द फिर बाहर।

"...पर लोग क्या कहेंगे ?"

"यू आर नॉट दि प्रोडक्ट ऑफ एनीबडीज-ऑपिनियन।" (आप किसी और के विचारों के उत्पाद नहीं।)

चेहरे पर दृढ़ता और आँखों में गहरे समर्पण के भाव आलोकजी के। याद आता है मणि को, ऐसी ही ढिठाई इन्द्र ने भी दिखाई थी, जब पहली बार मणि की आँखों ने बेवफाई करते हृदय का रहस्य खोल दिया था इन्द्र पर...और तब इन्द्र की आँखों का क्षितिज भी उसी प्रकार झिलमिलाया था, जिस प्रकार अभी इन क्षणों आलोकजी की आँखों का क्षितिज झिलमिला रहा था। शायद आज फिर मणि की आँखों ने बेवफाई की, आखिर आलोकजी सदैव ही मणि को इन्द्र के ऑल्टर ईगो लगते रहे थे।

रात देर तक बारिश होती रही थी मणि के भीतर बजते संगीत की ताल में ताल देते...सुबह आलोकजी को वृक्ष-मित्र पुरस्कार लेने जाना था। कल शाम निकल जाएगी मणि...करीमपुर के लिए उस क्रान्तिकारी कवि का आखिरी साक्षात्कार लेने जिसके साथ इन्द्र ने एक ही सेल में आखिरी दिन गुजारे थे...पर क्या इस भटकैया की इस आखिरी भटकन यात्रा में वह आलोकजी को भी शामिल करे ? सोच रही थी मणि...।

●●●